갈등도시

갈등 도시

도시
문헌학자
김시덕

한국
도시
아카이브
2

시민의 도시에서

벌어지는 전쟁들

일러두기

· 본문 중 저자가 인용한 비문(碑文), 옛 문헌 자료, 벽보, 안내판 등의 기록은 국립국어원의 현재 어문
 규범에 맞지 않더라도 가급적 원문 그대로 수록한다. 이 기록들은 그 자체로 흥미로운 연구 대상이며,
 문화적인 가치를 지니기 때문이다. 단, 문맥상 의미 파악이 힘들다고 판단되는 대목은
 〈— 인용자〉라고 표시하여, 원문과 병기한다.

· 본문에 수록한 사진 중 저작권자가 표시되지 않은 사진은 모두 저자가 촬영한 것이다. 저작권자가 따로
 있는 사진은 캡션에 서식 넣자를 명시했다.

들어가는 말

무엇을 보고 무엇을 생각하며 시민의 도시를 걸을까

1995년 광화문에서 겪은 일을 말씀드리면서 이 책을 시작하겠습니다.

이제는 정확한 날짜도 기억나지 않지만, 대학교 2학년이던 어느 날, 교보문고 광화문점에 책을 사러 사대문 안에 들어갔는데, 갑자기 경찰들이 저를 잡아다가 경찰 버스에 집어넣었습니다. 버스 안에는 저 같은 20대 초의 청년들이 가득했습니다. 청년들을 가득 태운 경찰 버스는, 아마도 제 기억이 맞다면 도봉구 쪽의 경찰서에 도착했습니다. 경찰서 안에는 이미 다른 청년들이 도착해 있었습니다. 경찰은 청년들에게 어느 대학을 다니느냐 묻고는, 서울대·연세대·고려대 학생들은 따로 떨어진 방에 분리해서 집어넣었습니다. 이런 데에서도 사람을 차별하는구나 하는 생각이 들었습니다. 시험공부 해야 하는데 다짜고짜 붙잡혀 왔다고 화를 내며 방 한구석에서 법학서를 뒤적이던 서울대 법학 대학 학생이 기억납니다.

조금 뒤에 경찰이 한 사람씩 의자에 앉히더니, 그날 하루 종일 무슨 일을 했는지 조서를 쓰게 했습니다. 저녁으로는 한 솥 가득 라면을 끓여서 청년들에게 주었습니다. 한밤중이 되자 경찰이 〈이제 가도 된다〉면서, 끌고 온 이유도 말하지 않고 청년들을 모두 풀어 주었습니다.

집에 와서 알아보니, 그날 서총련(서울 지역 총학생회 연합)이 청와대로 진격한다는 첩보를 입수한 정부가, 사대문 안에 있던 20대 청년은 모조리 잡아다가 서울 시내에서 먼 곳에 있는 경찰서에 데려다 놓고는, 그날이 끝날 때까지 붙잡아 두려고 무조건 조서를 쓰라고 했던 것이었습니다. 지금 와서 생각해 보면 불법적으로 체포된 것이었지만, 그때는 아직 군사 정권이 끝난 지도 얼마 되지 않았고 저도 어렸던지라, 가자는 대로 그냥 순순히 끌려가서 쓰라는 대로 조서까지 썼습니다. 덕분에 학생 운동 조직에는 들어가 본 적도 없는 제가, 제 주변에서는 처음으로 경찰서에 잡혀 간 경험을 했습니다. 세상은 참 기묘하고 재미있습니다.

그로부터 20여 년이 지난 뒤, 오다 노부나가(織田信長, 1534~1582) 시대의 일본 정치에 대한 책을 읽다가 이런 구절을 보게 되었습니다. 당시의 쇼군(將軍)을 허수아비 같은 존재로 만들며 사실상 일본의 패권자가 된 오다 노부나가는, 이제 무사 권력뿐 아니라 덴노(天皇)를 중심으로 한 수도 교토의 귀족 권력까지도 통제하려 합니다. 그는 자신의 존재를 견제할 위험이 있는 젊은 귀족들에게 여러 가지 지시를 내려서 체제에 순응하라고 했는데, 그 지시들 가운데 이런 것이 있었습니다.

밤이든 낮이든, 특별한 용건 없이 마을과 골목길을 배회하는 것을 엄히 금한다(夜昼とも指したる用なき所, 町小路徘徊, 堅く停止の事).

특별한 용건이 없으면 괜히 도시 이곳저곳을 돌아다니지 말고 집 안에서 공부나 해라, 이런 뜻의 지시입니다. 제가 1995년에 경험한 게 바로 이런 일이었습니다. 괜히 사대문 안에서 어슬렁거리지 말고 시험 공부나 하라는. 그런데 오다 노부나가와 1995년의 한국 정부는 왜 시민들이 도시를 돌아다니는 것을 싫어했을까요?

오늘날 세상에 나와 있는 수많은 도시 답사 안내서는 대부분, 위대한 조선 왕조를 찬양하거나, 〈우리 민족〉의 독립운동을 기리거나, 〈일제 강점기의 아픈 유산〉을 돌아보거나, 현대 한국의 〈찬란한 발전상〉을 상징하는 건물들을 소개하거나, 〈우리 구(區)에 살던 충신 효자〉의 자취를 따라 걷는 충효길을 소개합니다. 한편, 한국에 서버를 둔 각종 지도 애플리케이션에는 군사 시설·변전소·정수장·배수지 등이 초록색으로 지워져 있어서, 지도를 찾아보는 사람들의 감각을 혼란시킵니다. 분명히 그곳에 사람이 살고 있고 각종 시설이 있는데도 지도상으로는 감추어져 있는 것이지요. 해외에 서버를 둔 구글 지도에는 이들 시설이 가려져 있지 않으니, 한국에 서버를 둔 지도와 구글 지도를 비교하면 무엇이 지워졌는지 쉽게 알 수 있습니다. 말하자면 온라인에 익숙하지 않은 시민을 상대로 〈눈 가리고 아웅〉을 하는 것입니다. 너무나도 유명한 이야기이지만 수원시와 성남시의 경우는 시의 상당 부분을 차지하는 군사 비행장이 통째로 녹색으로 지워져 있다 보니, 한국에 서버를 둔 지도만 봐서는 이들 도시의 구조를 이해하는 데 심각한 문제를 일으킵니다. 대서울을 구석구석 걷다 보면 이런 사례가 숱하게 발견됩니다.

누군가가 시민들에게 보이기 싫은 것은 지우고 보여 주고 싶은 것은 잘 정리해 놓은 모범적이고 청결한 답사 코스를 벗어나서 무작정 대서울을 걷다 보면, 이 도시의 구석구석에서 지난 백 수십 년간 시민들이 갈등하며 살아가고 또 죽어 간 이야기들을 쉽게 찾을 수 있습니다. 빈민촌이 해체되면서 도시 곳곳에 숨어든 빈민들을 발견하고, 공장과 성매매 집결지와 한센인 정착촌이 고층 아파트 단지에 떠밀려 대서울의 외곽으로 쫓겨나고, 한국 정부가 관리한 미군 위안부 일명 〈양공주〉들이 수용소로 끌려가 페니실린 중독으로 죽어 가고, 식민지 시대 공간과 달동네를 밀어내고는 박물관 안에 그 공간을 어설프게 재현해 놓은 황당한 광경을 목격할 수 있습니다. 이런 곳을 답사하고 나면, 더 이상 예전처럼 정치적으로 순진무구하게 대서울을 바라볼 수 없게 됩니다. 이렇듯 산책은 자신이 사는 도시의 맨 밑바닥을 바라보게 하고, 그로써 인간을 정치적으로 만듭니다. 그랬기 때문에 오다 노부나가는 교토의 불평분자들이 산책하는 것을 금지했고, 1995년 서울 사대문 안을 걷던 대학생들은 불법적으로 서울 외곽으로 추방되었습니다.

　사람들이 대서울을 걸으면서 발견하는 것은 서로 다릅니다. 제 경우에는 수많은 특수 시설들이 행정 구역들 사이의 경계에 모이는 현상에 가장 큰 관심이 있습니다. 이것을 어렵게 말하면 〈경계성(境界性)〉의 정도(程度)라고 할 수 있겠고, 편하게 말하자면 그곳이 얼마나 경계에 놓여 있는 지역인가를 보여 주는 〈땅끝〉의 정도라고 할 수도 있겠습니다.

　경계성·땅끝의 정도란 단순히 서울시와 수도권 도시들 사이에서뿐 아니라, 수도권 도시들 사이에도 적용할 수 있습니다. 예를 들어, 여러 개의 군부대가 모여 있는 안양·시흥·광명의 경계 지역인 수리산 서쪽 자락, 석유 저유소와 난지도 쓰레기장과 버스 공영 차고와 고물상이 모여 있는 수색·고양의 경계 지역, 군부대와 교도소와 한센인 정착촌이 모여 있는 안양·군포·의왕의 경계 지역, 철도·버스 차량 기지와 음식물 재활용 중간 처리장과 자원 재활용 시설과 특수 학교가 몰려 있는 도봉구·의정부시의 경계 지역, 정보 기관과 예비군 훈련장과 군사 공항과 한센인 정착촌과 도시 난민 정착촌이 모여 있고 한때 철도까지 지날 계획이 있었던 서울·성남의 경계 지역 등이 그러합니다. 서울과 수도권 각 도시의 중심만 바라봐서는 이들 도시에서 무슨 일이 일어나고 있는지가 보이지 않습니다. 서울시 안의 각 구(區)들 경계에서, 서울시와 수도권 도시들 경계에서, 각 수도권 도시들 경계에서 무슨 일이 일어나고 있는지를 살펴야 수도권 또는 제가 말하는 대서울Greater Seoul의 본질을 잡아낼 수 있습니다. 인류학자 제임스 스콧이 말하는 것처럼, 어떤 나라·지역의 역사와 현재 상황을 이해할 때에는 그 나라의 변경과 외부에서 일어나는 일을 이해하는 것이 중요합니다. 경계 지역에서 일어나는 일을 알아야, 중심부에서 일어나는 일의 본질을 꿰뚫어 볼 수 있습니다. 대서울도 마찬가지입니다.

물론 저는 거창한 이론을 말하거나 선동을 하기 위해 이 책을 쓰지는 않았습니다. 또, 이 책에서 제가 다루고 있는 각 지역에 대해 제가 모두 알고 있다거나, 제가 다루는 문제가 해당 지역에서 가장 중요하고 본질적인 사안이라는 말씀도 아닙니다. 예를 들어서 제가 부동산 시세에 대해 무얼 안다고 언급할 수 있겠습니까. 저는 특별히 저의 관심을 끌고 제가 살펴볼 수 있는 것들만을 이 책에서 말씀드리고자 했을 뿐입니다.

이 책에서는 대서울을 걸으며 무엇을 보고 무엇을 생각할 것인지를 제안하고, 실제로 제가 이런 부분에 주목하면서 대서울 곳곳을 답사하며 발견하고 생각한 내용을 담았습니다. 이 책에서는 조선 시대 국왕·양반의 공간, 독립운동·친일 인사와 관련된 공간, 건축적으로 높은 평가를 받는 빌딩들에 대해서는 거의 언급하지 않았습니다. 이들 공간이 중요하지 않다는 게 아닙니다. 특정한 이들 공간들에 대해 수많은 사람들이 이야기하고 책을 쓰는 동안, 대서울의 거의 전부를 차지하는 나머지 공간은 거의 누구의 관심도 받지 않고 재개발·재건축되어 사라지고 있다는 말씀을 드리고 싶었습니다.

그러므로 이 책이 주목하는 방향은 이렇습니다. 복원이라는 이름하에 21세기 창조된 조선 시대풍 현대 건축이나 도시 공간보다는,

19세기 말부터 만들어지기 시작해서 지금까지 살아남은 건물·도시 공간에 더욱 주목합니다. 이런 건물과 도시 공간이 대서울의 대부분을 이루고 있으며, 우리 대서울 시민의 조상들이 살아온 곳이기 때문입니다. 또한 을지로에서와 같이 19세기 말에서 20세기 전기, 20세기 후기, 21세기 초에 만들어진 건물·도시 공간이 삼문화 광장이라는 시간의 층, 즉 시층(時層)을 이룬 모습을 〈지저분하다〉고 생각해서 부수려고만 하지 말고, 이 복잡하게 뒤엉킨 모습이야말로 대서울다운 모습이라고 여기고 감상하자고 제안합니다. 이와 함께 각 건물과 도시 공간의 시층을 파악할 수 있는 건물의 건축 양식이나 길의 형태를 비롯해서, 머릿돌과 비석, 간판, 팸플릿·벽보·플래카드, 점집 깃발, 버스 정류장 이름 등, 시민의 도시를 걸을 때 활용할 수 있는 모든 정보를 힘껏 발굴하자고 제안합니다. 도시에 존재하는 모든 것은 답사 대상이 됩니다. 그리고 마지막으로, 이 책은 권력과 부가 집중된 중심부가 아니라, 중심에서 밀려난 존재들이 몰려 있는 주변부에 주목합니다. 힘 있는 자들이 보고 싶지 않아 하고, 시민들로부터 감추고 싶어 하는 시민의 도시 대서울의 진정한 모습은 주변부에 몰려 있습니다.

2018년 6월에 출판된 『서울 선언』에서 저는, 대서울에 대한 책은 『미슐랭 가이드』처럼 해마다 갱신되어야 한다고 말씀드렸습니다. 하지만, 이 책을 낸 뒤로 저는 대치동 구마을, 마천·거여, 부평, 의주로 등으로 대표되는 대서울 곳곳이 제 예상보다도 더욱 빠르게 변화하고 있음을 확인했습니다. 대서울은 오늘도 공사 중이고, 지금 보는 것을 다음 달에는 보지 못할 수 있습니다. 그러므로 제가 『서울 선언』에서 드렸던 말씀은 수정되어야 합니다. 서울에 대한 책은 매달 갱신되어야 한다고 말입니다. 〈월간 『서울 선언』〉.

이 책에 실린 일부 글은 『서울신문』, 『에스콰이어』, 『보스토크』,

『더블유』등의 미디어에 투고한 글의 원본에 해당합니다. 만약 기회가 되신다면 이 책에 실린 글과 이들 미디어에 편집되어 실린 글을 비교해 보셔도 좋겠습니다. 제가 원래 전달하고 싶었던 메시지와, 각 미디어의 편집자분들께서 제 글의 핵심이라고 생각하신 메시지가 어떤 차이를 보이는지 확인하실 수 있을 것입니다.

대서울을 함께 걸은 이승연·황두진·정우준·이경민·박은하 선생님, 귀중한 정보를 제공해 주신 한승혜·최예정·강민경 선생님과 트위터 아이디 골목 님·서울간판 님·베르뱃 님,『서울 선언』에 이어 2편을 출판해 주신 열린책들 편집부 여러분, 그리고 언제나와 같이 아내 장누리와 딸 김단비에게 감사의 마음을 표합니다.

차례

제1장
대서울이란 무엇인가

1
대서울을 바라보는
서로 다른 입장들

지난 2018년에 『서울 선언』을 출판하고 나서, 경기도의 도시에 거주하는 몇몇 분들로부터 저의 책이 〈서울 패권주의〉라는 말씀을 들었습니다. 물론, 그 경기도 같은 도시에 거주하는 또 다른 분들은 저의 책이 주장하는 대로 서울시의 영향력이 수도권 도시들로 침투하고 있다며 동의해 주셨고요.

　우선 말씀드리고 싶은 것은, 서울시의 정치·경제·문화적 영향력이 주변 도시들로 확산되고 서울시와 주변 도시들이 하나의 거대한 공동체를 만들어 가고 있음은 저의 바람이 아니라 실제로 일어나고 있는 일이라는 것입니다. 부동산 업계에서는 〈서울 세력권〉이라는 말을 흔히 씁니다. 서울시 바깥의 도시들에 살면서 서울시로 출퇴근하려는 시민들이 주택 구매를 고려하는 지역의 바깥 한계를 말하는 것입니다. 부동산 업계에서는 이미 강원도 춘천, 충청북도 청주까지도 서울 세력권에 들어온 것으로 보는 것 같습니다. 그런데 이처럼 경제적 부문에서는 서울시 주변 지역이 서울시와 묶여 있다는 사실을 인정하시는 분들이, 정치·문화적으로도 서울시와 주변 도시들은 하나의 공동체를 이루고 있다는 얘기에는 반발하시는 경우를 봅니다. 이러한 감정은 아마도 자기 지역의 정체성을 강조하고 싶어 하는 자치 단체의 공무원과 정치인들에 의해 만들어지는 바가 큰 것 같습니다. 하지만 저는 정신이 물질에 영향을 주는 것이 아니라 물질이 정신에 영향을 준다고 생각하는 사람으로서, 서울과 수도권 도시들이 경제적으로 일체화되고 있다면 그 수도권 도시들은 정치·문화적으로도 서울과 하나의 공동체가 되어 가고 있다고 보는 게 맞다고 생각합니다.

　저의 〈대서울〉 주장에 대해 일부 수도권 주민들이 반발하시는 모습을 보면서, 저는 반대로 수도권 각 도시에는 자기 도시에 대해 서로 다른 의견을 갖고 있는 여러 집단이 존재하며, 특정 주민만이 그 도시의 정체성을 대표하는 것은 아니라는 사실을 깨달았습니다. 1963년에 서울시로 편입되기 전에 경기도에 속했던 지역들과 현재의 수도권 도시들에 대해, 저는 크게 세 가지 의견을 가진 집단이 존재한다고 생각합니다. 첫 번째는 농촌 시절부터 그 지역에서 농업 등을 직업 삼아 살아온 〈진짜 토박이〉분들, 두 번째는 서울에 출퇴근하면서 수도권에 조성된 신도시를 선택한 이주 1세대 및 이주 1세대의 자녀 세대로서 수도권 신도시를 고향으로 여기는 〈아파트 원주민〉(『과천시사』의 표현), 세 번째는 현재 주요 활동지는 서울이고 수도권 도시에 임시로 주거를 마련했을 뿐이라고 생각하는 분들입니다. 최근 두 번째 집단인 〈아파트 원주민〉분들이 사회적으로 발언권을 얻으면서 마치 이분들의 의견이 해당 지역 여론의 전부인 것처럼 생각되는 경우가 있습니다. 하지만, 이 세 집단은 서로 다른 방식으로 자기 도시와 서울시를 바라보고 있으며, 어느 한 집단의 의견이 그 도시를 대표하는 것은 아닙니다. 이 책의 제3장에서는 그러한 의견 차이가 실제로 각 지역에서 어떻게 드러나는지 말씀드릴 것입니다.

2
〈경인(京仁) 메갈로폴리스〉의
탄생과 수도길

이 책의 전편인 『서울 선언』에서는 조선 시대의 한양에서 식민지 시대
의 경성을 거쳐 현재 서울시의 경계가 만들어진 과정을 살폈습니다. 특
히 1936년에 영등포 지역이 경성에 편입되고 인천과 경성을 묶은 〈경
인〉 개념이 제시되면서 〈대경성〉이 만들어지고, 1963년에 오늘날의
강남 3구를 포함한 경기도 지역이 대거 서울에 편입되고 1·2기 신도시
가 경기도에 만들어지면서 〈대서울〉이 탄생했다는 말씀을 드렸습니다.
즉, 오늘날의 〈대서울〉은 조선 시대의 한양, 식민지 시대의 용산과 영등
포, 인천과 경성 사이의 부평과 부천, 1·2기 신도시 및 서울시로 출퇴
근하는 주민의 수가 많은 서울시 바깥의 경기도 도시들로 구성되어 있
습니다.
　물론 인천시의 구도심 지역은 처음에 경성과는 독자적으로 발달
했지만, 비교적 이른 시기에 인천과 경성은 경제적으로 하나의 단위가
되기 시작합니다. 전기 회사의 예를 들자면, 1898년에 조선인들이 세
운 한성 전기 회사가 1904년에 미국 회사와의 합작으로 한미 전기가
되었습니다. 한편, 1908년에 일본인들이 세운 일한와사 주식회사가
1909년에 한미 전기를 인수했고, 1912년에는 1905년에 설립된 인천
전기도 매수했습니다. 그리고 1915년에 회사명을 경성 전기로 바꾸면

(위) 서울 양천구의 서서울 호수 공원, 옛 김포 정수장.

(가운데) 〈경(京)〉 자가 보이는 인천 구도심의 경성 전기 나무 전봇대.

(아래) 노량진 정수장 터를 알리는 비석.

서, 인천 전기는 경성 전기 인천 지점이 되었습니다.[1] 인천의 구도심인 중구 신흥동에는 식민지 때 만들어진 나무 전봇대가 아직도 남아 있는데, 이 전봇대에는 〈경성 전기〉를 뜻하는 〈경(京)〉이라는 글자를 새긴 명판이 붙어 있습니다. 현재는 서울 은평구의 수색 변전소가 경인 지역에 전기를 공급하고 있습니다.

　한편 인천 구도심과 한양·경성 사이에는 경인선 철도와 경인로 도로가 깔리고, 노량진에서 한강 물을 취수해서 인천 구도심으로 보내는 상수도 파이프가 설치되면서 그 위에 수도로(水道路)가 생겨납니다. 이 세 개의 간선 노선은 인천 구도심과 한양·경성 사이를 점차 긴밀하게 연결하고, 그 중간 지역인 부평, 부천 등도 차차 오늘날과 같은 모습을 갖추게 됩니다. 특히 부천의 경우에는 경인선·경인 국도·수도길이라는 3대 간선이 〈부천시〉라는 지역 정체성의 형성 과정에 중요한 영향을 주었던 것으로 보입니다.[2] 수도길가 공장 지대의 어느 상가 건물에는 〈부천 공구〉, 〈경인 상사〉, 〈강남 화공 약품〉이라고 이름 붙은 가게들이 나란히 입주해 있고 양귀자 선생의 소설 『원미동 사람들』 초판 표지에 실려 있는 원미동 23통 지도에는 〈서울 미용실〉, 〈강남 부동산〉, 〈김포 슈퍼〉가 공존하고 있습니다. 부천의 서북쪽인 김포와 동쪽인 서울·강남이 공존하는 모습들이 근현대 부천의 정체성을 상징하는 것 같습니다.

　현재 서울 지하철 1호선 신길역에서 서쪽을 바라보면 경인선·경인로·수도길이 인천을 향해 뻗어 나가는 모습을 볼 수 있습니다. 이곳은 1936년에 경성에 편입된 영등포로부터 인천을 향한 경인 벨트가 본격적으로 시작하는 지점입니다. 당시 인천 수도(仁川水道)라 불리던 노량진 정수장에서 출발한 수도길은 영등포에서 경인선 철도 및 경인로와 엇갈리며 서울시 서쪽의 김포 정수장으로 올라갑니다. 김포 정수장은 지금의 서서울 호수 공원입니다. 이곳의 서남쪽에는 서울시 양천구와 부천시의 경계 지점이 있는데, 두 지자체의 도로 포장 방식이 달라서 시각적으로 행정적 경계를 알 수 있게 되어 있습니다.

두 행정 단위의 경계선 가운데 서울 쪽으로는 버스와 택시 회사들, 서울 과학 수사 연구소, 서울 지방 경찰청 제4기동단, 요양원 등 경계적 성격이 강한 시설들이 밀집되어 있습니다. 1970년대에 서울 시내에서 발생한 철거민들을 위한 마지막 집단 정착지인 신월 6동 이주 단지도 이 경계선의 서울 쪽 지역이었습니다. 이 신월 6동 이주 단지는 〈짝궁집〉이라고 하는 독특한 주택 형태로 유명했지만[3] 현재는 재개발 예정지에 포함되어 거의 사라졌습니다.

한편 이 경계선의 부천시 쪽에는 수도길을 따라 〈서울〉, 〈한양〉, 〈강서〉 등의 지명을 붙인 시설이 많이 보입니다. 수도길은 〈＼〉 방향으로 부천시 고강동을 지나가 〈←〉 방향으로 부천 제일 시장을 통과한 뒤 〈／〉 방향으로 원정동을 지나 부평을 향합니다. 고강동과 원정동은 원래 성지동이라는 하나의 동에서 1989년에 갈라진 것인데, 인천시에서 출판한 『사진, 시간을 깨우다: 산업화 시절 인천 이야기』(인천광역시청, 2016)에는, 김포 정수장에서 인천으로 이어지는 수도 파이프에서 새어 나오는 물을 이용해서 부천 성지동의 농민들이 농사를 잘 지었다는 에피소드가 소개되어 있습니다. 중동 신도시가 개발되기 전, 이 일대가 논밭이던 시절의 모습입니다.

일제 말 1944년에 설치된 이 송수관은 10여 년 전부터 곳곳에서 새 나오기 시작했다. 인천시 수도국은 정기적으로 현장에 나와 벌어진 틈을 콘크리트로 때우거나 구멍을 말뚝으로 막아 놓았지만 높은 수압을 이겨 내지 못해 물이 새 나갔다. 이에 농민들은 말뚝을 뺐다 닫았다 하면서 마치 수도꼭지 틀 듯 자유자재로 논물을 댔다. 심한 가뭄으로 이웃 마을들이 모내기를 못 할 때도 저수지도 없는 이 마을은 물 걱정 없이 모내기를 끝내곤 했다. 물이 콸콸 솟는 곳은 물웅덩이까지 생겨 마을 아이들이 물놀이를 할 정도였다. 1977년 당시 김포 정수장이 송수관을 통해 인천으로 보내는 물은 하루 5만 톤. 당시 흄관의 평균 누수율은 30퍼센트 선으로 5만 톤 중 1만 5,000톤은 땅속으로 스며들었다.

현재 부천의 수도길은 원종동에서 오정동 군부대 및 경인 고속도로를 만나고, 신흥동과 도당동 사이의 경계를 이루다가, 신흥동·도당동·약대동이 만나는 약대 오거리를 넘어 약대동을 관통한 뒤, 중동 신도시의 중동에서 끊깁니다. 『연합뉴스』에 따르면 〈오정 군부대는 한국 전쟁 직후인 1953년 오정동 629 일대 56만 2,000여 제곱미터에 미 군부대가 창설, 사용하다가 1990년대 초 한국군이 넘겨받아 운용하고 있다〉[4]고 합니다. 현재 이곳은 군부대가 이전한 뒤 재개발 문제를 둘러싸고 기대와 우려가 공존하고 있는 것 같습니다. 제가 이곳을 답사했을 때에도 부동산 쪽에 종사하시는 분들께서 접근해서는 〈부동산 알아보러 나왔냐?〉며 저의 정체를 궁금해하시더군요. 비단 오정동 부대뿐 아니라 이 지역의 간선 도로인 수도길은 군사적 용도로 이용되는 경우가 많았습니다. 〈6·25 전쟁 때는 인민군들이 서울에서 인천을 점령하러 갈 때 이용하던 도로였고〉, 〈인천 상륙 작전에 성공한 맥아더 장군 등 국군이 거꾸로 서울 탈환을 위해 진격하던 진격로〉이기도 했습니다.[5]

중동 신도시가 부천의 경관을 공업 지역에서 고층 아파트 단지로 바꾸기 전에는, 부천의 두 간선인 수도길과 부천역-김포 공항 간 김포선 철도가 이 부근에서 만났습니다. 김포선은 김포 공항에서 부평 펑야

수도국산을 향해 나아가는 수도길. 길 끝에 보이는
산이 수도길의 종착점인 수도국산입니다.

를 관통해 이 부근까지 이어지는 노선이 남아 있고, 중동 신도시 남쪽의 계남고 삼거리-부천중 사거리 부근에서 곡선을 그리며 부천역으로 합류하는 구간도 남아 있습니다.

이렇게 부천을 통과한 수도길은 한동안 끊기다가 인천 부평구 부평 시장에서 조금 흔적을 남기고 있으며, 다시 인천 원도심인 송림동에서 마치 〈성남 인셉션〉 같은 인상적인 광경을 연출하며 수도국산으로 들어갑니다. 서울 뚝섬의 뚝도 정수장과 함께 대한제국 시절에 만들어진 근대적 수도 시설로서 주목되는 이 상수도 시설의 위에는 거대한 빈민촌이 형성되었습니다. 이를 철거하고 수도국산 달동네 박물관이 만들어진 지금도 그 주변의 송현동에는 이른바 불량 주택 지구가 남아 있고 재건축·재개발도 진행되고 있습니다. 동인천역 북쪽의 송현동 불량 주거 지역은 극심한 반대에도 불구하고 철거되어 현재 광장으로 바뀌었습니다. 이렇듯 〈불량 주거 지역〉이라는 낙인이 찍혀서 행정 당국과 부동산 세력에 의해 철거되어 나가는 지역은 대서울 곳곳에 볼 수 있습니다. 송현동에서 가까운 괭이부리 마을에서 야학 활동을 하고 계신 유동훈 선생의 『어떤 동네』(낮은산, 2010)에 실린 글 「노후 불량 주거 지역」을 인용합니다.

노후 불량 주거 지역

우리 동네를 대한민국 정부는 노후 불량 주거 지역이라고 한다.

이 노후 불량 주거 지역은 일제 강점기 공장 노동자들의 집단 합숙소(일명 아까사끼촌)에서 시작되었다.

바닷가를 끼고 일본군의 잠수함을 건조하고 무기를 만드는 군수 공장들이 있었고, 농민들에게서 수탈한 곡물을 군량미로 쌓아 두던 창고들이 있었다.

(위) 인천 송현동 재개발 예정지.

(아래) 수도국산정상에 자리한 대한제국시기의 배수
시설. 구조물입구 상단에 〈양백윤만(凉百潤萬)〉
이라고 적혀 있다. 〈사람들을 시원하게 해주고
반불늘 석셔 순나〉 성노로 해석할 수 있겠나.

이후 한국 전쟁이 일어나고 피란민들이 내려와 갯벌을 맨손으로 간척하기도 하고 근처 낮은 산에 토굴을 파서 살기 시작하면서 동네의 꼴을 갖추어 나갔다.

인구가 본격적으로 늘기 시작한 것은 6, 70년대 전라도, 충청도 등지에서 올라온 이농민들이 자리를 잡으면서부터였다.
　　이때부터 다락방을 올리고 집과 집들이 연결되면서 온 동네가 한 덩어리의 집이 되었다.

아이엠에프를 거치면서 아파트와 공장으로 둘러싸인 이 외딴 섬으로 작고 낮은 불량한 이들이 조금씩 모여들기 시작했다. 세상은 우리 동네를 불량한 사람들이 사는 불량한 동네라고 한다.

일제 강점기 나라 잃은 설움을 몸뚱아리 하나로 감내해야 했던 식민지 노동자들의 고단한 삶은 불량하다.
　　거적때기 몇 장으로 세상의 폭력을 막아 보려 했던 우리 아버지 어머니의 삶은 불량하다.
　　경제 발전이라는 허울 아래 목재 공장에서 목도질을 하고 밤새 미싱을 돌리며 좁은 판잣집에서 피곤한 몸을 누이던 우리 형 누이들의 삶은 불량하다.
　　세상에서 내쫓겨 다시 우리 동네로 숨어든 천민의 아이들, 동네에 있는 세 평의 공간이 가장 크고 자유로운 놀이터인 우리 아이들은 참으로 불량하다.
　　한밤에 조금씩 나무를 주워 만든 집에 수도가 들어왔을 때가 가장 행복한 때였다고 말하는 우리 동네 할머니들의 삶과 그 집에

서 나머지 삶을 마치고 싶어 하는 할아버지들의 소망은 참으로 불
량하다.

3
〈경인〉이라는 지명의 분포

1936년에 간행된 『대경성부대관(大京城府大觀)』에는 사대문 안팎과 용산, 영등포, 흑석동(당시 이름은 명수대), 그리고 인천 구도심의 지도가 실려 있습니다. 당시 사람들이 생각하던 〈대경성〉의 범위가 이 정도 였음을 알 수 있습니다. 이 지도에는 현재의 인천시 부평구, 부천시 등은 포함되어 있지 않습니다. 이 지역이 경인 벨트에 포함되는 것은 부평 지역에 일본군의 군수 물자를 공급하는 대규모 공업 시설이 들어서고 1939년에 경인 시가지 계획이 수립된 이후입니다.

경성과 인천 구도심 사이에 자리한 구로, 시흥, 신정, 양천, 고강, 오류, 괴안, 소사, 계양, 부평, 서관 지구의 개발을 목표로 하는 이 경인 시가지 계획에 대해서는 염복규 선생의 『서울의 기원 경성의 탄생: 1910-1945 도시계획으로 본 경성의 역사』의 제8장 「〈경성〉에서 〈경인〉으로」에 상세히 소개되어 있습니다. 『매일신보』 1938년 1월 6일 자에는 「경인 메트로포리쓰 환상곡」이라는 특집이 실려 있어서, 향후 경성과 인천이 결합하여 만들어질 정치·경제적 공동체를 조선인들이 〈경인 메트로폴리스〉라 부르며 기대감을 품었다는 사실도 알 수 있습니다. 한국 마라톤의 기원이라고 할 1923년 6월 3일의 제1회 경인 역전 마라돈 대회는 서울 사대문 안의 경성일보사에서 출발해서 경인로

1967년 경인 토지 구획 정리 / 고속도 도로 사업
조감도. ⓒ 국가기록원.

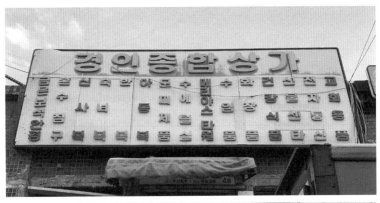

대서울 속의 〈경인〉.

금천구 독산동의 〈경인 수퍼〉. 이 지역은 경인
라인이 아니라, 서울과 수원이 이어지는 〈경수〉
라인인데 왜 〈경인〉이라는 단어가 들어 있는지
의아합니다.

를 따라 서울 최초의 강남인 영등포, 경인 시가지 계획상에 자리한 오류, 소사, 부평 등을 거쳐 인천 구도심의 인천 세관까지 달렸습니다.[1]

경인 시가지 계획은 식민지 시대의 종결과 함께 중단되지만, 이 개념은 1967년의 〈경인 토지 구획 정리/고속도 도로(高速度道路) 사업〉 등으로 이어집니다. 이 사업의 제목에서 알 수 있듯이 이때 경인 고속도로도 함께 만들어집니다. 경인 고속도로와 수도길은 서로 엇갈려 가면서 부천시 북부 지역의 경관을 만들어 갑니다. 철도 연구자인 전현우 선생은 〈경인선에서 주목할 가치가 있는 독특한 부분은 연선 모든 지역이 도시화되었다는 점〉[2]이라고 말하는데, 이는 이들 간선 교통망에 의해 인천에서 서울까지 하나의 단위로서 기능하는 〈경인 메갈로폴리스〉가 드디어 완성되었음을 뜻합니다.

오늘날 〈경인 메갈로폴리스〉 특히 영등포에서 인천에 이르는 구간에서는 〈경인〉이라는 지명을 붙인 시설을 많이 볼 수 있는데, 이는 이 구간에 거주하는 시민들이 〈경인〉이라는 개념을 자연스럽게 받아들였음을 보여 줍니다. 특이한 사례로는 시흥대로-경수대로상에 자리했던 금천구 독산동 정훈 단지 부근의 경인 수퍼인데요, 이곳은 서울-인천의 〈경인〉이라기보다는 서울-수원의 〈경수〉라고 하는 것이 감각적으로 더 어울립니다. 현재는 폐업하신 것 같아서, 왜 〈경인〉이라는 지명을 가게 이름에 붙이셨는지 여쭙지 못하는 것이 아쉽습니다. 한편 경인선과 수인선의 중간 지점인 인천 원도심의 내동에 자리한 경인 식당이라는 냉면집은, 서울 종로의 YMCA 부근에서 평양냉면 가게를 하던 분의 막내분께서 인천으로 이동해서 1946년경에 개업한 것인데, 이처럼 서울에서 인천으로 와서 영업한다는 의식을 〈경인〉이라는 지명에 담아 가게 이름으로 삼은 것이 눈길을 끕니다.

(위) 부평 평야 일대를 관장하던 옛 부평 도호부   (아래) 부평 평야를 가로지르는 동부 간선 수로.
청사 터.

4
부평 평야

이처럼 인천과 영등포와 서울 강북 지역이 〈경인 메갈로폴리스〉로 묶이면서, 그 중간에 자리한 오늘날의 부평과 부천 지역이 겪은 변화가 저한테는 흥미롭게 느껴집니다. 부평 평야라 불리는 이 지역의 서북쪽은 인천 계양구, 서남쪽은 인천 부평구, 동남쪽은 부천시, 동북쪽은 서울시 강서구로 나뉘어 있지만, 원래 이 지역의 대부분은 조선 시대에 부평 도호부였고, 근대기에는 부천군에 속했습니다. 지리적으로도 부평 평야 전체가 하나의 시가 되는 것이 자연스러웠겠습니다만 그렇게 되지 못하고 여러 개의 행정 단위로 나뉘어 버렸습니다. 그 이유로는 우선 김포 공항이 자리하고 있어서 부평 평야의 중심지를 개발할 수 없는 것을 들 수 있겠고, 19세기 말부터 인천 원도심에서 세력을 키워 온 일본인 세력이 20세기 전기에 동쪽으로 세력을 확장하는 형태로 부평을 흡수했다는 것도 또 한 가지 이유이겠습니다.

부평 평야에는 조선 시대에 계획되고 식민지 시대에 시도되었으며 현대 한국 시기에 완성된 경인 운하(경인 아라뱃길)를 비롯해, 전근대기에 경인 운하와 비슷한 계획을 시도했던 흔적인 굴포천, 식민지 시대에 건설된 동부 간선 수로, 서부 간선 수로, 김포 대수로 등 여러 개의 운하가 건설되어 있어서 이 지역을 곡창 지대로 만들어 주었습니다.

부천시 대장동 자연 마을. 삼거리의 새마을 벽화가
눈길을 끕니다.

경인 운하는 조선 시대-식민지 시대-현대 한국에 이르기까지 여러 행정 당국이 꾸준히 계획하고 마침내 실현했다는 점에서, 일본군-미군-한국군이 연속적으로 이용하는 군부대 부지와 함께, 민족 감정 등과는 별개 차원에서 존재하는 행정의 연속성을 보여 주는 사례로서 흥미롭습니다.

경인 운하 계획은 자료상 적어도 1939년까지는 꾸준히 논의되었던 것으로 확인되지만 실제로 추진된 흔적은 찾을 수 없으며, 물론 경인 시가지 계획에도 포함되지 않았다. 그러나 이 계획은 8·15 이후에도 단속적으로 꾸준히 검토되었으며, 2011년 〈경인 아라뱃길〉로 마침내 〈실현〉되었다.[1]

한편 동부 간선 수로에 대한 부천분들의 감정은 조금 복잡한 것 같습니다. 식민지 시대에 만들어진 〈수탈〉의 현장이지만, 이 수로가 있어서 이 지역에서 대규모 농사가 가능해졌기 때문입니다. 〈동부 간선 수로가 없었다면 부천 들판은 갈대가 무성한 조선 시대 그것이었다. 이 수로가 있으므로 해서 광대한 부천 평야가 만들어진 것이다. 비록 일제 강점기에 만들어진 것이지만 해방 이후 부천뿐만 아니라 서울, 수도권에 쌀 공급을 담당해 오던 최대 평야였다.〉[2]

오늘날 부평 평야는 하나의 단일한 행정 단위를 이루지 못하고 여러 개로 쪼개져 있습니다. 그러다 보니 단일한 부평 평야에서 각 행정 단위별로 서로 다른 모습이 나타나고 있어서 흥미롭습니다. 경계 지점에서 흔히 보이는 산업 단지와 소공장들이 이 지역에 밀집되어 있다는 사실은 굳이 언급할 필요도 없겠습니다. 서북쪽 계양구에는 〈서울 방화중학교〉로 진학할 수 있다는 간판이 걸린 초등학교가 있고, 서남쪽 부평구에는 식민지 시대부터 존재하는 군부대 및 이와 관련된 사택 지구들과 농산물 도매 시장과 장례식장과 한센인 정착촌과 한국 지엠 부평 공장이 있고, 부천에는 신흥 종교의 종교 시설과 열병합 발전소와 쓰레기 소각장(현재는 부천 아트 벙커)과 김포선 철도와 대장동이라는 자연 마을이 있고, 서울 강서구에는 김포 공항과 서울의 유일한 대규모 논농사 지대인 마곡(현재는 마곡 지구 도시 개발 사업)이 있습니다.

특히 부평의 경우에는 경인 메갈로폴리스의 항구인 인천 원도심 지역과 정치적 중심인 경성 지역을 잇는 요충지이자 군부대·군수 시설의 밀집 지대로서, 6·25 전쟁 때에는 황폐해진 서울 대신 새로운 수도를 만들 후보지로 거론되기도 했습니다.

정부에 〈수도 재건 위원회〉가 결성되었고 1951년 3월 7일 부산에서 첫 회의를 가졌는데, 재미있는 점은 파괴된 도심을 재건하는 것보다 허허벌판에 새롭게 수도를 만드는 방법, 즉 신도시를 구상하였다는 점이다. 당시 기사를 살펴보면 서울이 무려 500년이나 된 고도(古都)다 보니 현대적인 도시로 변화시키는 데 한계가 많다는 점을 언급하였고, 이왕 전쟁으로 파괴된 김에 차라리 새로운 곳에 수도를 만들자는 의견이 많았다. 이때 새로운 서울이 위치할 지역으로 한강 서쪽의 영등포에서 부평에 이르는 이른바 〈부평 평야〉 지역이 집중 거론되었다. (······) 1952년 이후 이와 관련한 후속 자료를 찾을 수 없는 점으로 미루어 볼 때 새로운 서울의 건설은 단지 논의로만 끝났던 것 같다. 전쟁이 한창 진행 중이었기 때문에 설령 계획이 수립되었어도 제대로 진행될 수 있었을지는 사실 의문이다. 더군다나 1960년대 이전 우리나라의 경제 여건을 고려한다면 막대한 비용이 들어가는 신도시 개발은 거의 불가능에 가깝

다고 보는 것이 타당하다. 그런데 영등포에서 부평에 이르는 지역
의 개발 구상은 이때가 처음이 아니었다. 1930년대에 일제가 이
일대를 동양의 맨체스터Manchester로 만들겠다며 대규모 공업 벨트
설계까지 마쳤고 부평 일대에는 실제로 많은 군수 공장들이 건설
되기도 하였다. 비록 태평양 전쟁으로 계획이 더 이상 진전되지 않
았으나 이후 당시까지 완공된 시설과 처음 계획된 설계를 기초로
해서 1960년대에 구로동에서 부평에 이르는 수출 산업 공단이 조
성되었다. 비록 야심만만했던 신수도 계획은 흐지부지되었지만
그만큼 부평 평야 일대가 지리적 접근성이나 기존 도심과의 연계
성에서 수도 예정지로 적합하다고 판단하였다. 따라서 비록 당시
개발이 이루어지지 않았지만 최근 개통된 지하철 7호선 연장 구간
일대인 중동, 상동, 삼산동, 부개동에 이르는 당시 신수도 예정지
가 차례대로 대단위 신도시로 개발되게 된 것을 보면 상당히 흥미
로운 역사라 생각된다.[3]

이처럼 군사적·공업적으로 경인 메갈로폴리스의 요충지였던 부
평에는, 산곡동의 부평 제3보급단과 같이 일본군이 있던 지역을 미군
이 이용하다가 한국군이 계승한 경우가 적지 않습니다. 그리고, 산곡동
및 삼릉 줄사택처럼 식민지 시대에 형성된 사택 지역도 곳곳에 존재합
니다. 식민지 시대뿐 아니라 해방 이후에도 부평 지역에는 6·25 전쟁
의 상이용사 정착촌인 화랑 농장이나 한센인 정착촌인 경인 농장·부평
농장·청천 농장 등의 집단 거주 지역이 잇따라 건설됩니다. 특히 경인
농장과 부평 농장은 만월산·만수산·철마산 등 부평과 인천 서남부를
나누는 산의 기슭에 자리 잡았는데, 이곳에는 인천 시립 승화원이라는
이름의 공동묘지, 한때 한국 은(銀) 생산량의 상당 부분을 차지했던 부

(위) 인천 부평구 산곡동의 식민지 시기 사택 지역.　　(아래) 인천 시립 승화원의 일본인 묘지 구역.

(가운데) 인천 부평구 부평동의 〈삼릉 줄사택〉.
2019년 여름부터 철거가 진행되고 있습니다.

평 은광, 그리고 〈송학사〉라 불린 옛 기무사 건물(현재는 부평 생활문화 센터)⁴ 등 경계적 성격이 강한 시설들이 자리하고 있습니다.

이 지역에 건설된 최초의 한센인 정착 시설은 성계원과 신명 보육 원이었고 이 지역에는 현재 부평 농장이 건설되어 가톨릭 시설과 프로 테스탄트 시설이 공존하고 있습니다. 그리고 이 지역으로부터 종교적 차이에 따라 가톨릭 신자는 경인 농장으로, 프로테스탄트 신자는 청천 농장으로 나뉘어 양돈·양계 사업을 키워 나갑니다.⁵ 그 후 다른 지역의 한센인 정착촌과 마찬가지로 이들 지역에도 가구 공장을 비롯한 소공 장들이 들어서서 현재는 세 지역 모두 밀집된 형태의 공업 지역으로 그 성격을 바꾸었습니다.

이처럼 부평 지역에 한센인 정착촌이 만들어지는 데 중요한 역할 을 한 것이 한하운이라는 시인이자 사회 운동가입니다. 『한하운 전집』 (문학과지성사, 2010)의 연보에 따르면, 1920년에 함경남도에서 태어 난 한하운 선생은 17세 되던 1936년에 한센병 진단을 받습니다. 선생 은 일본과 중국에서 유학한 뒤 1943년에 함경남도 도청 축산과에서 근 무한 것을 시작으로 공무원 생활을 하다가 1944년 사직하고 한센병 치 료에 전념하게 됩니다. 1948년에 월남해서 서울 명동 등을 떠돌다가 1949년에 시인으로서의 삶을 시작함과 동시에 8월에 수원 세류동의 한센인 정착촌인 하천부락(河川部落)에 입주합니다. 그리고 6·25 전 쟁이 발발하기 삼 개월 전인 1950년 3월에 이곳 부평의 한센인 정착촌 인 성계원으로 옮겨 왔고, 1952년에 한센인의 자녀들을 위한 신명 보 육원을 창설하고 원장으로 취임합니다. 1955년에는 현재의 용인시 어 정역 북쪽 동백 지구 일대에 동진원을 세웠고, 1955년에는 그의 이름 을 한국 역사에 영원히 남긴 두 번째 시집 『보리피리』를 발표했습니다. 1959년에 한센병 음성 판정을 받은 뒤 1975년에 십정동에서 사망하여 김포에 묻힐 때까지 한센병 환자들의 인권을 위해 활발한 사회 활동을 펼쳤습니다.

한하운 선생의 월남 이후 궤적을 살피면 서울-수원-부평-용인-김포와 같이 이 책에서 말씀드리고 있는 대서울과 그 외곽 지역을 아우르고 있음을 알 수 있습니다. 이들 지역 가운데 그가 가장 무게를 둔 곳은 경인 메갈로폴리스의 중심에 자리한 부평 지역이었던 것 같습니다. 그가 1970년대에 쓴 시 「부평 지역 청년 단체 연합회에 부친다」에는 부평 평야를 중심에 두고 대서울을 바라보는 관점이 명확히 드러납니다.

부평의 청년들이여
이제 아세아의 잠에서 깨어나
70년대의 찬란한 햇빛에
얼굴을 들어라

우리가 살고 있는 우리 고장을
누가 부평이라 하였는가
얼마나 얼마나 기름진 땅인가

부평 평야는 우리의 넓은 마음으로
높솟은 계양산은 우리의 이상으로 하늘에 닿고
한강이 은룡(銀龍)으로 굽이치고
강화, 영종섬이
관악산이 남한산이 북한산 산들이
부평은 품안고

캠프 마켓으로 들어가는 군용 철로.

선인들의 옛 읍터가
한촌 어느 변두리처럼
부평이 어찌 인천의 변두리인가

전쟁과 여인의 거리에
낯선 외군들의 향수가
밤꽃이 무지개로 피는데
후진의 안개를 헤치는 고속도로가
번개같이 새 시대를 몰고 오는구나 (……)

이 시에 대해 인천시의 어떤 분은 〈인천 사람으로 살기 위해 우리에게 다가오기 위해 몸부림치고 있었다〉[6]라고 해석하셨지만, 저에게는 이것이 부평 평야를 중심으로 삼고 주변의 지리를 새로이 해석하려는 시도로 이해됩니다. 예를 들어 이 시에 나오는 계양산, 강화도, 영종도는 모두 1973년까지 부천군의 영역이었습니다. 관악산·남한산·북한산은 성남·서울·고양의 영역이고요. 인용한 시의 마지막 구절은 부평의 미군 기지인 애스컴시티-캠프 마켓과 그 주변에 형성된 신촌 기지촌, 그리고 1968년에 개통한 경인 고속도로를 가리킵니다. 이처럼 한하운 선생은 시(詩)를 통해 부평 평야의 단일성을 복원하고 경인 메갈로폴리스를 새로이 해석했으며, 본인의 삶을 통해 대서울을 한 덩어리로 엮었습니다. 그를 한센병 환자의 인권을 위해 활동한 사람이나 인천의 시인으로만 이해하는 것을 넘어서서, 경인 메갈로폴리스-대서울에 대한 새로운 해석을 시도한 대서울의 시민으로서 이해할 필요가 있다고 생각합니다.

5
서해 바다를 통해 이어지는 대서울

한하운 선생은 북한 치하의 함경도에서 한국으로 내려온 〈월남민(越南民)〉이었습니다. 저는 해방으로부터 6·25 전쟁에 이르는 사이에 북한에서 한국으로 월남한 분들의 흔적을 대서울의 구석구석에서 발견하면서, 월남민이라는 존재가 대서울을 하나로 묶어 주는 또 하나의 중요한 요인이었다고 생각하게 되었습니다. 특히 인천이라는 경인 메갈로폴리스의 항구는 월남민들이 서해의 해상 루트를 통해 대서울에 들어오는 입구로서 기능했습니다.

저명한 일본 역사학자 아미노 요시히코 선생의 『고문서 반납 여행』(글항아리, 2018)에는, 육지와 농업을 역사의 중심에 두는 사람들이 놓치기 쉬운 강·바다와 어업·해안 교통이라는 존재를 저자가 발견하게 되는 과정이 잘 그려져 있습니다. 이 책을 번역하면서 저는 아미노 요시히코 선생이 일본에서 재평가한 강·바다와 어업·해안 교통이라는 요소가 한반도에서도 마찬가지로 가벼이 여겨지거나 잊혀 있는게 아닌가 생각하기 시작했습니다. 그리고 이번에 이 책을 쓰면서 인천과 월남민이라는 테마를 통해, 한반도에서도 일본 열도에서와 마찬가지로 해안 교통이 중요하게 기능했으나 지금은 그 역사가 거의 잊힌 지역이 바로 인천을 중심으로 한 서해 지역이었음을 확인했습니다.

바닷길을 통한 황해도-충청도-전라도와 인천-강화-김포 간의
교류, 그리고 한강을 이용한 강화-김포-인천-서울 간의 교류에 대해
서는 몇몇 연구가 있지만[1] 전체적으로 연구가 충분하지 않다는 인상을
받습니다. 하지만 실제로 대서울 곳곳을 답사하다 보면 서해·한강 루
트를 통한 교류의 흔적을 쉽게 발견할 수 있고 관련자들의 증언도 많이
남아 있습니다.

황해도 송화군 출신의 할머니(석온선)는 스무 살에 초도로 시집가
살다가 한국 전쟁이 터져 백일 지난 큰아이를 들쳐 업고 피난을 내
려왔다. 「배 타고 진도까지 내려갔는데, 거기서는 못 살겠어서 다
시 올라와 용유도에 살다가, 만석동에서도 좀 살다가, 신포동에서
도 잠깐 살다가 여기(송림동)로 오게 됐어.」[2]

위의 석온선 선생의 경우는 서해 해상 루트를 따라 황해도에서 월
남해서 전라남도로 갔다가 인천에 정착한 사례입니다. 인천 만석동 괭
이부리 마을의 〈하 할머니〉 사례도 알려져 있습니다. 황해도에 살다가
〈열다섯이었던 1951년 여름, 학교에서 집으로 돌아오던 하 할머니는
퇴각하던 국군 행렬을 만나게 되고, 강제로 트럭에 태워져 차도라는 섬
에서 원치 않는 피난살이를 하게〉[3] 된 경우입니다.

을지로 노가리 골목을 시작한 유명한 을지로 OB베어의 창업자 강
효근 선생과 같이 황해도 출신이면서 서울에 정착한 사례도 물론 많습
니다만,[4] 황해도 월남민들은 특히 강화·김포 및 인천 원도심의 항구 주
변에 많이 정착했습니다. 이는 언제든 고향으로 돌아갈 수 있기 위해
서였습니다. 〈대부분의 실향민들은 6·25 전쟁이 끝나면 곧 집으로 돌
아갈 수 있을 것이라고 믿었다. 때문에 많은 실향민늘이 고향과 가까운

인천과 서울, 강화 지역에 몰려서 살게 된 것이다.〉[5] 〈동구 송현동에 있던 황해 연탄 공장의 1960년대 말 모습이다. 이 공장에서 일하는 사람들은 대부분 황해도 피난민 출신들이었다.〉[6] 김중미 선생의 유명한 책 『괭이부리말 아이들』(창비, 2001)의 첫머리에서도 황해도 출신의 피란민들이 인천 부둣가에 정착하게 되는 과정이 다음과 같이 잔잔하게 말해지고 있습니다. 〈6·25 전쟁이 일어났다. 전쟁이 막바지에 이를 무렵인 1·4 후퇴 때 황해도에 살던 사람들이 고기 잡던 배를 타고 괭이부리말로 피란을 왔다. 전쟁만 끝나면 곧 돌아가려고 피란민들은 바닷가 근처에 천막을 치고 살았다.〉

이들 황해도, 그리고 평안도 출신 분들은 6·25 전쟁 때 켈로KLO 부대라는 특수 부대로 조직되어 많은 전공을 올립니다. 현재 교동도에는 한국인·미국인을 포함하는 을지병단의 전사자들을 추모하는 충혼비와 황해도 연안 출신들의 망배단이 있습니다.

> 작전 참모부 심리전과가 주관하여 〈을지병단〉이라는 이름의 유격대를 편성하였다. 을지병단은 후퇴 작전 시 이북으로부터 서해안과 동해안에 탈출하여 자생적으로 유격 활동을 전개하고 있는 무장 치안대, 반공 청년대의 조직을 체계화하고 그들의 활동을 지원하는 형태로 편성되었다.[7]

또, 인천 부평의 옛 일본군 기지에 주둔한 애스컴시티-캠프 마켓 인근 신촌 기지촌에서 〈애스캄〉이라는 사진관을 운영한 김도석 선생도 〈황해도 장연군 출신으로 1·4 후퇴 때 8240부대(주한 첩보 연락처, 일명 켈로 부대)에 입대했다〉가 미군들에게 사진 찍는 기술을 배워서 1959년에 사진관을 개업한 것이라 합니다(『캠프 마켓』, 봉구네책방,

괭이부리말의 일본식 나가야(長屋, 장옥) 주택.

(위) 켈로 부대 충혼비.   (아래) 황해도 연안 월남민 망배단.

2013). 이처럼 월남민 가운데에는 공산주의를 싫어하는 경우가 많았기 때문에, 이들 중에 6·25 전쟁 때 자발적으로 북한 지역에서 유격전을 전개하거나 특수부대 활동을 한 사람들이 많았고, 오늘날에도 한국 내의 반(反)북한 세력의 한 축을 이루고 있습니다. 〈인천 지구 황해도민회가 주축인 맥아더 장군 동상 보존 시민연대는 매해 10월 인천 자유공원에서 《맥아더 장군 동상 보존 및 빨갱이 조봉암 동상 건립 반대》 집회를 개최하고 있다.〉[8]

한편, 북한과 한국 사이의 분단이 확고해지고 대서울의 경인 공업 지대가 활성화되자, 이제는 황해도보다는 충청도·전라도에서 이촌향도하는 분들이 서해 루트를 이용하는 경우가 많아지게 됩니다. 〈1960년대 초에 시작되어 20년 가까이 이어진 경제 개발 5개년 계획은 인천의 달동네를 폭발 수준으로 팽창시킨 결정적 요인이 되었다. (……) 1960~70년대까지만 해도 충청도나 전라도에서 인천까지 뱃길이 육지 길보다 활성화되어 있었기 때문에 사람들은 배를 타고 인천에 도착했다.〉[9]

서울 사대문의 서쪽인 공덕동 파전 골목에는 〈연백 이발〉과 〈충남 상회〉가 똑같은 스타일의 간판을 달고 영업하고 있으며, 부평의 청천 농장에는 〈연백 식당〉과 〈신안 식당〉이 영업을 하고 있는데 이러한 가게들은 황해도-대서울-충청도 사이의 교류 흔적입니다.

제가 답사 중에 찾아낸 서해 해상 교류의 흔적은 황해도, 충청도, 전라도로 나누어 볼 수 있습니다. 이 가운데 충청도·전라도와의 교류는 워낙에 사례가 많기 때문에 일일이 거론할 수가 없습니다.

황해도와 대서울 간의 교류 흔적으로는, ① 황해도라는 지명을 내세운 인천 송림동의 〈황해도집〉, 인천 주안의 〈황해도 보살〉, 수인선 연선에 있던 황해도굿 전수자의 집, ② 수인 곡물 시장의 〈신전미섬〉, ③ 연백이라는 지명을 내세운 수인선 연선에 있는 수인 곡물 시장의 〈연백 상회〉와 평안도 세력이 주류인 서울 해방촌의 오거리와 HBC 사이에 자리한 〈연백 슈퍼쌀〉, 그리고 의정부의 연백촌 등이 있습니다. 부평의 연백 성모원에서 시작한 지금의 가톨릭대학교 인천 성모 병원은 김영 식 신부가 1924년 10월 27일 황해도 연백에서 시작한 고아원인 〈연백 성모원〉에서 비롯하며, 김영식 신부는 6·25 전쟁 때 월남해서 1952년 부평에 다시 〈연백 성모원〉을 열었다고 합니다.[10] 또, 연백 출신 월남자 분들은 특히 김포 지역에 많이 정착한 것으로 알려져 있습니다. 〈6·25 전쟁 전후 북한과 인접해 있는 김포에는 실향민 숫자가 4만 명을 헤아 릴 정도로 많았다 한다. 특히 김포에는 64년 연백군민회를 규합할 정 도로 연백 출신 실향민이 많았으며 지금은 흔적이 남아 있지 않지만 월 곶 포내리, 양촌 학운리, 대곶 대벽리, 김포 지경 등 면마다 피난민 정착 촌이 형성됐다.〉[11]

한편, ④ 황해도 옹진군의 경우는 조금 까다롭습니다. 6·25 전쟁 당시의 옹진군과, 그 후 한국 정부가 새로 편성한 옹진군을 구분하기가 어렵기 때문입니다. 그러나 연혁이 오래된 마을에 〈옹진〉이라는 지명 을 붙인 시설이 있다면 앞의 옹진에 해당하지 않을까 하는 추정은 하고 있습니다. 이러한 사례로는 서울 서남부 고척동의 〈옹진 슈퍼〉, 인천 원 도심인 신흥동의 〈옹진 식당〉, 부평의 군수 공장을 가동하기 위해 건설 된 산곡동 조선 영단 주택에 자리한 보석상 〈옹진당〉 등이 있습니다.

이리하여 대서울에 정착한 월남민 가운데 인천을 선택한 분들은 일차적으로 인천 원도심에 자리를 잡았다가, 옛 인천의 남쪽 끝에 자리 한 문학산 근처의 용현동·학익동·주안동 등으로 집단 이주됩니다.[12] 지난 2018년 12월에 인천 원도심인 북성동에 답사 갔다가, 재개발과 그게 차이가 없는 도시 재생 사업에 반대하는 월남민분들께서 쓰신 벽

대서울 속의 〈황해도〉.

글씨를 보았습니다.

북성동은 전쟁으로 인한 실향민의 정착지로 이제 돌아갈 수 없는
다리를 건너온 처지다. 정든 이곳에서 평생을 마치고 싶다. 누가
뭐라 해도 이곳은 우리의 고향이다. 우리를 다시 이주시킬 도시 재
생 사업은 절대 불가하다.

문학동은 수리산, 모락산, 대모산으로 이어지는 대서울 서남쪽 끝
의 군사 벨트였습니다. 〈군부대가 주둔하기 위해 1959년 시설 공사에
들어간 이후 지금까지 문학산 정상부는 민간인 통제 구역이었다. 이곳
은 1962년부터 1979년까지 미군 방공포대가 주둔했고, 그 이후에는
우리나라 공군 부대가 사용했다. 문학산 군부대는 2011년 병력을 철
수했다.〉[13] 그러다 보니 문학산 주변에는 경계적 성격을 띤 시설이 밀
집하게 되었는데, 이들 시설이 밀집한 대표적인 지역이 미추홀구 용현
동·학익동이었습니다.

현재는 고층 아파트 단지로 조성된 미군 저유소에서는 토양 오염
을 일으키는 성분이 나온 것으로 알려져 있습니다.[14] 또 이 지역에는 공
장도 밀집해 있었는데, 그 가운데 OCI라는 공장이 폐석회를 제대로 처
리하지 않은 문제는 지금도 〈용현·학익 지구〉 개발에 장애가 되고 있
습니다.[15] 이처럼 군부대와 공장이 밀집해 있다 보니 끽동이라 불리는
성매매 집결지도 생겨났는데, 이 지역은 현재 공원으로 바뀌어 있습니
다.[16] 또 이 지역에는 1938년부터 인천 소년 형무소가 있다가 현재는
인천 구치소로 바뀌어 인천 지방 검찰청·인천 지방 법원 등과 같은 부
지에 자리하고 있고, 식민지 시대부터 이어져 오는 일식 가옥 밀집 지
역도 있습니다. 이처럼 이 지역은 대서울이 서남쪽 경계 지역으로서 이

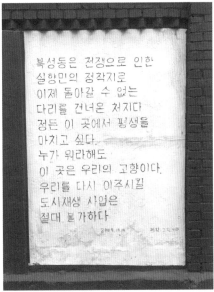

북성동은 전쟁으로 인한
실향민의 정착지로
이제 돌아갈 수 없는
다리를 건너온 처지다
정든 이 곳에서 평생을
마치고 싶다.
누가 뭐라해도
이 곳은 우리의 고향이다.
우리를 다시 이주시킬
도시재생 사업은
절대 불가하다

(위) 인천 미추홀구 학익동의 식민지 시기 사택 건물.

(아래) 인천 중구 북성동의 월남민 정착지에 적힌, 도시 재생 사업에 반대하는 호소문.

성격을 짙게 띠고 있었습니다만, 향후 이 지역의 성격은 많이 바뀔 것으로 예상됩니다. 이 지역과 주변 지역에 자리하던 공장들이 대부분 사라지면서 그 부지에 고층 아파트 단지들이 이미 들어섰거나 들어설 예정입니다. 서울시와는 독자적으로 기능할 것을 전제로 조성된 송도 신도시가 결국은 통학·통근을 통해 대서울과 연결될 것으로 예상되어서, 서울시와 송도 신도시 사이에 자리한 이 지역에도 파급 효과가 있을 터입니다.

6
한강을 통해 이어지는
대서울과 평민의 신앙 〈부군당〉

제1장의 마지막으로 한강을 통해 이어지는 대서울의 일체성을 〈부군
당〉이라는 신앙을 통해 바라보겠습니다.

부군당이란 원래 조선의 관청에서 모시던 신으로 생각되며, 정
확히 어떤 신이었는지는 알 수 없습니다. 이재(頤齋) 황윤석(黃胤錫,
1729~1791)이 쓴 『이재난고(頤齋亂藁)』에 따르면 아전과 노비가 부
군당을 열심히 모셨다고 하며, 이것이 관청 바깥으로 흘러 나가서는 조
선 시대 후기에 한강 하운(河運)을 통해 경제적으로 성장한 중간 계급
집단이 이를 한강가 여러 마을에서 크게 섬기게 되었다고 합니다.[1] 그
런데 이 부군당 신앙은 한강을 통해 강화도, 김포 등과도 그 특성을 교
류하게 됩니다. 영등포역 남쪽에 자리한 방학곳지 부군당에는 여신을
위해 남근(男根)이 모셔져 있는데 이는 강화도 지역의 풍습과 상통합니
다. 영등포 청과 시장의 〈강화섬쌀 하리 정미소〉와 〈강화도 해장국〉은
강화도와 서울 서남부 영등포 사이의 물리적인 연결이 오늘날에도 끊
어지지 않았음을 보여 주는 도시 화석입니다.

또, 방학곳지 부군당의 서쪽에 자리한 신기리 도당에 대해서는, 인
천·김포·한강에서 온 어선들이 이 부근의 들판에 있던 강을 통해 드나들
면서 생겼다는 이야기가 전해집니다. 민속학자 김태우 선생은 부군당 문

(위) 근현대 대서울 시민의 심리적 상황을
상징하는 듯한 상왕십리의 왕십리 수풀당과 주변
경관.

(아래) 영등포 청과 시장의 강화섬쌀 하리 정미소.

화가 한양에서 개성을 잇는 한강-서해안(강화)-임진강 주변에 집중되
어 있다는 점에 주목하여, 부군당 문화를 퍼뜨린 주체는 〈개성과 서울
을 오가며 상업과 해운에 종사했던 세력〉일 것으로 추측합니다.[2]
　　이리하여 서해안에서 한강을 통해 대서울을 관통하는 부군당 문
화가 오늘날 가장 극적인 형태로 남아 있는 곳은 서울 중구 왕십리로
39길 18-7(신당동 765)의 왕십리 수풀당입니다. 다섯 명의 공주가 외
적을 피해 이곳에 왔다가 죽었기에 그 신령을 모신다고 하는 전설이 이
지역에 전하며, 왕십리 아기씨당, 양지당, 그리고 이 왕십리 수풀당에
서 이들을 모셨다고 합니다. 현재는 왕십리 아기씨당과 왕십리 수풀당
만 남아 있는데, 성동구 향토 유적 제1호로 지정된 왕십리 아기씨당과
는 달리 왕십리 수풀당은 행정 당국의 공인을 받지 못하고, 개량 한옥
지역의 한 채에 개인적으로 모셔져 있습니다. 왕십리 수풀당이 자리한
상왕십리 지역은 20세기 전기의 개량 한옥과 일식 가옥, 20세기 후반
의 빌라, 역시 식민지 시대에 조성된 지역을 21세기 초에 재개발하여
올라오고 있는 고층 아파트와 빌딩들이 섞여 있는 전형적인 삼문화 광
장입니다. 이런 상왕십리의 삼문화 광장 한가운데에서 왕십리 수풀당
은, 비록 조선 시대에 비롯된 신앙이기는 하지만 20세기 전기의 개량
한옥에 모셔져, 20세기 후기와 21세기 전기 건물의 그늘에 짙게 가려
져 있습니다.
　　20세기 전기 건물의 틀을 빌린 조선 시대 평민·노비의 신앙 대상
이 20세기 후기와 21세기 전기 건물의 뒤쪽에 가리어져 큰길에서는 보
이지 않고 현대 한국의 시민들로부터도 거의 잊힌 현실. 저는 왕십리
수풀당이 놓여 있는 이 상황이 바로 조선 시대의 평민·노비 계급으로
부터 현대 한국 시민으로 면면히 이어져 오는 의식 세계를 상징하고 있
다고 생각합니다. 복원이라는 이름으로 창조된 조신 시대풍 **현대 건축**

(위) 경상남도 창원시 가포의 〈가포 마을 신사〉.

(아래) 녹번 고개 산골(山骨) 판매소에서 모시는 토지신 위패.

물들과, 원래 위치와는 다른 곳에 놓여 있는 조선 시대 건물 표지석들이 대서울의 전통을 대표하는 것이 아닙니다. 조선 시대 후기에 형성된 신앙을 담고 있는 20세기 전기의 개량 한옥과 일식 가옥, 이것이 바로 초라하지만 끈질긴 대서울의 평민과 시민의 전통입니다. 불교·유교·기독교만이 대서울의 종교가 아닙니다. 대서울 곳곳에서 널리 확인되는 부군당·도당 신앙, 제갈량과 관우 신앙, 녹번 고개 산골(山骨) 판매소의 토지신 신앙, 그리고, 대서울은 아니지만 경상남도 창원시의 가포 마을 신사도 현대 한국 시민의 당당한 신앙 형태입니다.

식민지 시대에 만들어진 신사를 21세기 전기까지도 소중한 신앙 대상으로 모셔 온 이 가포 마을 신사에 대해서는 학계에 잘 알려져 있지 않은 것 같습니다. 저는 경상남도를 답사하면서 이런 현상을 여러 곳에서 확인했지만, 괜히 〈일제 잔재〉 청산하자는 말이 나올까 봐 특히 가포 마을 신사에 대해서는 침묵을 지키고 있었습니다. 하지만 현재 가포는 신사는 물론이려니와 마을 자체가 재개발로 사라져 버렸으므로, 기록을 공유하는 차원에서 여기서 소개합니다. 〈진자(神社)라고 하니까 문제지, 우리에게는 당산(堂山)이다. 남들 보기에 보잘것없는 나무나 돌도 귀하게 여기면 당산인데, 하물며 100년 가까이 마을 사람들이 귀하게 여긴 것을 《일제 잔재》하는 것은 바깥사람들이 쉽게 하는 말 아닌가〉라는 마을 노인의 말씀이, 20세기 전기에 만들어진 건물이라면 무조건 파괴하는 것이 〈민족 정기〉를 살리는 길이라고 주장하는 편협한 생각의 소유자들이 깨닫지 못하는 근현대 한반도 역사 백 년의 핵심을 찌르고 있다고 저는 생각합니다.

이곳 사람들은 18년 전 신사 존폐 논란을 대체로 잘 기억하고 있었다. 주민 박 모(52) 씨는 〈신사가 일제 산재라고 없애야 한다며 한

참 마을이 난리였다〉며 〈마을 어르신들이 함부로 없앨 게 아니라
고 끝까지 버텼다〉고 말했다. 당시 마을은 신사 속 집기를 꺼내 없
애려는 사람들과 이를 말리는 어르신들 사이 실랑이 때문에 한동
안 시끄러웠다고 했다. 하지만, 마을 어르신들 고집을 끝내 꺾지는
못했다. 주민 김 모(여·63) 씨는 〈그때 없애자고 해서 잘된 사람
있더냐〉며 신사를 지켰던 어르신들 편을 슬쩍 들었다. 당시 일제
잔재 폐지를 주장하는 여론과 신성한 마을 재산을 함부로 손대서
는 안 된다는 주민들 사이에서 마산시는 궁여지책을 내놓았다. 어
차피 건물이 오래됐으니 손을 보되 왜색을 빼내기로 한 것이다. 벽
은 벽돌로 마감하고 기와지붕을 올려 내실을 만든 식이다. (……)
　〈일제 잔재〉, 〈왜색〉이라고는 하지만 주민들에게는 그저 마을
밖 사람들이 하는 소리다. 정작 주민에게는 친근하면서 영험한 장
소이다. 일본 사람 떠났으면 일본 귀신도 떠났고 우리가 잘 모시면
우리 신이 와서 사는 것이라고 여긴다. (……) 지금은 마을 부녀회
에서 신사 주변을 청소하고 관리한다. 부녀회는 명절 때 신사 주변
에서 벌이는 제사나 잔치를 주최하기도 한다. 한 50대 아주머니는
〈이제는 이런 것 찾아보려고 해도 없을 것〉이라며 〈옛날 것 함부로
없애는 게 능사는 아니다〉라고 거들었다.[3]

제2장
도시 문헌학과 도시 화석

1
문헌학자처럼 대서울 걷기

제1장에서는 대서울의 핵심을 이루는 몇 가지 요소를 살펴보았습니다. 이번 장에서는 어떤 요소들에 주목하면 대서울을 깊이 있게 읽어 낼 수 있을지 생각해 보겠습니다.

저는 문헌학자이자 국제 전쟁의 연구자로서 이 책을 썼습니다. 저는 이제까지 국제 전쟁에 대한 옛날 자료들을 연구해 온 방법을 대서울 답사에 적용하고 있습니다. 그런데 문헌학이라는 분야가 생소하다 보니, 많은 분들로부터 문헌학자가 대서울을 걷는 것이 이제까지의 다른 답사들과 어떻게 다른지 궁금하다는 질문을 많이 받습니다. 그래서 여기서는 어떻게 하면 문헌학자처럼 대서울을 걸을 수 있는지 말씀드리려 합니다. 실제로 대서울의 구석구석에서 제가 발견하고 해석한 내용들은 이 책의 제3장에서 자세히 다룹니다. 여기서는 핵심만 말씀드려도 될 것 같습니다.

인천 부평 모 교회의 머릿돌.

2
도시 문헌학

문헌학은 종이·돌·나무·금속판 등에 적혀 있는 글자를 해석해서 그 뜻을 이해하는 것은 물론이고, 그 글자를 적은 사람이 왜 종이·돌·나무·금속판 등의 특정한 재료를 선택했는지, 그 재료의 재질·무게·두께·크기 등 물질적인 특징은 어떤지, 글자는 어떤 필체로 적혀 있고 글자를 적은 잉크나 글자를 새긴 펜촉의 물질적인 특성은 무엇이며 글자 크기 및 글자 사이의 간격, 그리고 여백은 얼마나 되는지 등등을 살펴서, 그 문헌을 남긴 사람의 개인적인 심리에서부터 그 사람이 살았던 시대와 장소의 특징, 뒷시대의 사람들이 그 문헌을 어떻게 읽고 다시 베꼈는지 등을 살피는 학문입니다. 글자가 적혀 있는 판의 물질적인 특성부터 그 글을 쓰고 읽은 사람이 살았던 사회의 특성까지 모두 관심을 둡니다.

이와 같은 특징을 갖는 문헌학이라는 연구 방법을 가지고 대서울을 바라보면, 아르헨티나의 소설가인 호르헤 루이스 보르헤스의 말처럼 〈세계는 거대한 도서관〉으로 다가옵니다. 비유적인 표현이 아니라, 정말로 대서울에는 제가 읽고 해석할 대상이 무궁무진합니다. 구체적으로는 간판, 머릿돌, 마을 비석, 공덕비, 추모비, 벽보, 플래카드, 전단지, 깃발 등에 득히 관심을 두고 대서울을 섭습니다. 예를 들어, 인전 부평에 있는 모 교회의 머릿돌은 제가 흔히 접하는 다른 건물의 머릿돌보다 상대적으로 큰 돌에 단정한 글자체로 새겨져 있으며, 글자와 돌 사이의 여백이 조금 좁습니다. 문헌학에서 문헌을 다루는 방식으로 해석하자면, 크기가 큰 것은 권위 의식을 나타내고, 글자체가 단정한 것은 보수적인 성향임을 뜻하며, 여백이 좁은 것은 여유가 없음을 암시합니다. 그러므로 이 머릿돌은 이 건물주가 다소 여유가 없는 권위적·보수적인 성향일 것임을 암시합니다. 프로테스탄트 교회로서는 일반적인 성향이라고 하겠습니다.

다음으로, 특히 고문헌을 다룰 때에는 현재 읽을 수 있는 글자의 아래에 어떤 글자가 가리워져 있는지에 주목합니다. 중세 유럽에서는 양의 가죽으로 양피지를 만들어 이용했는데, 이 양피지가 귀하다 보니, 쓸모없게 된 글자는 칼로 깎아서 지워 내고 그 위에 다시 새로운 내용의 글을 쓰는 일이 흔했습니다. 그렇게 재활용된 양피지를 팔림프세스트palimpsest라고 합니다. 제가 연구하는 동부 유라시아의 옛 문헌에서는 쓸모없게 된 책의 실을 풀어 뜯어낸 종이의 비어 있는 뒷면을 이용하는 경우가 많은데, 이렇게 재활용되어서 전해지고 있는 문서의 원래 부분을 지배문서(紙背文書)라고 합니다. 팔림프세스트나 지배문서 모두, 새로 적혀서 지금 잘 읽을 수 있는 글자보다, 지워지거나 뒤로 돌려져서 잘 읽히지 않는 글자가 더욱 오래된 것입니다. 그리고 이렇게 더욱 오래된 글자로 적힌 내용 가운데에는 이제까지 그 내용이 전해지지 않았던 희귀한 것도 많습니다. 또, 책을 수리할 때에는 필요 없게 된 문서를 책의 뒤에 덧대는 방식을 쓰는데 그렇게 덧대어진 종이에 귀중한 내용이 담겨 있는 경우도 있습니다. 통일 신라 시대에 충청북도 청주시 인근의 인구·경제 상황 등을 기록한 문서를 신라 장적(新羅帳籍)이라고 하는데, 이 공문서는 쓸모가 없어진 나름에 아마노 신라에서 일본으로 수출하는 물건의 겉을 감싸는 포장지로 일본에 보내졌다가 오늘날 도다이지(東大寺) 쇼소인(正倉院)의 『화엄경론(華嚴經論)』 불경의 뒤에 덧대어져서 전해지고 있습니다.

대서울을 답사할 때 이렇게 거창한 내용까지 알 필요는 없습니다만, 이런 식으로 글자를 읽어 낼 수 있다는 생각을 하고 주위를 돌아보면 재미있는 발견을 할 수 있습니다. 예를 들어 단국대학교가 한남동에 있던 시절에는 한남 오거리의 서남쪽으로 경원선 한남역까지 가는 길에 이른바 〈단국대 개골목〉이라는 술집 거리가 있었습니다. 이 명칭은 상상하시는 그대로 단국대 학생들이 집에 가는 열차를 타러 한남역으로 가는 도중에 이 골목 술집에서 술에 취해 인사불성이 된다는 뜻입니다. 그 후 2007년에 단국대학교가 한남동에서 완전히 떠나고 나자 〈단국대 개골목〉은 대학가로서의 성격을 잃고, 큰길가의 뒷길로서 경계적 성격을 띠게 됩니다. 지난 2019년 2월에 옛 단국대 개골목을 걷다가 철물점 간판을 보았습니다. 지금 뚜렷하게 읽을 수 있는 것은 〈화성 건축 집 수리〉이지만, 그 뒤에 〈숯불갈비/냉면 두꺼비 식당〉이라는 글자가 씌어 있는 것을 희미하게 알아볼 수 있었습니다. 많은 학생들이 이 식당에서 밥과 술을 먹고 마셨겠지요. 단국대가 이곳에서 떠나간 것이 2007년인데, 카카오맵 로드뷰에서는 2009년에 이미 이곳에서 식당이 사라지고 수리 가게로 바뀌어 있는 모습을 볼 수 있습니다. 한남동이 대학가이던 시절의 도시 화석이 이런 식으로 흔적을 남기고 있는 것이지요.

이렇게 문헌학의 방법을 도시 답사에 적용하는 것을 〈도시 문헌학〉이라고 이름 붙일 수 있겠습니다.

서울 용산구 한남동의 속칭 〈단국대 개골목〉에서
영업하던 누꺼비 식당.

3
도시 화석

사실상 대서울에 존재하는 거의 모든 것은 〈도시 문헌학〉적으로 해석할 수 있는 대상이 됩니다. 그러나 그중에서도 특히 더 많은 해석을 가능하게 해주는 대상이 있습니다. 이 책의 제3장 18절 성남 편에서 살필 버스 정거장 간판에는, 한때 성남 원도심에 성남시청이 있었음을 알려주는 〈(구)시청〉이라는 정거장 이름이 적혀 있습니다. 또, 오늘날 군포시의 이름이 비롯된 군포장 시장은 원래 안양시 호계동에 있었는데, 그 자리를 얼마 전까지만 해도 〈구군포 사거리〉라 불렀습니다. 그러다가 안양과 군포가 서로 다른 시가 되면서 안양에서는 이 지역에서 〈군포〉라는 지명을 빼고 〈구사거리〉라고만 부르게 되었습니다. 이 지역에는 현재 〈구장터 경로당〉이라 불리고 있는 건물이 있는데, 1996~1997년 사이에 건설된 이 건물의 머릿돌에는 건물의 이름이 〈구군포 경로당〉이라고 적혀 있습니다. 이를 통해서 안양시가 지금과는 달리 20세기 말까지도 이 지역을 〈구군포 사거리〉, 〈구군포장〉, 〈구군포 장터〉 등으로 불렀음을 알 수 있는 것이지요. 많은 분들이 머릿돌이라는 존재를 아예 모르거나 중요하게 여기지 않습니다. 어떤 건물을 누가 언제 지었는지 알려면 건축물 대장을 보면 된다는 것이지요. 하지만 머릿돌을 찬찬히 읽으면 건축물 대장으로는 결코 알 수 없는 그 건물을 짓고 소유

서울 중구 광희동의 〈대원 다다미〉와 중림동의
〈내신 나나비 세삭소〉.

한 사람의 성격, 그리고 그 건물이 자리한 지역의 역사와 특성까지도 읽어 낼 수 있습니다.

　건물에 붙어 있는 머릿돌을 통해서 그 건물을 짓고 소유한 한국 사회 상층의 특성을 알 수 있다고 한다면, 슈퍼마켓이나 이발소·미용실 등의 간판을 통해서는 한국 사회에서 중하층에 속하는 계급의 특성, 그리고 그 지역이 언제 만들어지고 번성했는지 추정할 수 있습니다.

　예를 들어 서울 중구 광희동과 중림동에 남아 있는 다다미 가게는, 이 두 지역이 식민지 시대에 일본인들의 거주지로 형성되었음을 오늘에 전하는 도시 화석입니다.

　1950년대에 시작되어 한때 전국을 휩쓸었던 박태선 씨의 한국 예수교 전도관 부흥 협회(전도관) 시설과 신앙촌 상회가 있는 지역이라면, 그곳이 20세기 중기의 비교적 이른 시기에 형태를 갖춘 마을임을 짐작할 수 있습니다. 1955년에 창시된 박태선 씨의 전도관은 1980년의 〈하나님 선언〉 이후 한국 천부교 전도관 부흥 협회(천부교)로 이름을 바꾸었는데, 현재 대서울 곳곳에 남아 있는 천부교 시설의 머릿돌을 통해서 이러한 연혁을 추정할 수 있습니다. 서울역 서북쪽에 자리한 천부교 서대문 교회의 머릿돌에는 〈머릿돌 ○○ 1969. 11. 11〉이라고 새겨 있고 두 글자가 지워져 있습니다.[1] **(이하 머릿돌 이미지는 80~83편 〈대서울의 머릿돌〉 해당 번호 참조)** 이는 아마도 1980년에 박태선 씨의 하나님 선언 이후, 〈예수 이후〉라는 뜻의 〈주후(主後)〉라는 단어를 쓸 수 없게 되었기 때문에 지워진 것 같습니다. 서울의 남산 해방촌에 자리한 〈한국 예수교 해방촌 전도관〉에는 〈머릿돌 주후 1974. 11. 20〉이라고 적혀 있어서, 천부교 서대문 교회도 원래는 이런 형식이었으리라고 추정할 수 있습니다. 또한 해방촌의 이 시설은 1980년의 하나님 선언 이전에 쓰던 〈한국 예수교 전도관〉[2]이라는 명칭을 여전히 이용하고 있는 것으로 보아, 천부교

(위) 부천시 소사동의 옛 마을에서 재개발 여부를
둘러싸고 벌어지고 있는 벽보 전쟁.

(아래) 1954년에 세워진 서울 용산구의 성산
감리교회 건물. 현재는 철거되었습니다.

측이 1980년 이후 명칭을 바꾸는 작업에 철저하지 않았거나 이 해방촌 전도관에 속한 분들께서 박태선 씨의 〈하나님 선언〉에 대해 다른 의견을 지니고 있었던 것은 아닌가 하고 추정할 수 있습니다.

　오늘날의 서울 강남을 가리키던 옛 지명 〈영동〉은 〈영등포의 동쪽〉이라는 뜻으로 한때 널리 쓰였지만, 1970년대에 영동 지구가 개발되기 전부터 존재하던 농촌 강남 시절의 마을이나, 초기에 개발된 지역에 자리를 잡은 몇몇 시설은 〈영동〉이라는 지명을 여전히 지키고 있습니다. 따라서 〈영동〉이라는 지명을 가진 시설이 있으면 그 시설이 자리한 곳이 강남 일대에서 비교적 이른 시기에 형성된 지역임을 추정할 수 있습니다. 예를 들어 구역삼 세무서 사거리 서북쪽에는 농촌 강남 시절의 길이 남아 있는 것으로 보이는 불규칙한 구역이 있는데 그 초입에 〈영동 수퍼〉가 있습니다. 한편 삼성 래미안 아파트는 2000년부터 지어지기 시작했으므로, 이 아파트가 자리한 곳은 옛 마을이 있었던 지역이 2000년 이전에 재개발된 것임을 추정할 수 있습니다.

　마지막으로, 이른바 불량 주택이 많고 점집 깃발이 많은 곳은 재개발이 예정되어 있어서 건물의 보수가 중단되고 임대료가 비교적 저렴한 지역임을 추정할 수 있습니다. 이런 지역에는 대개 재개발에 찬성하는 측과 반대하는 측의 벽보, 플래카드, 팸플릿이 함께 확인됩니다. 경인선 소사역의 서북쪽에 자리한 네모난 구획에는 멋진 외관의 점집들이 많이 있고, 이 지역 전체에서는 재개발 찬성파와 반대파의 벽보 전쟁이 벌어지고 있습니다. 어떤 벽에는 찬성파와 반대파의 벽보가 함께 붙어 있고, 재개발 찬성파의 게시판에는 반대파의 벽보가 붙여졌다가 뜯겨진 흔적이 역력히 남아 있습니다. 이 책의 제3장을 읽으시면 느끼시리라 생각합니다만, 현재 대서울은 전체적으로 재건축·재개발을 둘러싸고 전쟁 상대입니다. 고층 아파트 단지를 세외한 서의 모든 곳이 재건축·재개발 예정지라 해도 과언이 아닙니다. 그러다 보니 개발 찬성파와 반대파는 서로 방대한 양의 문헌을 만들어서 배포하고 있는데, 저 같은 문헌학자에게는 이것이 대서울의 역사와 시민들의 심리를 파악할 수 있는 중요한 자료가 됩니다.

4
머릿돌

앞에 나오는 사진은 식민지 시기 용산에 세워진 가토 기요마사 신사의 터에 1954년에 세워진 성산 감리교회입니다. 이 교회의 정문에 정중하게 놓인 머릿돌[3]을 본 뒤로, 근현대 건물과 머릿돌의 관계에 대해 깊이 생각하게 되었습니다. 이 건물은 당시 가치를 인정받지 못해서 헐렸고, 그 자리에는 고층 아파트 단지가 들어서 있습니다. 1954년에 세워진 이런 멋진 석조 건물이 문화재적 가치를 인정받지 못한 것이 불과 5년 전의 일입니다.

1949년 고 이정윤 목사에 의해 시작된 성산 교회의 예배당은 독특한 역사를 가지고 있다. 지금 있는 교회는 일본 신사와 적산 가옥이 있던 터에 지은 것이다. 또한 2층 교회를 떠받치고 있는 4개의 기둥은 남산의 조선 신궁의 기둥이라는 주장도 있지만, 신궁 기둥을 수리하기 위해 들여온 것을 구입해 교회의 기둥으로 삼았고, 교회의 계단 입구는 신사로 올라가는 계단의 대리석을 떼어 내 만든 것이다. 이렇게 이 교회는 일제 신사의 부속물들로 교회를 세우게 된 것이다. 그런데 최근 교회 주변이 재건축되면서 교회가 문화재적 가치를 인정받지 못하고 헐리게 되었다.[1]

저는 20세기 후기에 대서울 곳곳에 세워진 상가 건물의 머릿돌에 특히 관심이 있습니다. 얼핏 특징 없고 무뚝뚝하게 보이는 상가 건물 정문에 정중하게 배치된 머릿돌은, 그 상가 건물에 대해, 나아가 그 상가 건물이 세워진 20세기 후기 한국에 대해 새로이 해석할 수 있는 가능성을 주기 때문입니다. 머릿돌은 얼핏 사무적이고 단조로워 보이는 대서울을 스토리텔링할 수 있는 좋은 소재입니다. 예를 들어, 〈定礎 1976. 5. 16〉이라고 새겨진 종로구 창신동의 빌딩4은, 이런 건물을 짓고 행서체의 〈정초(定礎)〉라는 글자를 새기고 머릿돌의 테두리까지 멋을 낼 줄 알았던 건물주들이 있던 창신동 봉제 골목의 1970년대를 상상케 합니다.

이런 머릿돌들을 눈여겨보던 중, 2018년 5월에 을지로 3가를 거칠게나마 전부 답사한 뒤에, 머릿돌은 대서울을 읽어 내는 중요한 키워드라는 확신을 갖게 되었습니다.

을지로는 해방 후부터 1970년대 초중반까지의 시기에 세워진 오피스 빌딩이 밀집한 곳으로서 주목됩니다. 이 시기에 오피스 빌딩이 많이 세워진 곳이라고 하면 을지로·마포·영등포 등을 들 수 있겠으나, 그 가운데에도 을지로가 당시의 거리 모습을 가장 잘 남기고 있습니다. 20세기 전기의 개량 한옥과 일식 가옥, 20세기 후기의 오피스 빌딩, 그리고 최근 을지로 일대에 들어서고 있는 고층 빌딩은 현대 한국의 독특한 풍경인 삼문화 광장이라는 시간의 지층, 시층(時層)을 만들어 냅니다.

20세기 후기에 을지로에 세워진 오피스 빌딩에서는 정문 근처에 붙여진 머릿돌이라는 매력 포인트를 확인할 수 있습니다. 머릿돌이라고 하면 〈정초(定礎)〉, 〈준공(竣工)〉, 〈머릿돌〉 등의 글자와 준공 일자를 새긴 돌을 가리킵니다. 현대 한국의 건물에서 확인되는 머릿돌의 원형은 일본의 정초석(定礎石)으로 짐작되며, 근대 일본의 건물에 박혀 있는 정초석의 원형은 유럽의 코너스톤corner stone으로 추정됩니다. 미국인 앨버트 테일러Albert Taylor가 1923년에 종로구 행촌동에 세운 딜쿠샤Dilkusha에 붙어 있는 코너스톤이 전형적입니다. 일본의 정초석에는 준공 날짜의 신문이나 건설 관계자의 정보가 함께 담기며, 1996년 조선총독부를 철거할 때에도 1920년에 정초석에 넣은 신문과 건설 관계자 정보가 확인된 바 있습니다. 이 머릿돌5은 현재 천안의 독립기념관에 놓여 있습니다. 이런 형태의 머릿돌을 볼 수 있는 곳이 옛 인천 시립 도서관, 현재의 율목 도서관입니다. 이곳 정문 오른쪽의 수풀 속에는 〈定礎 / 施工主 仁川市長 陸軍大領 柳承源 (……) 1962年 4月 30日〉이라 적힌 정방형의 머릿돌6이 놓여 있습니다.

제가 이제까지 을지로에서 확인한 머릿돌은 크게 두 계열로 나눌 수 있습니다. 하나는 을지로 3가 창림 빌딩 정문 계단 오른쪽에 붙어 있는 〈전기(奠基)〉 머릿돌입니다.7 고대 중국에서 건물을 세울 때 지내던 전기 의례에서 그 이름을 따온 〈전기〉 머릿돌은, 서울 중구 명동에 존재하는 타이완 계열의 빌딩인 삼민주의 대동맹 한국 지구 및 한성 화교 협회의 〈영전사기(永奠斯基)〉 머릿돌8,9과 그 맥락을 같이합니다. 명동과 정동, 이 두 지역은 대서울에서 일본, 타이완, 한국의 머릿돌을 함께 볼 수 있는 드문 공간입니다.

창림 빌딩과 같은 사례를 제외한 을지로의 대부분 건물은 〈정초(定礎)〉라고 적힌 머릿돌을 지니고 있습니다. 대한 전기 협회10, 경림 인쇄 건물11, 유진 커피숍 건물12, 을지 빌딩13, 원일 빌딩14 등의 머릿돌은 정문의 잘 보이는 곳에 정중하게 자리하고 있고 광고도 그 자리를 피해서 설치됩니다. 물론 을지로뿐 아니라 서울역 근처 봉래동의 청암 빌딩15이나 이 책의 제3장 17절 서울 강남 답사 전략에서 소개할

1

2

3

4

5

6

대서울의 머릿돌

1 천부교 서대문 교회

2 해방촌 전도관

3 용산구 성산 감리교회

4 종로구 창신동 빌딩

5 조선 총독부

6 옛 인천 시립 도서관

7

8

9

10

11

12

13

7 을지로 창림 빌딩

8 명동 삼민주의 대동맹 한국 지구

9 명동 한성 화교 협회

10 을지로 대한 전기 협회

11 을지로 경림 인쇄 건물

12 을지로 유진 커피숍 건물

13 을지로 을지 빌딩

14

15

16

17

18

19

14 을지로 원일 빌딩

15 봉래동 청암 빌딩

16 독산동 우진 빌딩

17 을지로 석정 빌딩

18 을지로 문영 빌딩

19 군산 뇌의원 ⓒ한승혜

20

21

22

23

24

25

20 신당동 241-6 빌딩

21 제주 군위 오씨 종친 회관

22 신당동 중앙 체육원 빌딩

23 신길동 천도교 영등포 교회

24 종로구 보화 빌딩

25 입정동 동양 빌딩

강남역 동북쪽의 몇몇 빌딩, 그리고 〈머릿돌 / 友進 빌딩 / 1981. 2. 5〉
라고 새겨진 금천구 독산동의 우진 빌딩[16] 등 대서울 곳곳의 머릿돌에
서는 건물에 대한 건축주와 건설 시행사의 애정을 느낄 수 있습니다.
1960~1970년대 을지로의 건물들은 이후 시기에 세워진 건물들과는
달리 정문에 머릿돌을 붙일 자리가 없는 경우에도 어떻게든 머릿돌을
박아 넣으려고 애썼습니다. 석정 빌딩(石亭삘딩)[17]처럼 정문의 좁은 틈
에 어떻게라도 자리를 마련해서 붙이거나, 문영 빌딩[18]처럼 정문 옆의
벽면에 붙였습니다.

　　요즘 지어지는 많은 건물들을 살펴보면, 머릿돌이나 준공 표지판
이 붙어 있지 않아서 현장에서 건물의 역사를 확인할 수 없습니다. 건
축물 대장을 떼어 보면 되지 않느냐고 하실 분이 계시겠지만, 장부에
적혀 있는 준공 연월일 숫자에서는 확인할 수 없는 수많은 정보와 건물
에 대한 건축주·건설 시행자의 감정, 대서울의 스토리를 머릿돌에서
읽어 낼 수 있습니다. 2차적으로 정리된 자료를 접할 때보다 실물을 직
접 접할 때 훨씬 풍부한 정보를 얻을 수 있다는 것이 문헌학의 대원칙
입니다.

　　머릿돌과는 약간 다르지만, 건물 이름을 새긴 석조·철제 명판이
이후 다른 간판에 가려져서 확인되지 않는 경우를 종종 목격합니다.
1958년 머릿돌을 가진 영등포역 북쪽의 합동 병원과 1974년 머릿돌
을 가진 군산 구도심의 군산 뇌의원[19]의 이름이 새겨진 명판이 그렇습
니다. 지도 애플리케이션의 예전 로드뷰 사진을 보면 합동 병원과 군산
뇌의원의 이름이 새겨진 명판이 다른 간판에 가려져 있는 것을 확인할
수 있습니다. 합동 병원 건물은 이후 병원 외의 용도로 이용된 것 같고,
군산 뇌의원 건물은 군산 신경정신과 의원으로 이어졌습니다. 그렇게
세싱에서 잊혀 있던 옛 병원 명판은, 이를 가리고 있던 간판의 업체가

그 건물을 떠나면서 다시 세상에 드러났습니다.

벽에 새겨진 병원 명판들이 다른 간판에 가려졌다가 다시 세상에 나타나는 데서 알 수 있듯이, 명판이나 머릿돌을 관찰하면 그 건물이 겪은 세월의 변천을 추적할 수 있습니다. 이처럼 명판이나 머릿돌을 통해서 읽어 낼 수 있는 정보는 상상할 수 있는 것 이상으로 많습니다. 예를 들어, 앞서 소개한 군산 뇌의원 머릿돌이나 서울 중구 신당동 241-6 빌딩의 〈定礎 1972. 7. 7〉 머릿돌[20]은 근대라는 시기를 뛰어넘어 종묘 외벽에 새겨 있는 간지(干支) 석물과 상통하는 형태를 보여 주어서 흥미롭습니다.

현대 한국 초기에 잠시 쓰였던 단기(檀紀) 연호와 서기 연호 사이의 미묘한 갈등도 흥미롭습니다. 제주 군위 오씨 종친 회관에는 〈머릿돌 단기 4323. 7. 7〉이라는 머릿돌[21]이 붙어 있습니다. 단기 4323년이면 서기 1990년인데, 한국에서 이미 단기 연호를 쓰지 않은 지 수십 년이 지난 시점에서 이런 머릿돌이 탄생한 배경이 궁금해집니다. 또, 서울 신당동 중앙 체육원 빌딩에서는 서기와 단기가 싸우고 있는 머릿돌을 볼 수 있습니다. 〈定礎 西紀一九六八年十月十五日〉이라는 머릿돌[22]인데요, 〈西紀〉의 〈西〉 자를 지우고 〈一九六八年〉의 〈一〉을 〈四〉로 바꾸는 등, 서기를 단기로 수정하려 한 흔적이 보입니다. 1968년은 단기 4301년입니다. 이 머릿돌과 똑같은 머릿돌이 바로 옆 건물에 있어서, 서기와 단기가 갈등하기 전의 상태를 알 수 있습니다.

한편 영등포구 신길동 천도교 영등포 교회에는 1996년에 만들어진 〈포덕 136년 6월 11일〉 머릿돌[23]이, 종로구 종로 5가의 원불교 관련 보화 빌딩에는 1968년에 만들어진 〈머릿돌 원기 58. 8. 8〉[24]이라는 머릿돌이 있습니다. 저는 원기 연호를 쓰는 머릿돌을 이 건물에서 처음 보았습니다. 2018년 1월에 이 지역을 답사했을 때는 이 머릿돌이 눈에 들어오지 않다가, 머릿돌에 관심을 갖게 되니 그제야 눈에 띄더군요. 사람은 관심이 있어야 무언가를 알아보게 되고, 관점이 바뀌거나 심화 되면 그전에 안 보이던 것이 눈에 들어오게 된다는 사실을 새삼 깨닫는 순간이었습니다.

머릿돌 이야기의 마지막으로 쪼개진 머릿돌에 대해 말씀드리겠 습니다. 위에서는 존중받는 머릿돌을 몇 가지 소개했지만, 사실 쪼개 지고 도색되고 광고지가 덧칠해진 머릿돌을 더 많이 봅니다. 서울 중구 입정동 201-2 동양 빌딩(東洋삘딩)에 있던 머릿돌[25]은 무관심으로 인 해 쪼개진 것은 아닌 듯하고, 건물 벽이 쪼개지면서 함께 훼손된 것 같 습니다. 1966년 4월 1일에 준공된 이 동양 빌딩은, 2019년 초에 이 지 역의 재개발이 시작되면서 철거되었습니다. 현대 한국 초기의 오피스 거리였던 을지로의 역사를 증언하는 이 건물의 귀여운 머릿돌과 고풍 스러운 명판을 철거 직전에 들러서 촬영할 수 있었습니다. 건물 입주자 분들의 눈치를 보면서 촬영한 기억이 있는데, 이렇게 철거되어 버리다 니……믿기지 않습니다.

5
튀어나온 철근

도시를 걸으며 1970년대 이전의 건물 외벽을 찬찬히 살피다 보면 튀어 나온 철근을 종종 봅니다. 이것은 현대 한국 초기의 경제 성장기에, 돈을 벌면 그 옆으로 건물을 확장하려는 생각으로 일부러 철근을 길게 뽑아서 남겨 둔 것이라고 전해집니다. 이와 비슷한 모습이 21세기 초의 방글라데시 다카에서도 목격됩니다. 매주 수만 명씩 농촌에서 수도 다카로 예비 노동자들이 들어오고, 한국의 경제 발전 초기에 그랬듯이 이들 노동자를 싼 임금으로 고용해서 섬유 공장을 운영하는 기업주는 돈을 벌 때마다 건물을 한 층씩 쌓아 올릴 수 있도록 철근을 몇 층 분량 더 위로 뽑아 둡니다.

유학 시절 이런 이야기를 전해 주는 NHK 스페셜 「비등도시(沸騰都市)」 다카 편을 보면서, (대서울에서는 철근을 수평으로 뽑아내는 반면, 다카에서는 수직으로 뽑아낸다는 차이는 있지만) 급속한 경제 성장 속에서 잘 살아 보려는 꿈을 품고 상경한 도시 빈민을 저임금 노동으로 고용하다가 한 번씩 대규모로 불량 주택 지구를 철거해서 교외로 몰아내는 정책을 취한다는 점에서 20세기 후반의 서울과 21세기 전반의 다카가 닮았다는 생각을 했습니다. 오늘날 한국인들은 자신들의 나라를 유럽이니 미국, 일본 같은 선진국과 비교하고 싶어 하지만, 이런 선진

대서울 곳곳에서 확인되는, 튀어나온 철근이 있는
건물들.

국들이 아니라 방글라데시같이 지금 한창 고도성장 중인 나라의 현재
로부터 20세기 후기의 고도성장기 한국의 모습을 더 쉽게 찾아낼 수 있
습니다.

6
마을 비석, 기념비, 추모비

저는 이 책에서 〈대(大)서울〉이라는 단어를 계속 쓰고 있습니다. 행정 구역으로서의 서울특별시만이 아니라, 집은 서울시 바깥에 있지만 학교나 직장이 서울시 안에 있는 사람들이 사는 지역까지를 모두 서울이라고 생각할 수 있다는 것이 이 단어가 품은 뜻입니다. 여러 가지 이유에서 서울시 안에 살고 있지는 않지만 서울시를 자신의 주요한 활동 권역으로 생각하는 사람들을, 단지 그들이 잠자는 곳이 서울시 바깥이라고 해서 배제해 버리면 서울과 주변 도시들의 참모습을 설명하지 못한다고 생각하기 때문입니다.

　대서울에는 광명·과천·부천·안양·의정부·성남·하남·구리·김포·인천·시흥·고양·남양주 등의 전부 또는 일부가 포함됩니다. 서울시와는 별개의 생활권이 될 것을 예정해서 계획된 반월 신공업 도시 즉 오늘날의 안산이나, 서울시와는 구분되는 독자적인 생활권을 지니는 수원·광주·화성 등은 대서울에 포함되지 않습니다. 이렇게 설명하면 대서울이라는 개념은 부동산 업계에서 쓰는 〈서울 세력권〉이라는 말과 일부 겹칩니다. 하지만 저는, 교통 시설이 서울과 긴밀하게 이어지면서 부동산 가격이 서울과 연동되는 안성·원주·춘천 등의 지역까지 대서울에 묶기에는 사람들의 정시적 힙의가 아직 이루어지지 않았다고 판단합니다.

대서울에 포함되는 서울시 바깥의 도시들을 답사하며 현지 주민들을 인터뷰하는 작업을 최근 진행하고 있습니다. 그 과정에서, 대서울의 서울시 바깥 지역을 바라보기 위해서는 새로운 틀이 필요하다는 생각을 하게 되었습니다. 즉, 해당 지역이 농촌이나 어촌이던 시절부터 살아온 주민, 해당 지역에 신도시가 생긴 뒤 서울에서 그 지역으로 이주·정착한 주민과 그 2세, 그리고 현재 서울을 주요 생활권으로 삼고 신도시에서는 잠만 자는 주민, 이 세 부류가 서울시 접경 지역의 각 도시에 존재하고 있고, 그들을 중심으로 좀 더 살펴볼 생각합니다.

이 세 유형의 주민들이 해당 도시와 경기도를 바라보는 관점은 서로 다릅니다. 이 가운데 최근 관심을 갖고 있는 것이, 예전부터 그곳에 살고 있다가 신도시가 만들어질 때 고향 마을을 수용당하고 다른 곳으로 이주하는 주민들입니다. 이들 주민은 대개 아무 흔적 없이 이주하지만, 어떤 경우에는 대대로 살아온 고향 마을이 재개발 앞에서 완전히 흔적을 지우는 것을 아쉬워하며 망향비를 세웁니다. 이런 망향비는 전국에서 찾을 수 있는데, 그 가운데 최근 가장 인상 깊게 본 것이 성남시의 1기 신도시 분당과 2기 신도시 판교의 딱 중간 지점에 자리한〈동간마을 모향비(慕鄕碑)〉였습니다. 양반이니 선비니 하는 사람들이 세운 비석과는 달리 비석의 문장을 한글로 새겼고, 뒷면에는 마을 주민들의 이름을 일일이 새겨 놓았습니다. 어떤 망향비에는 여성 주민들의 이름을 새겨 넣은 경우도 있었지만, 이 경우에는 남성 주민들의 이름만 보였습니다. 그리고 그 옆면에는「신도시에 솟은 정」이라는 제목의 절절한 망향가(望鄕歌)를 새겨 놓았습니다. 그 내용은 이 책의 제3장 18절 성남편에 실어 두었습니다.

이런 망향비야말로 대서울 주민의 삶과 생각을 생생히 보여 주는 소중한 자료입니다. 성남시 분당의 중앙 공원에는 이 지역에 집성촌을 이루고 살아 온 모 양반 가문의 묘소와 비석 등이 〈문화유적〉으로 정비되어 있습니다. 하지만 저는 이런 양반 가문의 유적보다, 신도시 고층 아파트 단지 한편에서 거미줄 쳐진 채 신도시 주민들의 관심 밖에 놓여 있는 이런 마을 비석에 더 눈길이 갑니다.

이와 비슷한 사례로서 몽촌 토성이 있습니다. 조선 시대 양반의 무덤은 잘 단장되고 안내판이 붙어 있지만, 올림픽을 앞두고 국가가 공원을 조성할 수 있도록 이곳에 살던 주민들이 이주하면서 세워 둔 〈몽촌 유허비〉는 바로 그 옆에 서 있는 공원 안내판에도 표기가 되어 있지 않습니다. 저는 이렇게 노골적으로 무시되고 있는 평민·시민의 마을 비석을 꼼꼼히 읽는 것이 대서울을 스토리텔링하는 데 중요하다고 생각합니다. 우리는 조선 시대의 평민이나 노비에 대해 잘 모르는데, 그것은 이들 피지배민의 역사가 애초에 기록되지 않은 것이 아니라, 그들의 기록을 무시하고 감추고 폐기했기 때문입니다. 꼼꼼히 대서울을 살펴면, 제3장 2절 상도동 편에서 소개한 상도동 밤골 마을처럼 그곳에 살던 사람들의 흔적을 찾아낼 수 있습니다. 이런 마을 비석이야말로 민주공화국 대한민국의 주권자인 평범한 시민들이 대서울에 살아온 증거이고 도시 화석입니다. 양반과 지배 집단이 남긴 건물·기록만이 역사의 증거가 아닙니다.

마을 비석 가운데에는 1970~1980년대 서울시 외곽에서 쫓겨난 도시 빈민들이 새로이 정착한 시흥 복음자리·목화 마을·한독 마을의 〈국회의원 칠원제공 정구 바오로 추모비〉처럼, 마을을 만들어 준 사람을 추모하면서 마을의 유래를 함께 전하는 형식의 것도 있습니다. 이 추모비를 비롯해서 많은 마을 비석은 온라인 등에서 확인되지 않기 때문에 이 책에서는 제가 중요하다고 판단한 몇몇 비석의 전체 문장을 소개할 것입니다.

여기 우리 마음 가다듬어 머리 숙이오니 당신 그리움에 저며 오는 가슴 울먹입니다.

우리가 철거를 당해 쫓겨날 때 당신은 우리를 이끌어 삶의 자리를 마련하게 해주었습니다. 一九七七년 양평, 문래동의 철거민 二○二 가구를 모아 복음자리를, 七九년에는 시흥, 신림동의 一六四 가구와 함께 한독 주택을, 이어 八五년에는 목동의 一○五 가구와 함께 목화 마을을 세웠습니다. 그리고 기쁠 때나 슬플 때나 당신은 늘 우리와 하였나이다. 당신은 학생 시절 독재 정권에 맞서 목숨 내걸어 싸웠습니다. 그 후 청계천 빈민촌을 찾아들어 가진 것 없는 이들의 아픔을 몸소 체험하였고 한 몸이 되었습니다. 그리고 우리를 대표하여 막사이사이상을 수상하기도 하였습니다. 그러나 명예와 열정만으로는 신바람 나는 세상을 만들 수 없기에 당신은 아름다운 이름을 뒤로 하고 정치에 뛰어들었습니다.

존경하는 제정구 님!

당신은 議政(의정) 단상에 올라 깨끗한 정치를 주창하였나이다. 온 국민은 당신을 보고 비로서 기쁨의 박수를 보냈나이다.

〈예수님은 이 세상에 오셔서 인간을 사랑하셨기에 그들을 대신해 세상의 독물을 마시고 돌아가셨다〉고 당신은 평소 말씀하셨습니다. 그러나 이 웬일이옵니까? 하느님! 정작 당신이 정치판의 독물을 다 마셔 버렸던 것입니까? 온 국민의 염원인 정치 개혁도 다 이루지 못한 채……

당신과 永訣(영결)하던 국회의사당 장례식장, 당신이 마지막 남긴 육성 복음에서 〈지금까지 인류 역사는 서로 숙이는 相剋(상극)의 시대였지만 앞으로는 서로 함께 살아야 하는 相生(상생)의 시대가 피어야 한다〉고 예언함을 들었습니다. 그것은 당신의 입을 통해 들리는 하느님의 메시지였습니다.

　　사랑하는 님이시여!

　　이제 당신은 가셨지만 국가와 민족을 위해 뿌려 놓은 당신의 피와 땀은 우리들 마음에 거름이 되어 봄이 오면 싹이 날 곳이요, 당신께서 역설하신 相生의 진리가 통일 조국의 무궁화로 피어나리라 믿습니다.

　　이제 모든 시름 놓고 하늘나라에서 고이 쉬시옵소서.

　　一九九九년 초봄

　　복음자리, 한독 주택, 목화 마을 주민들이 모두 함께.

　　이 제정구 선생에 대한 복음자리·한독 주택·목화 마을 주민들의 추모비가 가톨릭적이라면, 아래에 소개하는 〈고 장봉옥 녀사 영모비〉는 불교적입니다. 희대의 경제사범인 장영자가 어렸을 때 거두기도 했던 장봉옥(1904~1981, 장대보화) 선생의 은혜를 기려 1982년에 세운 추모비가 상도동과 흑석동 사이의 서달산 중턱에 있습니다. 이 비석의 내용에 따르면 그는 갈 곳 없는 사람들에게 〈나라 사랑반〉이라는 이름의 연립 주택 160채를 지어 주었다고 합니다.[1] 지금의 숭실대학교 서북쪽에 해당하는 것으로 보이는 상도 1동 산49번지에 조성한 이 〈나라 사랑반〉에 대해서는 알려진 것이 거의 없고, 현지를 답사해도 그 흔적을 잘 알 수 없으며, 지금은 영모비의 존재도 일부 관계자 이외에는 잊힌 듯합니다. 이 책의 제3장 13절 「약수에서 길음까지」 편에서 1950년대 국가 주도로 많이 만들어진 국민 주택·부흥 주택·재건 주택 등에 내한 말씀을 드리려 합니다만, 이 〈나라 사랑반〉은 같은 시기에 민간이

(위) 〈몽촌 유허비〉.   (아래) 〈국회의원 칠원제공 정구 바오로 추모비〉.

(위) 〈차동식 선생 시혜비〉.　　　　　　　(아래) 〈고 장봉옥 녀사 영모비〉.

주도해서 만들어진 집단 정착촌으로서 관심이 갑니다.

고 장봉옥 녀사 영모비

옛날 성자의 말슴에 〈어진 사람은 재물로써 명예를 들치고 어질지 못한 사람은 재물로서 되례 신가 패망케 된다〉라고 했다. 장녀사 살았을 때에 달리도 자선사업이 불소하려니와 근년에 또 상도 1동 산49번지에 연립 주택을 짓고 적빈한 부근 동포 수십 세대를 입주식힘과 겸하여 생활방도까지 알선해 주워서 안도의 쾌락을 얻게 하였다고 한다. 아 사회윤리와 도덕이 메마른 이때 이 같은 아름다운 업적은 그야말로 높이 평가치 않을 수 없다. 그 생활 집단의 명칭이 〈나라 사랑반〉. 그 뜻도 좋커니와 고 장녀사의 사은을 잊지 기 위해 비를 세우려 한다니 그래도 이 땅에 보은의 쌋이 살아 있음을 기뻐하여 비문의 촉탁을 굳이 사양않고 쓰노라.

　　　단기 四三一五년 임술 四월 一일
　　　대한민국 임시정부 국무위원 백강 조경한 짓고 씀
　　　나라 사랑반 주민 일동 세움

　한편, 부천 소사동과 영등포구 신길동에는 어린이들을 위해 공부방과 놀이터를 만들어 준 서경열 선생과 차동식 선생을 기리는 비석이 세워져 있습니다. 2000년 7월에 세워진 〈심원 서경열 선생 공덕비〉는 지금도 마을 어린이들이 모여드는 〈소새울 어울마당〉 앞에 잘 모셔져 있고, 그는 지역 주민들에게 여전히 기억되고 있습니다.[2] 반면 옛 하이트 맥주 공장 부지 서남쪽에 1981년에 세워진 〈차동식 선생 시혜비〉는 고가도로와 건물들 사이의 좁은 공간에 쓰레기와 함께 간신히 서 있고, 〈도림 2동 어린이들이 맑고 밝은 마음으로 씩씩하고 즐겁게 뛰어놀 수 있〉도록 그가 제공한 놀이터는 현재 그 일대에서 찾아볼 수 없습니다. 아마도 하이트 맥주 부지를 고층 아파트 단지로 재개발할 때 차동식 선생이 제공한 놀이터 부지도 포함된 것 같습니다. 그리고 재개발을 진행하면 옛 마을 주민들은 대개 다른 곳으로 쫓겨나기 때문에, 이제 그의 공적을 기억하는 사람은 그 주변에 거의 남아 있지 않은 것 같습니다. 비석이 철거되지 않고 비좁게나마 잘 세워져 있는 것이 아련하고 감사하게 느껴졌습니다.

7
가게 간판

가게 그 자체, 그리고 가게의 간판도 도시 문헌학에서 다룰 수 있는 도시 화석입니다. 이른바 〈문래 창작촌〉이 식민지 시대 말기에 조성된 조선 영단 주택임을 알려 주는 〈영단 슈퍼〉가 그 좋은 사례입니다. 이 책이 나오기 직전인 2019년 여름에 이 〈영단 슈퍼〉는 영업을 종료했습니다. 영등포의 역사를 전하는 귀중한 도시 화석이 사라졌습니다.

가게에 대해서는 크게 슈퍼마켓·마트와 그 밖의 가게로 구분해서 생각할 수 있습니다. 여기서는 흥미로운 현상을 많이 찾아낼 수 있는 슈퍼마켓 류에 대해서만 살펴보겠습니다.

여러분은 슈퍼마켓이라고 하면 수퍼, 수퍼마켓, 마트, 편의점, 상회, 구멍가게 등 몇 가지 명칭을 떠올리실 터입니다. 이제까지 제가 확인한 슈퍼마켓의 명칭은 130가지에 이릅니다. 그 명칭을 나열하는 것만으로 이 책의 몇 장이 할애될 것이므로 제가 확인한 이름을 전부 소개하는 일은 하지 않겠습니다.

제가 문헌을 조사하고 또 실제로 답사를 하면서 확인한 바로는, 우리가 현재 슈퍼마켓이라 부르는 업태를 가리키는 명칭은 1960년대까지 확정되지 않다가, 1960년 후반부터 점차 슈퍼마켓이라는 명칭으로 통일되어 가는 경향을 보입니다. 한국학 성과 포털 〈한국 근대 신어의 성립과 변천에 대한 정보의 체계적 구축〉 사이트에 따르면, 식민지 시대인 20세기 전기에도 〈마켓트〉라는 단어가 종종 등장하는데, 〈(평양) 구시가에 처음으로 마켓트가 생기어 일반 가정의 식료품 구입에 절대한 편리가 잇게 되엇다〉라는 『동아일보』 1933년 11월 6일 자 「평안마켓트 십 일부터 개업」과 같이 지금의 슈퍼마켓과 같은 개념으로 쓰인 경우 이외에는 추상적인 마켓(시장)을 가리키는 경우가 대부분입니다. 6·25 전쟁 중에 부산에 피란민이 몰려들면서 큰 시장이 생겼다가 사람들이 되돌아가면서 그 시장도 규모가 줄어들었다는 소식을 전하는 『동아일보』 1953년 8월 10일 자 「(3) 부산 국제 시장」에서는, 〈마켓트〉가 대규모 시장을 가리키고 있습니다.

> 팔고 사고 우리들 생활과 하루도 떨어져 본 일이 없는 국제 시장 — 이름 그대로 세계 각국의 물건 없는 것이 없는 민간 경제의 총본산. 한때 이름난 〈하꼬방 요정〉 춘향원에서 뻗어 나온 한 덩어리의 불꽃으로 말미암아 순식간에 넓은 시장 일대는 재로 바뀌어져 버렸으나 어느새 지금에 와서는 훌륭한 근대식 〈마켓트〉로 신장하고 전에 배가하는 화려한 번영 속에 또다시 전 한국의 시장을 도맡아 움직이고 (……) 허허 이제 막 서울로 올라가 버린 국분야의 중심체를 따라 인구의 대이동이 전개되고 부풀어 오른 개장된 국제 시장도 저녁노을 속에 하품을 던지며 있다. 3년 전 피난 첫걸음에서 한 끼의 밥을 위하여 값싸게 팔아 버린 단벌 〈벨벳드〉 치마와 더불어 국제 시장아 〈꿋바이〉.

그 후 1957년 『동아일보』와 1960년 『경향신문』에 우리가 아는 대규모 슈퍼마켓 체인 개념과 동일한 슈퍼·마켓트라는 단어가 소개되고 있습니다.[1,2] 하지만 아직은 이 단어가 〈슈퍼마켓〉가 아닌 〈슈퍼·마켓〉라는 복합어로 인식되고 있었고, 이 단어보다는 연쇄점이 더욱 일반적으로 쓰였습니다.

그러다가 1967년에 이르러 〈슈퍼·마켓〉는 우리가 지금 쓰고 있는 슈퍼마켓과 같은 개념으로 쓰이게 됩니다.[3] 1967년 4월 25일 자 『매일경제』 기사에 보이는 〈25일 김현옥 서울시장은 중앙 도매 시장 현대화 계획의 일환으로 가정주부를 위한 《슈퍼·마키트》와 상가 《아파트》를 현 수산 시장 부지(시유지) 2천 평에 시비 7천만 원과 민간 투자 1억 원으로 금명간 착공, 연내 완공하겠다고 말했다〉라는 구절을 보면, 〈가정주부를 위한 슈퍼·마키트〉는 지금도 친숙한 그 슈퍼마켓과 비슷한 규모일 것으로 예상할 수 있습니다. 이로부터 1년 뒤인 『동아일보』 1968년 6월 6일 자 기사 「슈퍼 마켓와 〈위생 시장〉」은, 제목에서 〈슈퍼 마켓트〉로 슈퍼와 마켓트 사이에 한 칸을 띄고 있어서 여전히 이 단어가 복합어라는 인식을 보여 주고 있지만 기사 안에서는 드디어 가운뎃점(·)이 빠진 슈퍼마켓이라는 단어가 쓰이게 됩니다. 얼마 전까지 〈태광 수퍼마켓〉라는 가게가 공덕동에 있었지만 현재 미용실로 바뀌면서, 한국에는 슈퍼마켓트라는 이름의 가게는 남아 있지 않습니다. 다만, 마켓트라는 표기법을 남기고 있는 가게가 대전의 구도심인 문창동에 있고,[1 (이하 슈퍼마켓 이미지는 104~106면 〈한국의 슈퍼마켓〉 해당 번호 참조)] 대형 판매업체로서의 마케트라는 명칭을 쓰는 대형 매장[2]이 남대문 시장에 있습니다. 그 후로 한동안은 수퍼마킷이라는 단어가 일반적으로 쓰인 것 같으나,[4] 현재는 슈퍼마켓이라는 호칭이 일반적이 되었습니다.

현재 대서울의 슈퍼마켓은 다양한 형태로 존재합니다. 제가 가장 인상 깊게 본 것은 부평 산곡동 뫼골 마을의 옛 삼거리에 자리한 개량 한옥의 슈퍼[3]였습니다. 이 슈퍼를 보기 진까지는 슈퍼마켓의 간판에

1

2

3

4

5

6

한국의 슈퍼마켓

1 대전 문창동의 한밭 마켓트

2 남대문의 대도 마케트

3 부평 산곡동의 개량 한옥 슈퍼마켓

4 중림동의 개량 한옥 슈퍼마켓

5 마장동의 굴다리 마트

6 원효로의 Q 마트

7

8

9

10

7 부평 산곡동의 뉴−백마슈퍼

8 성남 원도심의 태평 공판장

9 〈시민 구판장〉이라는 이름으로 영업하던 관악구 봉천동의 슈퍼마켓은 현재 카페로 바뀌있습니다. 2018년 3월과 2019년 1월.

10 관악구 봉천동의 〈동산 하이퍼 마켓〉은 현재 세븐일레븐으로 바뀌었습니다. 2018년 3월과 2018년 12월.

11

12

13

14

15

11 등촌동 등마루 하이퍼 마켈   14 신당동 새마을 쌀 직판장

12 세운상가의 대림 수퍼마켈   15 창신동 새마을 수퍼

13 금호동 새마을 구판장

씌어 있는 외래어 표기법과 간판 형태 등에만 관심을 갖고 있다가, 이 옛 슈퍼를 본 뒤로는 슈퍼마켓이 영업하고 있는 건물 그 자체에도 주목해야겠다는 생각을 하게 되었습니다. 서울 중림동에도 고층 빌딩 사이로 멋진 개량 한옥 슈퍼[4]가 있습니다. 이들 슈퍼가 영업하고 있는 개량한옥은, 그 지역이 20세기 전기에서 중기에 형성된 지역임을 보여 줍니다. 앞서 말씀드린 역삼동의 〈영동 수퍼〉의 경우는 영동 개발 시절의 도시 화석입니다.

슈퍼마켓 간판의 외래어 표기법도 그 지역의 역사를 알려 줍니다. 동대문에서 뚝섬으로 이어지던 기동차 길의 중간 지점인 마장동 굴다리에 자리한 〈굴다리 마ー트〉[5]와 식민지 시대에 일본인들이 많이 거주하던 원효로 3가 51-9의 〈Q 마ー트〉[6], 역시 식민지 시대에 부평의 일본군 군수 공장에서 근무하던 노동자들을 위해 만들어진 산곡동 조선 영단 주택에 자리한 〈뉴ー백마 슈퍼〉[7] 등에는 장음 부호(ー)가 보입니다. 〈다이야ー몬드〉와 같이 이런 장음 부호는 슈퍼마켓 주인분이 비교적 연륜이 있고 그 지역에 오래 거주했음을 짐작하게 합니다.

공판장과 구판장이라는 명칭을 쓰는 슈퍼마켓도 주목할 만합니다.[8,9] 현재 대서울에서는 이 두 명칭이 흔히 발견되지 않고, 특히 구판장이라는 명칭은 서울시의 경우 열 손가락에 꼽을 정도입니다. 〈시민 구판장〉이라는 명칭으로 영업하던 관악구 봉천동의 슈퍼마켓은 현재 카페로 바뀌었습니다.[9]

한편, 하이퍼·하이퍼 마트·하이퍼 마켙·하이퍼 마켓이라는 명칭도 한때 널리 쓰였던 것 같습니다. 제가 이런 명칭의 슈퍼마켓을 처음 접한 것은 2년 전, 관악구 봉천동에서였습니다. 〈동산 하이퍼 마켓〉이라는 이름의 그 가게는 현재 세븐일레븐으로 바뀌었습니다.[10] 현재 등촌동에는 〈등마루 하이퍼 마켙〉[11]이라는 매장이 영업 중입니다. 중계동의 도시 빈민 이주지인 백사 마을의 〈대진 수퍼마켙〉이나 대치동 구마을의 〈진흥 수퍼마켙〉, 세운상가의 〈대림 수퍼마켙〉[12]도 비교적 그 지역에서 오래 영업한 슈퍼마켓임을 짐작하게 합니다.

〈근대화〉라는 단어가 들어간 청량리 부흥 주택의 슈퍼마켓에서는 6·25 전쟁 이후인 1950년대에 조성된 이 지역의 분위기를 느낄 수 있습니다. 전국적으로 널리 확인되는 〈새마을〉, 〈유신〉, 〈88〉, 〈엑스포〉, 〈월드컵〉 등의 단어를 쓴 가게[13,14,15]도 각각 이들이 만들어졌을 당시의 시대 분위기를 오늘날에 전해 주는 도시 화석입니다. 특히 〈새마을〉이라는 단어가 들어간 기관이나 가게는 전국적으로 널리 분포하고 있는데, 이를 볼 때마다 박정희 시대의 밝고 어두운 유산이 여전히 한국 사회에 깊숙한 곳에서 기능하고 있다는 사실을 깨닫습니다.

솔빛 마을에 사는 김순자 할머니(1944년생)의 고향은 김포다. 늦둥이였던 할머니가 대여섯 살 무렵, 오빠들 공부시키기 위해 김포에서 송림동 〈안송림〉으로 이사를 왔다. (……) 「일수 돈을 얻어서 골목에 조그만 슈퍼를 차렸어요. 근대화 연쇄점이라고, 70~80년대에 많던 동네 구멍가게였지.」[5]

한편, 슈퍼마켓은 아니지만 석유·얼음·계란을 파는 가게도 흥미롭습니다. 이들 가게가 각 가정에 냉장고가 보급되지 않던 시절의 도시 화석이라고 생각하기 때문입니다. 많은 경우에는 석유와 얼음을 같이 취급하면서 여름에는 얼음을, 겨울에는 석유를 판매합니다. 이런 가게는 간판에 〈석유, 얼음〉으로 표기하는 경우가 있고 〈석유, 어름〉으로 표기하는 경우가 있습니다. 특히 개봉동의 〈승창 석유 어름〉은 〈얼음 氷〉글자가 멋졌습니다.[1](이하 석유·얼음·계란 가게 이미지는 110~111면 해당 번호 참조) 또, 석유

와 쌀을 함께 파는 가게가 식민지 시대의 노동자 사택 지역인 인천 삼
릉 줄사택², 그리고 한센인 정착촌인 십정 농장³에 있었습니다.

　　한편, 대서울을 답사하다 보면 계란 가게가 눈에 많이 띕니다. 계
란을 전문으로 파는 가게도 있고, 쌀, 석유, 얼음 등과 함께 파는 곳도
있습니다.⁴, ⁵, ⁶, ⁷, ⁸ 계란 가게를 볼 때마다, 지금처럼 가정에서 안전한
계란을 구하게 되기까지는 오랜 시간과 시행착오가 필요했었겠구나
짐작하게 됩니다. 특히 저는 계란과 얼음을 함께 파는 곳이 신기했습
니다. 얼음을 팔다 보니 계란을 신선하게 보존해서 같이 팔게 된 것인
지, 아니면 계란을 신선하게 보존하기 위해 가져다 놓던 얼음을 언젠가
부터 팔게 된 것인지는 모르겠지만, 특이한 업태라고 생각됩니다. 닭이
먼저냐 달걀이 먼저냐가 아니라, 얼음이 먼저냐 달걀이 먼저냐입니다.

　　여기까지 가게, 특히 슈퍼마켓 간판을 어떻게 도시 답사의 대상으
로 다룰 수 있을지 살펴보았습니다. 마지막으로, 재건축·재개발로 인
해 영업을 종료하고 그곳을 떠나는 가게의 마지막 인사말을 적은 안
내문도 도시 문헌학의 대상이 됩니다. 폐업 안내문은 재건축·재개발
의 모든 행정 절차가 종료되고 이제 정말 이 건물이, 이 도시 구획이 세
상에서 사라진다는 것을 알리는 신호입니다. 제2장의 마지막 사진은
2018년 9월에 인천 동구 송림동에서 찍은 것입니다. 이렇게 해서 대서
울의 서쪽 끝, 인천 구도심이 또 한 곳 사라졌습니다.

1

2

3

4

5

6

7

8

대서울의 석유·얼음·계란 가게

1 개봉동의 승창 석유 어름

2 인천 삼릉 줄사택의 OK 석유

3 부평 십정동의 쌀 석유 상회

4 남영동의 대양 석유·얼음

5 충무로의 한흥 석유

6 개봉동의 김계란

7 길음동의 길음상회

8 제기동의 새마을 계란 상회

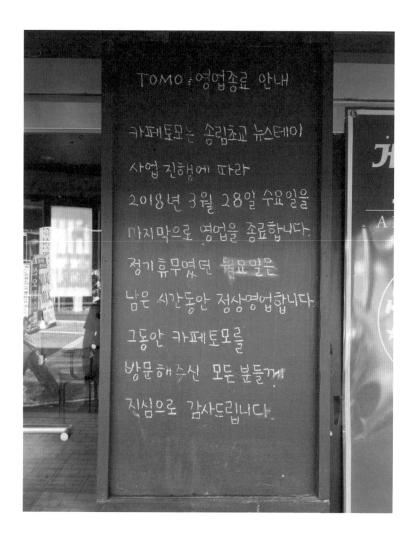

인천 동구 송림동 재개발 예정지에서 발견한,
폐업을 전하는 카페의 안내문.

제3장
갈등 도시, 대서울을 걷다

제3장에서는 2019년 제가 살고 있던 관악구 봉천동에서 시작해서 시계 방향으로 대서울을 한 바퀴 돌면서 각 지역의 답사 포인트를 소개하겠습니다. 앞서 말씀드린 각종 답사 포인트들에 주목해서 실제로 어떻게 답사를 할 수 있을지 확인해 주십시오.

경인 메갈로폴리스의 축

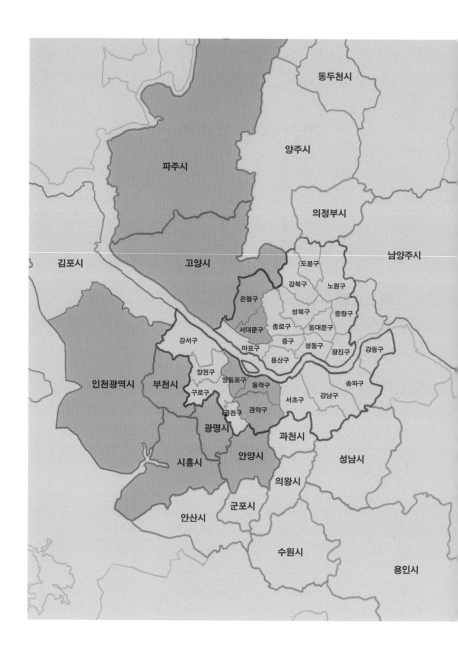

〈경인 메갈로폴리스의 축〉에서 가볼 지역들

1
봉천동·신림동:
남서울과 대서울의 도시

1절에서는 현재 제가 살고 있는 관악구 봉천동과 신림동에 대해 말씀
드리려 합니다.

　2013년 가을부터 서울대학교에 근무하게 되면서 인생에서 처음
으로 관악구 봉천동에 살고 있습니다(아, 봉천동은 법정동명이고, 행정
동명으로는 낙성대동입니다. 법정동이란 각종 법규로 규정된 동이고, 법
정동을 쪼개거나 붙이는 등 조정해서 실제 현실에 맞춘 것이 행정동입니
다). 세입자 처지이기 때문에 이곳에 얼마나 더 살게 될지는 모르겠습
니다. 하지만 〈인문학자는 자신이 사는 지역의 향토지를 쓸 수 있어야
한다〉라는 저희 업계의 격언에 따라, 6~7년을 거주한 서울 남쪽 관악
구에 대한 작은 향토지를 쓸 수 있게 되어 다행입니다.

　서울대학교가 관악구로 이전한 것이 1975년, 관악구를 동서로 관
통하는 남부순환로가 개통된 것이 1978년, 서울 지하철 2호선 교대-
서울대입구 구간이 개통되어 낙성대역·서울대입구역이 영업을 시작
한 것이 1983년, 현재의 서울대학교 후문 부근에서 발원하여 남부순환
로와 나란히 흐르다가, 서울대학교 정문 부근에서 발원한 도림천과 보
라매 공원 남쪽에서 합류하는 봉천천이 복개된 것이 1988년이었습니
다. 이들 사건은 1960년대 이후 거대한 빈민촌이 형성되어 있던 봉천

동·신림동의 성격을 근본적으로 바꾸었습니다.

　최근 이 일대를 답사하다가 이들 네 가지 사건 전후에 세워진 건물의 머릿돌 몇 개를 확인했습니다. 같은 시기 다른 지역에 세워진 건물에 비하면 규모가 작았고, 머릿돌 역시 다른 지역 건물의 것보다 상대적으로 크기가 작았습니다. 하지만 작은 머릿돌이라도 건물 정문 구석에 비좁게나마 성실하게 제대로 배치되어 있었습니다. 그 모습이 현대 서울에서 관악구 봉천동이라는 지역이 차지하는 위상과 아이덴티티를 상징하는 것 같아서, 마음이 짠해졌습니다.

　서울 지하철 2호선 서울대입구역과 낙성대역 부근에서 확인한 1970~1980년대 빌딩 머릿돌들을, 이 지역의 경관을 만드는 데 중요한 역할을 한 서울대학교 이전(移轉), 남부순환로 개통, 서울 지하철 2호선 개통, 봉천천 복개와 함께 연대순으로 배치하면 이렇게 됩니다.

1963년　경기도 시흥군 동면 봉천리가 서울시 영등포구로 편입되어 봉신동이 되다.

1965년　현재의 서울대입구역 동북쪽이자, 식민지 시대 최후의 강남인 상도동에서 살피재 고개 너머 남쪽인 봉천 3동 (청림동)이 〈수재민촌〉으로 지정되어, 홍수 피해를 입은 강북 지역의 이재민들이 집단 이주하다.

1966년　봉신동이 봉천동과 신림동으로 나뉘다.

1973년　관악구 신설.

1974년　현재의 낙성대역 부근 빌딩(봉천동 1658-1). 〈定礎 西紀 1974年 6月 20日〉[1](이하 본문 120면 사진 참조)

1975년　서울대학교가 관악구로 이전.

1975년   현재의 서울대입구역 부근 대도(大都) 빌딩(봉천동 1598-1). 〈定礎 1975. 6. 9.〉[2]

1977년   현재의 낙성대역 부근 빌딩(봉천동 1686-11). 〈定礎 1977. 4. 15.〉

1977년   현재의 낙성대역 부근 빌딩(봉천동 1685-32). 〈定礎 一九七八年八月二五日〉[3]

1978년   남부순환로 개통.

1980년   봉천천 인근 관악 통일 빌딩(봉천동 1665-5). 〈定礎 착공일 1980. 3. 3. 준공일 1980. 8. 8.〉

1983년   서울 지하철 2호선 교대-서울대입구 구간이 개통되어 낙성대역과 서울대입구역이 영업 시작.

1986년   봉천천 인근 덕수(德水) 빌딩(봉천동 1673-21). 〈定礎 西紀一九八六年五月二十八日〉[4]

1988년   봉천천 복개.

이 연표를 보면, 서울시는 1963년의 대확장으로 경기도 시흥군의 일부를 새롭게 서남쪽 끝부분에 편입했고, 불과 2년 뒤인 1965년에 이촌동 등지의 홍수 이재민을 이곳으로 집단 이주시켰음을 알 수 있습니다. 이렇게 서울 강북 지역의 이재민·철거민을 새로이 편입된 외곽 지역으로 이주시킨 것은 봉천동·신림동뿐이 아니었습니다. 바로 옆 동쪽의 사당동에도 1960년대에 양동·이촌동 등지의 철거민이 트럭에 실려서 떨구어졌습니다. 이들 철거민이 문자 그대로 트럭에 실려서 서울시의 새로운 남쪽 경계 지역에 떨구어진 모습은 조은·조옥라의 『도시 빈민의 삶과 공간: 사당동 재개발 지역 현장 연구』(서울대학교 출판문화원, 1992)에 생생하게 실려 있습니다. 사당동 이주민촌의 형성에 대

1

2

3

4

해서는 우리 책의 마지막 절인 사당동 부분에서 다시 살펴보겠습니다.

이리하여 형성된 봉천동·신림동 일대의 빈민촌은 그 후 간선 도로 및 지하철이 개통되고 하천이 복개되면서, 그리고 서울대학교 서쪽에 신림동 고시촌이 형성되면서 서서히 계급적으로 변화하기 시작합니다. 지하철 2호선이 개통된 1983년과 봉천천이 복개된 1988년의 중간인 1985년 11월 11일 자『경향신문』에는「봉천·신림〈달동네〉재개발 한창」이라는 기사가 실립니다. 1960년대 이래 빈민촌으로서의 성격이 강하던 관악구가, 이 지역의 경관을 바꿀 중대한 사건이 잇따라 일어나던 와중에 어떤 상황에 놓여 있었는지를 알 수 있는 흥미로운 기사입니다.

서울의 대표적인 달동네인 봉천·신림동 일대가 쾌적한 주거 단지로 바뀌고 있다. 이 일대의 구릉지 곳곳에 자리한 불량 주택 밀집 지역이 재개발 사업을 통해 말끔한 아파트·연립 주택 단지로 정비되는 데다 도로·공원 등 공공 기반 시설이 잇따라 들어서고 있기 때문이다. 특히 지난해 7월 지하철 2호선 개통 이후 크게 좋아진 교통 여건은 이 지역 정비·개발의 촉진제 역할을 하고 있다. (……)

구릉지 곳곳에 들어서 있는 불량 주택 밀집 지역은 대부분 지난 60년대 중반 도시 팽창에 따라 철거민들이 집단 이주하면서 생긴 마을. 현재 시내 전체 영세민의 16%인 9천 4백여 가구 4만여 명이 이 일대에 몰려 있다. 남부순환도로 등 주요 간선 도로 가시권 지역에 자리하고 있어 도시 경관을 크게 해치고 있는 이들 지역은 최근 시내 곳곳에서 일고 있는 재개발 바람을 타고 활발한 주택 개량 움직임을 보이고 있다. 이 일내의 불량 주택 재개발 지역은 봉천 1·2·3·4·6·7구역과 신림 1·2·3·4·5구역 등 모두 11개 구역으로 면적은 1백만여m² 이 중 봉천 2구역엔 이미 재개발 사업으로 6층짜리 아파트 5동이 들어서 204가구가 지난 달 입주했고 봉천 4구역엔 200여 동의 단독·연립 주택을 짓고 있다. 또 나머지 재개발 구역에는 건설 업체들과 함께 합동 개발로 고층 아파트를 짓기 위한 움직임이 활발해 3~4년 내에 모두 재개발 사업이 착공될 것으로 보인다. 이들 재개발 사업이 마무리되면 이 일대는 현대식 고층 아파트와 연립·단독 주택가로 바뀌고 주거 환경과 가로 경관도 크게 개선돼 중산층 주거 지역으로 각광을 받게 된다.

이 기사에는 몇 가지 문제가 있습니다. 이 지역에 살다가 〈중산층 주거 지역〉 조성 과정에서 쫓겨나는 사람들에 대한 배려가 일절 없는 것은 차치하고라도, 이 기사의 예상대로 봉천·신림동 일대에서 빈민촌이 없어지지도 않았습니다.

이렇게 하층 계급과 중산층이 갈등하고 교체되는 과정에서, 빈곤함의 이미지가 있는 봉천동과 신림동이라는 법정동 이름은 남겨 둔 채로 행정동 이름을 새로이 붙임으로써 이미지 변신이 시도됩니다. 봉천동의 경우에는 봉천 본동과 봉천 9동을 합쳐서 은천동으로, 봉천 1동을 보라매동으로, 봉천 2동과 봉천 5동을 합쳐서 성현동으로, 봉천 3동을 청림동으로, 봉천 4동과 봉천 8동을 합쳐서 청룡동으로, 봉천 6동을 행운동으로, 봉천 7동을 낙성대동으로, 봉천 10동을 중앙동으로, 봉천 11동을 인헌동으로 바꾸었습니다. 신림동의 경우에는 신림 본동을 서원동으로, 신림 1동을 신원동으로, 신림 2동을 서림동으로, 신림 3동과 신림 13동을 합쳐서 난곡동으로, 신림 4동을 신사동으로, 신림 5동을 신림동으로, 신림 6동과 신림 10동을 합쳐서 삼성동으로, 신림 7동

을 난향동으로, 신림 8동을 조원동으로, 신림 9동을 대학동으로, 신림
11동과 신림 12동을 합쳐서 미성동으로 부르게 됩니다.

　이러한 대규모 개명 과정에 대해 한 신문은 다음과 같이 설명합니
다. 신림동은 〈신림동 고시촌〉의 이미지가 나쁘지 않았기 때문에 행정
동명으로서도 남았지만, 봉천동이란 이름은 어디에서도 원하지 않았
기 때문에 결국 행정동으로서는 사라졌다는 것입니다. 〈봉천동〉이라는
이름이 이렇게까지 어두운 이미지를 지니고 있다는 데에서, 지난 수십
년간 이곳에서 살아온 분들의 노고를 느낍니다.

　　돌진적 근대화 시기를 지나며 가난과 저개발의 상징처럼 여겨지
　　던 〈봉천〉이란 동 이름이 사라지게 됐다. 관악구는 27개 행정동을
　　21개로 줄이는 동 통폐합과 함께 주민 여론과 지역 특성을 고려
　　한 새 이름을 다음 달부터 사용하기로 했다고 4일 밝혔다. 이에 따
　　라 신림·봉천이란 지명 뒤에 아라비아 숫자를 붙여 만들었던 기
　　존의 동 명칭은 보라매·낙성대·난곡·인헌·대학동 등 새 명칭으
　　로 대체된다. 구 관계자는 〈당초 봉천 본동과 봉천 1~11동 가운데
　　한 군데만이라도 봉천이란 동 이름을 남겨 두려고 했으나 봉천이
　　란 지명에 담긴 낙후·빈곤의 이미지가 부담스럽다는 주민들 반대
　　가 워낙 완강했다〉고 설명했다. (……) 〈봉천〉과 달리 〈신림동〉이
　　란 명칭은 신림 5동이 이어받게 돼 살아남았다. 구 관계자는 〈신림
　　동은 봉천동과 달리 서울대·고시촌 등의 이미지 때문에 선호하는
　　지역이 많았다〉면서 〈지리적 입지와는 상관없이 주소가 봉천동이
　　냐 신림동이냐에 따라 아파트 가격이 달라지는 세태를 반영한 것
　　이 아니겠냐〉고 반문했다.[1]

(위) 관악구 청림동(옛 봉천 3동)의 현재 모습.　　　(아래) 삼성동 계곡에서 밤골 마을과 신림 6동
　　　　　　　　　　　　　　　　　　　　　　　　시상(삼성농 시상)이 합류하는 시점.

이리하여 이름을 바꾼 봉천동과 신림동을 걷다 보면, 곳곳에서 고층 아파트 단지가 서 있거나 바로 지금 건설되고 있는 모습을 확인합니다. 이렇게 재개발이 지속적으로 이루어지고 있다는 것은, 봉천동과 신림동에 넓게 자리하고 있던 빈민촌이 하나씩 밀려나고 있다는 말이기도 합니다. 관악구청 서쪽의 쑥고개에 있던 빈민촌은 이미 거의 모두 밀려났고, 식민지 시대 최후의 강남인 상도동에서 언덕 너머 동남쪽에 자리한 넓고 깊은 계곡에 형성된 봉천 3동(청림동)에서는 수십 년에 걸쳐 재개발과 철거를 둘러싼 투쟁이 이어지고 있습니다. 그리고 서울대학교 서쪽의 계곡을 넓게 차지한 삼성동(옛 신림 6동)에는 〈밤골〉을 비롯한 빈민촌이 여전히 자리하고 있습니다. 삼성동 북쪽 끝에 서 있는 대서울 교회라는 이름에서는, 1963년의 서울시 편입 이후에도 외곽으로 취급받아 온 이 지역이 대서울의 일부로서 인정받고자 한 열망이 느껴집니다. 관악구에서 또 하나의 달동네로 유명했던 난곡동에 자리한 남서울 교회나 봉천동의 남서울 유치원 등이 서울시의 남쪽이라는 의식을 드러내는 것과는 조금 결이 다르지만, 이들 교회의 이름은 모두 서울시 안에서 관악구가 처한 위상을 상징합니다.

　이들 재개발 예정 지역들 가운데 최근 제가 가장 주목하고 있는 지역이 옛 봉천 3동인 청림동, 그리고 행운동 서쪽 절반 지역입니다. 즉 상도동 남쪽 살피재 고개에서 서울대입구역으로 향하는 내리막길의 동쪽 지역입니다. 1965년에 발생한 홍수 이후 수재민촌으로 지정된 청림동에는 그로부터 빈민촌이 넓게 형성되었고 이는 행운동 등 주변 지역으로 확산됩니다. 예전에 택시를 타고 상도로를 따라 상도동 살피재 고개를 넘어, 관악로를 따라 서울대입구역을 향해 내려가던 중에 택시 기사분이 그런 말씀을 하시더군요. 「예전에는 이 고갯길이 이렇게 넓지 않았고, ㄴ 좁은 길 양쪽에 판잣집이 가득 차 있었어요.」 이 지역에

(위) 한때 빈민촌의 대명사와 같았던 〈난곡동〉에
자리 잡은 남서울 교회.

(아래) 청림동 재개발 여부를 두고 벌어지고 있는
벽보 전쟁.

빈민촌이 형성된 것은 1965년경으로 알려져 있습니다. 서울 강북 지역
에서 수해를 입은 시민들을, 경기도에서 서울시로 편입된 지 갓 2년이
지난 이 지역에 보낸 것이지요.

> 서울시는 5월 초에 영동포구 봉천동 수재민 정착지에 난민 주택
> 188동을 지어 동당 4가구를 입수시켜 총 752가구를 수용할 계획
> 이다.[2]

> 서울시는 봉천동 수재민촌에 30,000,000원의 예산으로 난민 주
> 택 188동을 짓기로 하고 9월까지 완공을 목표로 공사에 들어갔다.
> 이 난민 주택의 면적은 9.91㎡로, 완공 후 봉천동 난민 752가구가
> 입주하였다.[3]

청림동에서 행운동 서쪽으로 이어지는 구역은, 대치동 구마을과
함께 현대 서울의 거의 모든 주거 형태를 발견할 수 있는 〈현대 서울 주
거 박물관〉이라고 해도 과언이 아닙니다. 그런 만큼 주민들의 경제적
상황이나 정치적 관점도 서로 달라서, 특히 청림동 일대를 대상으로 하
는 봉천 14구역 재개발 사업은 10여 년이 지난 현재까지도 엎치락뒤치
락하고 있습니다.[4] 이곳을 답사하다 보면 재개발을 찬성하는 쪽과 반대
하는 쪽의 입장을 나타내는 벽보와 플래카드가 뒤엉켜 있어서 이 지역
주민들의 갈등 양상을 보여 줍니다. 그 가운데 한 집의 벽에는 찬성 측
과 반대 측의 벽보가 모두 붙어 있습니다. 그야말로 〈벽보 전쟁〉이라고
할 만한 광경입니다. 물론 이 벽보 전쟁의 주인공은 토지주·건물주들
이며, 이곳에 세들어 살고 있는 세입자들은 이 전쟁에 참전할 법적 권
리를 부여받시 못하고 있습니다.

찬성 측   서울시에 이렇게 낙후된 동네는 흔치 않습니다. 동네 골목을 한번 돌아 보십시오. 공원 하나 없어 좁은 골목에 삼삼오오 모여 있는 노인분들을 보시면서 후손에게도 이런 환경을 물려주고자 하는지 묻고 싶습니다. 찬성도 반대도 재산이 소중한 것은 똑같습니다. 주민들에게 어느 쪽이 나에게 이익인지 판단할 기회를 충분히 제공하고 주민들 스스로 판단할 기회를 줘야 합니다. 무조건 문 닫고 듣지도 말고 추진위 사무실 가지도 마라 하는 것은 아닌 것 같습니다.

반대 측   봉천 14구역 주민 여러분! 상도 10구역 8월부터 입주 시작 직접 확인 바람!

- 우리 지역보다 사업성이 좋다고 하는 상도동, 아현동, 왕십리, 은평 뉴타운 등 포함하여 여러 재개발 지역에 아시는 분이 있으면 알아보십시오.

- 조합원 중 몇 명이나 재개발된 아파트에 들어가 사시는지? 추가 분담금으로 인해 집뿐만 아니라 현금(통장)까지 빼앗기는 경우도 있고, 전세가가 너무 높아 (반)전세, 월세로 지방으로 뿔뿔이 흩어지고 있는 추세입니다.

- 주민 여러분, 텔레비전에서 방영하는 타 지역 재개발 현장 한 번이라도 보셨죠? 왜! 타 지역에서 관리 처분 후 어르신들이 몸으로 포클레인을 막으려고 하는지 알아보시기 바랍니다(엄청난 손해를 봤기 때문일 것입니다).

이처럼 재개발을 둘러싼 살등이 충돌하고 있는 정림동에서 인덕을 내려와 서울대입구역으로 가다 보면, 남부순환로와 평행하게 동서로 달리는 또 하나의 도로가 나타납니다. 처음 관악구로 이사 왔을 때 〈왜 똑같은 기능을 하는 도로가 두 개 있는 걸까?〉 하는 의문을 가졌습니다. 조사를 해보니 이곳은 봉천천이라는 하천을 복개한 복개도로였습니다. 대서울 곳곳을 답사하다 보면 복개천 주변에 빈민촌·점집·고물상이 집중적으로 나타나는 현상을 자주 목격합니다. 이는 도시 속의 소하천 주변이 개발에서 밀려나면서 나타나는 현상으로 생각되며, 하천이 복개된 뒤에도 초기에 부여된 지리적 특성이 쉽게 바뀌지 않고 이어지는 것이지요. 그리고 하천을 복개한 뒤에는 주차장 등이 들어서고 주변에 차량 정비소와 기사식당 등이 들어서면서 복개천의 독특한 분위기가 유지됩니다.

　봉천천의 지형적 특성을 이용해서 서울 지하철 2호선을 이 루트에 놓으려는 계획도 있었던 듯하며, 만약 이 계획이 실현되었다면 서울 지하철 2호선·봉천천 복개도로와 남부순환로가 평행하는 모습이 이 지역에 나타났을 터입니다. 그러나 지금과 같이 지하철 노선이 결정되면서 서울 지하철 2호선·남부순환로가 중첩되어 주변 지역이 발달하고, 봉천천 복개도로는 그 이면도로로서 자리 잡으면서 오늘날과 같이 다소 한적한 모습을 띠게 되었습니다. 서울대입구역 사거리의 동북쪽 봉천로 사거리에서 시작되는 봉천천 복개도로의 한적한 모습은 보라매 공원과 롯데 백화점 관악점 인근에서 도림천과 합류할 때까지 이어집니다. 봉천천을 복개하면서 물줄기를 곧게 펴는 직강화 작업이 함께 이루어진 듯한데, 현재 이 구간의 위성 사진을 보면 원래의 물줄기로 보이는 구불구불한 소(小)도로가 바둑판 모양의 구획 중간중간에 뚜렷이 그 흔적을 남기고 있음을 확인할 수 있습니다.

　봉천천 복개도로는 서울내 후문 북쪽의 낙성대 터널과 인헌 아파트 부근에서 발원해서, 서울시 과학 전시관과 강감찬 장군의 사당인 낙성대를 지나, 낙성대역과 서울대입구역 중간부터 남부순환로와 나란히 나아가다가 보라매 공원 부근에서 도림천과 합류합니다. 이렇게 해서 봉천천과 한줄기가 된 도림천은, 식민지 시대의 강남이던 번대방정(番大方町)의 남쪽 경계를 이루는 대방천과 신도림역 부근에서 합류하고, 조금 더 서쪽으로 흘러 안양천과 합류합니다. 이처럼 봉천천·도림천·대방천은 대서울 최초의 강남인 영등포의 남쪽 경계를 이루고 있으며, 이들 소하천 주변에 조성된 특징적인 경관이 오늘날까지 신길동과 봉천동·신림동에 일부 남아 있습니다.

얼마 전 관악구에서는 복개된 봉천천을 다시 복원하려는 계획을 수립했습니다. 이에 따르면 〈남부순환로의 원활한 교통 처리를 위하여 복개 구조물로 형성하여 도로로 운영 중〉이었지만, 〈주변 지역 교통 체계 개선으로 봉천로 통과 교통량이 감소됨에 따라 봉천천을 생태 하천으로 복원하여 주변 지역 재생〉을 촉진하려 한다는 것입니다.[5]

봉천천 복원 움직임뿐 아니라 제가 관악구로 이사 와 살던 7년 동안, 봉천천이 발원하는 서울대 후문과 서울대입구역 인근 지역은 여러 가지로 흥미로운 변화를 겪고 있습니다. 한 가지는 관악구의 전체적인 재개발 움직임 속에서 여러 문중(門中)이 소유한 토지들도 정비되고 있다는 것이고, 또 한 가지는 봉천천 구간의 남쪽 골목이 〈샤로수길〉이라는 이름으로 핫 플레이스가 되었다는 것입니다.

봉천동·신림동이 오늘날과 같은 경관을 형성하는 과정에서는 문중과 종교라는 두 가지 민감한 요인이 크게 작용하고 있습니다만, 이 글에서는 이 두 가지 안건에 대해 최대한 핵심만 짚고 넘어가겠습니다. 저는 원래 일본을 연구하는 사람인데, 한국에서 일본을 연구하는 사람은 그 자체만으로 쉽게 공격에 노출됩니다. 이에 대한 대응을 하는 것만으로도 정신적으로 지치기 때문에, 문중이나 종교 집단하고까지 충돌이 생기면 감당하기가 버겁습니다. 물론 시민 강연 때에는 문제가 되지 않을 선에서 좀 더 구체적으로 이들 문제에 대해 설명을 드리고 있으니, 관심 있으신 분들은 후에 강연장으로 찾아와 주시면 감사하겠습니다.

서울대학교가 관악구로 이전한 1년 뒤인 1976년 5월 25일 자『경향신문』에는 〈서울대학교 교문은 관악구청 진입로부터라고 생각한다〉라는 서울대학교 관계자의 발언이 실려 있습니다. 이 발언은 서울대 주변이 대학촌으로서 모습을 갖추는 대신 녹지가 파괴되어 일반 주거 지역으로 개발되는 상황에 대한 대학 측의 우려를 드러냅니다. 현재 서울대입구역·관악구청에서 서울대 정문까지는 도보로 15분 이상 고개를 넘어가야 하며, 상습적으로 교통 체증이 발생하고 있습니다. 만약 서울대 정문이 이 발언대로 관악구청 진입로에 자리했다면, 서울대입구역에서 곧바로 서울대 구내로 진입할 수 있어서 일반 시민과 대학 측의 교류가 더욱 활발해졌을 터입니다. 그러나 결국 이 지역은 일반 주거지로 개발되었을 뿐 아니라, 서울대 정문과 관악산 등산로 입구 사이에 자리했던 〈동양 최대 규모의 파출소〉, 그리고 관악 경찰서까지 자리잡음으로써 서울대와 일반 시민들 사이에 심리적 장벽이 형성되었습니다.

서울 관악 경찰서가 서울대 정문에서 1km밖에 떨어지지 않은 관악산 자연공원에, 공원 부지를 해제해 이전 신축할 계획인 것으로 7일 밝혀져 〈공안 치안에 역점을 둔 부지 선정〉이라는 비난과 함께 자연 훼손의 우려가 제기되고 있다. 관악구청은 구청에서 서울대 정문 사이의 관악로 변에 위치한 봉천동 산175-27 일대 약 2천

(위) 서울대 부지인 서울대 교수 아파트와 문중
토지가 만나는 지점.

(아래) 핫 플레이스냐, 고층 아파트 단지냐의
갈등이 일어나고 있는 샤로수킬.

5백 평의 공원 부지를 해제해 관악서 신축을 허용하기로 (……) 서울대로 향하는 2개의 진입로인 신림로와 관악로 가운데 신림로에는 동양 최대 규모의 파출소가 이미 자리 잡고 있어 이번에 관악로에까지 경찰서가 들어설 경우 서울대 통행을 길목에서 감시·차단하는 효과뿐만 아니라 사실상 〈포위〉하는 결과를 낳을 것으로 예상 (……)[6]

유신과 5공 시절 학원 탄압의 상징으로 여겨졌던 서울대 앞 세칭 〈동양 최대 파출소〉였던 서울 지방 경찰청 제3기동대 제27중대는 이 신축된 관악 경찰서로 옮겨 갔습니다. 이렇게 서울대 포위망의 한 축을 허문 이유는 〈서울대의 시위 양태가 이제 규모나 횟수 면에서 현저히 줄어들었고 앞으로도 시대 상황으로 보아 크게 우려할 만큼 심각해지지는 않을 것〉이라는 경찰 측의 판단에 따른 것이었다고 합니다.[7]

서울대는 72년 관악 캠퍼스 종합화 계획 수립 당시 캠퍼스 수용 인구를 1만 3천 명으로 잡아 캠퍼스를 조성했으나 졸업 정원제 실시에 따른 정원 증원 등으로 현재 캠퍼스 인구가 3만 명에 달해 캠퍼스 확장이 불가피한 실정이다. 그러나 정문 쪽은 이미 관악산 유원지와 등산로가 개설돼 더 이상 확장이 불가능한 형편이며 낙성대 쪽 후문 주변 지역을 유일한 확장 대상 지역으로 보고 공원 용지인 이 지역에 일반 시설이 들어서는 것을 반대해 왔다.[8]

부지 대부분이 개발에 제한이 많은 관악산으로 이루어져 있는 서울대학교는 정문 쪽으로의 확장이 여러 이유에서 제한되자, 위의 기사에서 보듯이 후문 쪽으로 확장을 시도합니다. 그러나 후문 쪽에는 문중

(門中) 땅이라는 장벽이 서울대의 진출을 막고 있었습니다. 제가 확인한 바로는 최소 3개 문중이 낙성대역과 서울대 후문 사이의 토지를 소유하고 있습니다.

이들 문중이 자기 소유의 토지에 건물을 올리거나 공원을 조성하는 계획을 저지하고 학교 부지를 확장하려는 서울대 측의 시도는 실패했습니다. 현재 이 일대의 토지 대장을 떼어 보면 중간중간에 작은 섬처럼 일부 서울대 소유의 토지가 확인됩니다. 서울대는 서울 시내를 향한 북진(北進)의 꿈을 포기하지 않은 것입니다. 하지만 현재까지 이러한 고립된 상태가 풀릴 기미는 보이지 않으며, 서울대는 연세대·서강대·이화여대·홍익대처럼 시민의 접근성이 편리하며 타 대학들과의 교류도 활발한 대학들과는 다른 길을 가게 될 것으로 예상됩니다. 저는 서울대나, 마찬가지로 산으로 가로막혀서 시민들의 접근이 어렵고 타 대학과의 교류도 활발하지 않은 고려대보다는, 연세대·서강대·이화여대·홍익대와 신촌·이대·홍대 앞 같이 열린 성격의 대학과 공간이 바람직하다는 입장입니다.

서울대가 확장에 실패한 후문 쪽 낙성대역 인근에는 최근 또 하나의 주목할 만한 움직임이 보이고 있습니다. 샤로수길이라는 이름으로 핫 플레이스가 형성되자 젠트리피케이션이 일어남과 동시에, 이 지역을 재개발하여 고층 아파트 단지를 세우고자 하는 측이 상인·건축업자 측과 충돌한 것입니다. 〈여기 샤로수길은 전쟁터다〉[9]라는 기사 제목이 봉천동 샤로수길의 현재 상황을 잘 보여 준다고 말씀드릴 수 있겠습니다.

남부순환로를 사이에 두고 북쪽 청림동과 남쪽 샤로수길에서 일어나고 있는 재개발 관련 분쟁은, 대서울 곳곳에서 벌어지고 있는 재개발을 둘러싼 갈등의 일부일 뿐입니다. 1983년에 합동 재개발 방식(가옥 또는 토지 소유자가 조합을 결성해 사업을 촉진하는 재개발 방식)이 시작된 이래로 재개발할 때마다 극한 대립과 물리적 충돌이 뒤따랐고, 시·도·구·군 등의 행정 당국은 이러한 갈등으로부터 한 발짝 물러나 있었습니다. 손정목 선생이 『서울 도시 계획 이야기』의 목동 재개발 부분에서 지적하듯이, 정부가 주도하던 재개발은 목동 투쟁 이후 민간 영역으로 넘어갔습니다. 행정 당국이 재개발에서 손을 뗀 데에는 어쩔 수 없는 사정이 있기는 하지만, 위의 기사 말미에서 지적하듯이 〈서울처럼 이해관계가 복잡한 대도시에서 당사자 간 합의점을 찾는 것은 사실상 불가능〉합니다. 〈관할 지방자치 단체가 구체적인 지침을 마련하는 것도 해결법 중 하나〉라는 더리서치그룹 부동산 조사 연구소 김학렬 소장의 제안과 같이, 이제는 다시 정부가 주도적으로 재개발에 관여함으로써, 더 이상 대서울이 전쟁터가 되는 것을 막아야 합니다.

봉천동에서 동쪽으로 강남을 바라보다.

2
상도동:
잠시 존재하는 풍경들

봉천동에서 살피재 고개를 넘어 북쪽으로 가면 식민지 시대 최후의 신도시로서 조성된 상도동이 나타납니다. 상도동이라고 하는 행정 단위는 꽤 넓은 범위를 포괄하고 있지만, 이 가운데 식민지 시대에 조성된 구역은 서울 지하철 7호선 숭실대입구역-상도역 구간을 중심으로 한 상도 1동입니다. 식민지 시대에 이 지역을 택지 개발하면서 제작된 1943년 3월의 「상도 부유지 안내도(上道府有地案內圖)」를 들고 이 지역을 걸으면, 여전히 당시 조성된 공간 구조가 그대로 남아 있음을 확인할 수 있고, 당시 신도시의 끄트머리에서는 간신히 철거를 면한 일식 가옥을 발견하기도 합니다.

옛 상도 부유지에 해당하는 숭실대입구역-상도역 구간을 비롯해서 넓은 의미의 상도동 곳곳에서는 강남초등학교를 비롯하여 강남이라는 단어가 붙은 시설을 자주 만나게 됩니다. 강남초등학교는 이 지역 주민들이 현재의 서울 강남을 흠모하여 붙인 지명이 아니라, 「상도 부유지 안내도」 등의 당시 자료에 이미 강남국민학교로서 표기되어 있는 시설입니다. 이들 시설 이름을 보면서 상도동이 영등포에서 흑석동에 이르는 〈최초의 강남〉의 일부였음을 확인하게 됩니다.

이 구역에서 남북을 가로지르는 내로의 오른쪽 골목은 현재 상도

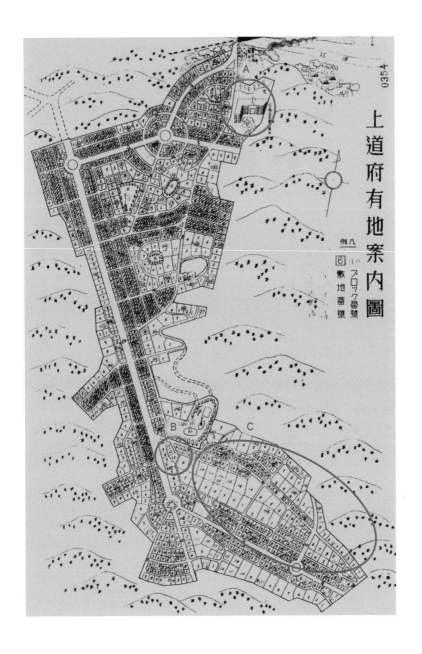

上道府有地案内圖

例凡
6 ブロック番號
　敷地番號

식민지 시대에 신도시로 조성된 서울 동작구
상도동 일대의 조감도 「상도 부유지 안내도」.
지도의 A가 강남초등학교이고, B와 C에는 현재
강남 아파트와 숭실대학교가 들어서 있다.

전통 시장이라고 불리는데, 이곳에는 「상도 부유지 안내도」에 묘사된 형태 그대로 남아 있는 필지에 여전히 일식 가옥이 다수 현존합니다. 이러한 지역이 〈전통〉 시장이라 불리는 모습을 보면서, 〈오늘날 한국에서 과연 전통이란 무엇인가?〉라는 질문을 던지게 됩니다. 100년 전통을 내세우는 고양의 일산 시장, 1962년경에 형성된 성남의 모란 전통 민속 5일장, 50년 또는 60년 전통을 내세우는 인천의 삼강 설렁탕, 50년 전통을 내세우는 오류 시장, 1971년에 개업하여 올해로 48년째 되는 구노량진 수산 시장 또는 〈전통 노량진 수산 시장〉, 〈20년 전통〉의 김밥집, 2012년에 개업한 고덕 전통 시장, 그리고 20세기 후반에 구로동 일대가 개발되면서 형성되었을 것이 거의 확실한 구로 시장·남구로 시장을 홍보하는 하회탈 아이콘 등, 현재 대서울에서 〈전통〉이라고 일컬어지는 것들 가운데 식민지 시대 이전으로 거슬러 올라가는 경우는 거의 없다는 사실을 확인하게 됩니다. 이러한 〈전통〉을 확인하다 보면, 식민지 시대 말기에 형성된 상도 부유지의 일각에서 영업 중인 상도 전통 시장은 〈전통〉이라는 단어를 쓰기에 적절한 대상이라는 사실을 새삼 확인하게 됩니다.

　「상도 부유지 안내도」를 보면 공원 용지로 지정된 지역들이 있습니다. 이들 공원 용지 가운데 어떤 구역은 지금까지 공원으로 남아 있고, 어떤 구역은 학교·주택가로 바뀌었고, 또 어떤 구역은 오늘날까지 공원 부지를 확보하기 위한 갈등이 이어지고 있습니다. 공원 용지로 지정되었다가 주택이 된 곳을 찾아가니 공가(空家) 상태였습니다. 제가 그곳의 사진을 찍고 있으니, 옆집에서 주민분이 나오셔서 〈동사무소에서 나왔냐?〉라고 물으시더군요. 저는 이러저러한 사람이라고 정체를 밝히고, 이 집 자리가 옛날 자료에는 공원 용지로 지정되어 있는 것으로 나온다고 말씀드렸습니다. 그러자 그 주민분이 〈구청에서, 이곳이 공원 용지인데 불법 점유된 상태여서 철거하려고 하고 있다〉는 사실을 알려 주시더군요. 식민지 시대에 한번 공원 용지로 지정된 지역이 80여 년이 지난 뒤에도 여전히 당시의 규제를 적용받고 있는 것입니다. 경인 운하 계획을 조선 시대부터 논의하기 시작해서[1] 식민지 당국이 이를 이어받고, 현대 한국 정부가 〈2011년에 경인 아라뱃길로 마침내 실현〉[2]한 것도 이와 마찬가지 맥락입니다. 민족이나 국가를 초월해서 존재하는 행정의 연속성을 느낍니다.

〈상도 부유지〉 택지 조성 당시에 네 곳의 로터리가 설정되었는데, 이 가운데 서북쪽에 자리한 상도역 교차로를 제외한 나머지 세 곳은 여전히 로터리로서의 형태를 남기고 있습니다. 특히 흥미로운 곳은 강남 초등학교 북쪽에 있는 동북쪽 로터리인데, 상도 터널이 뚫려서 지역의 고즈넉한 분위기가 사라졌음에도 상도 부유지 택지 개발 당시에 조성된 원형의 독특한 주택 지역이 여전히 남아서 상업 공간으로 활용되고 있습니다.

이 로터리에서 서남쪽으로 곧장 나아가면 국사봉 터널이 나타납니다. 터널을 지나면 현재 재개발이 한창인 상도 2동 남쪽의 옛 불량 주택 지구가 나타납니다.

제가 본격적으로 서울과 수도권도 걷고, 〈대서울〉이라는 개념을 찾게 된 것은 2017년 6월 30일부터였습니다. 그리고, 『서울 선언』 원고를 출판사에 넘긴 것은 2017년 12월 중순이었습니다. 사람 마음이란 참으로 묘한 것이어서, 원고를 넘기고 나니까 답사에 대한 의지가 더 커지더군요. 마침 연말연시 연휴 기간이 되었습니다. 연휴 동안에는 시민들이 대부분 집을 비우고 다른 곳으로 가 있거나, 집에 있어도 추위서 잘 나오지 않기 때문에 답사하기에 좋은 시기가 찾아왔다고 생각했습니다.

그래서, 그동안 좀체 갈 엄두가 나지 않던 곳을 연말연시 동안 집중적으로 답사하기로 했습니다. 그런 곳들 가운데 하나가 2018년 1월 15일 오후에 찾아간 상도 2동 재개발 예정지였습니다. 찾아가기 전에 온라인 지도 사이트의 항공 사진과 로드뷰를 살펴 둔 터라, 재개발 예정지의 빈민촌은 거의 철거가 완료되었고, 본격적으로 고층 아파트 단지를 건설할 준비를 하고 있으며, 그곳에 가면 어떤 광경을 보게 되리라는 예상은 대강 하고 있었습니다. 그러나, 특히 옛 마을이 철거되고 사방에 철벽이 둘러쳐진 현장에 갈 때면 언제나 그렇지만, 이날도 재개발을 앞두고 황량해져 있는 상도동 재개발 현장을 언덕 위에서 내려다보면서 〈도대체 나는 무엇을 보리라 기대하고 신년 벽두부터 이런 곳에 온 걸까〉 하는 막막한 느낌에 짓눌렸습니다. 각오를 하고 있어도, 막상 실제로 철거 현장에 서면 그 황량함에 적지 않은 충격을 받곤 합니다.

그렇게 상도동 재개발 예정지 주변의 언덕길을 걷던 중, 언덕길 옆 석벽 한편에서 해바라기와 장독대 그림, 그리고 〈밤골고개길 / 서기 一九七八(일구칠팔)년 九(구)월 三十(삼십)일 준공〉이라는 손글씨를 발견했습니다. 이 그림과 글씨는 이곳을 찾기 전에 미리 확인한 상도동 재개발 관련 기록과 온라인 지도 서비스의 로드뷰에서 보지 못한 것이었습니다.

그 순간 저는, 〈내가 왜 이런 연말연시에 이런 황량한 언덕길을 걷고 있는 것인지〉 비로소 납득했습니다. 저보다 앞서서 서울을 살고 걷고 기록한 사람은 당연히 무수히 많습니다. 그러나 그들에게는 별다른 의미를 던지지 않았지만 저에게는 큰 울림을 주는 것들이 현장에는 있습니다. 저는 제가 직접 현장에 가서 그 광경을 내 눈으로 직접 확인하고 의미를 부여해야 비로소 그곳에 대해 납득할 수 있었던 것입니다. 그것은 저의 연구 분야인 문헌학에서 요구되는 기본 자세이기도 합니

(위) 상도 터널 부근에 남아 있는 상도 부유지
신도시 시설의 가옥들.

(아래) 이제는 철거된 상도동 밤골 마을의 마지막
흔적.

다. 실물을 봐야 확인할 수 있는 것들이 있습니다.

그리하여 재개발 예정지를 한 바퀴 빙 둘러 언덕길을 걷자니, 시간은 어느새 오후 3시에 가까워져 있었습니다. 1월 초였기 때문에 해 지는 것이 빨랐습니다. 재개발 예정지를 둘러싼 철벽이 서울지하철 7호선 상도역으로 향하는 부근에서 살짝 열려 있었습니다. 아직 사람이 살고 있는 주택 바로 옆이 재개발 예정지였기 때문에 그 주택 옆에는 철벽을 둘러치지 않은 것이었습니다. 그 빈틈으로 재개발 예정지를 바라보면 동쪽에서 서쪽을 향하게 되어 있었습니다. 빈민촌 주택과 길을 모두 걷어 낸 자리는 온통 파란색 시트로 덮여 있었습니다. 아마도 겨울 바람에 먼지가 일어서 주변 지역에 피해가 가는 것을 막기 위해서였을 것입니다.

한겨울 오후의 햇빛이 넓게 펼쳐진 시트 위에 비스듬히 떨어지는 광경은 현실적이지 않았습니다. 역광으로 인해 파란색이 지워지고 흑백만이 남은 그 광경은, 빈민촌이 존재하던 시기와 고층 아파트 단지가 들어서게 될 시기 사이의 짧은 공백 기간인 2018년 1월 15일 오후 3시에만 잠깐 존재하는 것이었습니다. 이렇게 아주 잠시 동안만 대서울의 어딘가에 존재하다가, 제가 미처 보지 못한 사이에 사라져 버리는 순간이 무수히 많이 있다는 사실을 저는 알고 있습니다. 그 무수한 순간들의 아주 약간만이라도 제 눈으로 직접 보고 사진으로 찍고 싶다는 필사적인 안타까움을 품고, 저는 대서울을 걷습니다.

상도 2동 재개발 지역에서 남쪽으로는 한국의 재개발 역사에서 상계동·목동·사당·이수 등과 함께 그 이름을 남길 정도로 복잡한 문제를 안고 있는 상도 4동 불량 주택 지역이 있습니다. 빈민 활동가 최인기 선생이 쓴 『떠나지 못하는 사람들: 무엇이 그들을 도시의 유령으로 만드는가?』(동녘, 2014)의 「동작구 상도 4동 — 끝나시 않는 선생」에

철거가 진행 중인 상도동 빈민촌의 옛 터.

(위) 상도 4동 소재 유치원의 붕괴 전후, 2017년   (아래) 상도 4동 재개발 예정지에 붙어 있던 한시.
12월과 2018년 9월.

는 상도 4동 불량 주택 지구를 둘러싼 오랜 갈등의 실상이 잘 적혀 있습니다.

상도동은 이미 많은 사람이 알고 있듯 대한민국에서 철거민과 세입자 문제가 가장 심각한 곳이기도 합니다. 2004년 주택 재개발 기본 계획이 수립된 이후 현재까지 세입자 및 철거를 둘러싼 갈등이 10년째 이어지고 있으니까요. (······) 2013년 겨울, 상도 4동에는 아직도 약 40~50여 가구가 근근이 버텨 내며 살아가고 있습니다.

2017년 12월 말에 제가 이곳을 찾았을 때에는, 이곳에 딱 한 가구가 남아 있었고, 곳곳에 보이는 벽보들이 지난 십수 년 동안 이어진 전쟁을 증언하고 있었습니다. 위의 책에서 최인기 선생은 이런 말을 남기고 있습니다. 〈그나마 남아 있는 사람들이 떠나고 나면 상도동은 아예 잊힐지도 모릅니다.〉 이 예측대로, 재개발과 철거를 둘러싼 상도 4동의 전쟁은 서서히 잊히고 있습니다. 그러던 2018년 9월 6일 밤, 상도 4동 재개발 예정지 부근에 있던 상도유치원이 붕괴되는 사고가 있었습니다. 이 뉴스를 접하고 혹시나 싶어서 2017년 답사 때 찍은 사진을 찾아보니, 당시는 아직 온전했던 상도유치원을 재개발 예정지에서 절벽 위쪽을 바라보며 찍은 사진이 있더군요. 답사 때에도 어쩐지 건물이 불안해 보여서 사진으로 남겼던 것 같습니다.
　상도 4동 재개발 예정지를 둘러싼 펜스에는 어떤 분이 쓴 한시가 붙어 있었습니다. 이 또한 고층 아파트 단지가 들어서고 나면 잊힐, 재개발이 진행되는 동안에만 잠시 존재하는 풍경입니다.

3
흑석·노량진·대방·신길:
경인 메갈로폴리스의 동남부

상도 부유지에서 상도 터널을 지나면, 한강대교 남단 교차로 인근의 노량진 본동으로 이어집니다. 이 지역도 식민지 시대에 개발된 최초의 〈강남 신도시〉의 일부입니다. 식민지 시기에 신도시로 개발된 지역은 낙후되어 재개발 예정지가 되고 이때 토지 구획 정리 사업 대상이 되지 않은 지역은 해방 후에 개발되어 이미 아파트 단지가 되어 있지요. 상도 터널 북단의 동쪽에는 인상적인 일식 가옥이 있는데, 얼마 전에 보니 공사를 하고 있기에 〈여기도 철거되는 건가〉 싶었는데, 철거는 아니고 보수 공사더군요.

이곳으로부터 서쪽에 자리한 서울 지하철 1호선 노량진역에서 남쪽 7호선 장승배기역으로 이어지는 장승배기로의 동쪽과 서쪽 지역에는 각각 오늘날까지 식민지 당시의 구획과 일식 가옥, 개량 한옥이 다수 현존하고 있습니다. 특히 노량진동과 대방동이 붙어 있는 장승배기로의 서쪽 지역에는 식민지 시대 당시의 경관이 잘 남아 있는데, 이는 이 구획 서쪽의 용마산에 공군재경 근무지원단이 존재하기 때문에 개발이 제한된 결과로 보입니다.

동작구의회 제242회 제2차 본회의 질의 가운데, 이 부대의 존재가 대방동에 어떤 영향을 미치는지 잘 설명된 대복이 있습니다. 대서울의

노량진의 삼문화 광장.

경관에 군사 시설이 어떤 영향을 미치는지 잘 보여 주는 사례입니다.

공군재경 근무지원대대 부지의 면적을 보면 약 12만 헤베(제곱미터의 일본말 — 인용자), 참모총장 관사의 면적은 약 1만 4,000헤베 합해서 13만 4,000헤베가 되고 평수로는 4만 700평에 달하고 있습니다. 이 부지가 지금까지 왜 여기에 있어야 하는가 하는 문제는 주민들로서 말하지 않을 수 없습니다. 옛날에는 공군 부대와 공군 본부가 있었고 보라매 공원이 공군 사관학교였습니다. 다 옮겨 가고 없는데 무엇을 위해서 재경 근무지원대대라고 표현하고 존치하고 있는지 알 수 없다는 것입니다. 대방동 지역을 보면 흔히들 대방동이 한 동네임에도 불구하고 북대방, 남대방으로 표현하고 있습니다. 그것은 근린공원도 중간에 있기는 하지만 이 부대가 중간에 끼어 있기 때문에 그렇게 하고 있다는 것입니다.

용마산의 서쪽, 서울 지하철 1호선 대방역에서 남쪽 7호선 보라매역 사이의 여의대방로를 사이에 두고 동쪽에는 대방동이 서쪽에는 신길동이 있습니다. 두 지역은 식민지 시대에 번대방정(番大方町)이라고 불렸습니다. 식민지 시대 말기인 1941년에 조선 지역의 주택 부족을 해소하기 위한 목적에서 조선 주택 영단이라는 기관이 세워졌습니다. 이 기관은 해방 후에 대한 주택 영단과 대한 주택 공사가 되었다가 2009년에 한국 토지 공사와 합병하여 현재는 한국 토지 주택 공사(LH)가 되었습니다.

조선 주택 영단은 한강 이남의 문래·신길·대방·상도 등에 집중적으로 주택 단지를 조성했습니다. 넓은 의미의 영등포 권역에 포함되는 이들 지역은, 말하자면 최초의 〈강남 신도시〉였습니다. 상도동에 강남

국민학교(현재의 강남초등학교)가 있다면, 대방동에는 강남중학교가 있습니다. 식민지 시대에 이 일대를 택지 개발하면서 제작된 「경성 번대방정 주택 배치도」에는 강남중학교는 보이지 않고 공립공업학교만 보이는데, 이 공립공업학교는 오늘날의 서울공업고등학교이고 강남중학교는 1959년에 그 병설학교로서 개교했다가 1962년에 분리됩니다. 당연하게도 최초의 강남은 영등포였고, 1973년에 영등포구에서 분리된 관악구의 신림 3동(조원동)에 강남 아파트가 세워진 것이 1974년, 영등포구 당산동에 강남 빌딩이 세워진 것이 1977년이니, 강남중학교를 세우던 1950~1960년대에 학교 이름에 〈강남〉을 넣는 것은 지극히 자연스러운 발상이었습니다. 오늘날의 강남인 서울 서초구에 자리한 영동중학교가 1969년의 양재여자중학교에서 1972년에 학교 이름을 바꿀 때 강남여자중학교가 아니라 영동여자중학교로 바꾼 것 역시 당연한 선택이었습니다.

　식민지 말기에 영등포-흑석 사이 구간에 조성된 〈강남 신도시〉의 규모와 현황은 「상도 부유지 안내도」나 「경성 번대방정 주택 배치도」와 같이 당시 제작된 토지 구획 정리 계획 평면도와 주택 배치도 등을 통해 알 수 있습니다. 이런 지도를 들고 오늘날 똑같은 지역을 걸으면, 80~90년 전에 조성된 도시 구조가 지금도 거의 그대로 남아 있다는 사실에 충격을 받곤 합니다. 실제로 현장을 걷다 보면 이들 지도의 바깥쪽은 급경사이거나 하천인 경우가 많으며, 현대 서울을 특징짓는 고층 아파트 단지는 이 바깥쪽에 세워져 있습니다. 식민지 시대에 그 바깥쪽을 토지 구획 정비 대상에서 제외한 이유가 급경사 때문이었고, 해방 후 폭발적으로 서울 인구가 늘어나면서 이런 산비탈에까지 사람들이 살아야 했던 것입니다.

　이들 지역은 조선 시대까지 사람이 많이 살지 않다가, 식민지 시

대 말기에 이르러 늘어난 경성 인구를 수용할 목적으로 이곳에 신도시
가 조성되었습니다. 그리고 해방 후에 서울 인구가 늘면서 또다시 이곳
신도시 외곽에 아파트 단지가 만들어지고 있습니다. 이런 모습을 볼 때
마다 저는, 조선 시대에서 식민지 시대를 거쳐 현대 한국 시기에 이르
기까지 〈민족 감정〉과는 무관하게 면면히 이어지는 행정의 연속성을
확인합니다. 그리고 80~90년 전에 식민지 당국이 만들어 낸 도시 구
조가 오늘날까지 그대로 살아 있는 상황에서, 조선 총독부나 일식 가
옥 같은 건물 몇 채를 철거하고는 〈일제 잔재 청산〉이라고 말하는 것은
〈눈 가리고 아웅〉에 지나지 않는다고 생각하게 됩니다.

　　현재는 대방역 남쪽 구획이 남서쪽의 영등포구 신길동과 남동쪽
의 동작구 대방동으로 나뉘어 있지만, 식민지 시기에는 이들 지역이
〈번대방정〉이라는 이름으로 묶여 있었습니다. 번대방정 한가운데 언덕
배기에는 〈법덕 온천(法德溫泉)〉이 있었습니다. 1936년 2월에 간행된
『삼천리』 제8권 제2호에는, 남들한테는 신혼여행으로 온양 온천 간다
고 말하고 경성역에서 열차를 타고는, 돈을 아끼려고 용산역에 내려서
번대방의 법덕 온천으로 갔다는 이서구의 「신혼여행 배종기(新婚旅行
陪從記)」라는 콩트가 실려 있습니다. 〈그래도 정거장에 나온 사람들은
우리들도 이등을 타고 온양 온천오로 뽑내고 가는 줄 아랐슬걸〉이라는
마지막 대사가 재미있습니다. 법덕 온천과 번대방정이 당시 경성 사람
들에게 제법 알려진 휴양지였음을 짐작할 수 있습니다. 이 콩트는 국사
편찬 위원회에서 제작한 한국사 데이터베이스 가운데 한국 근현대 잡
지 자료 항목에서 볼 수 있습니다.

　　조선 주택 영단이 제작한 「경성 번대방정 주택 배치도」에는, 이 법
덕 온천과 함께 〈이번에 준공한 지역〉이라는 표기가 보입니다. 대방초
등학교와 현재 고층 아파트 단지가 건설 중인 지역의 동쪽 기슭을 가리

京城番大方町住宅配置圖

今回竣功地域

至鷺梁津

京釜線

Kū K🔲番

法隆
温泉

城南中學

朝鮮電氣工業
學校敷地

公立工業

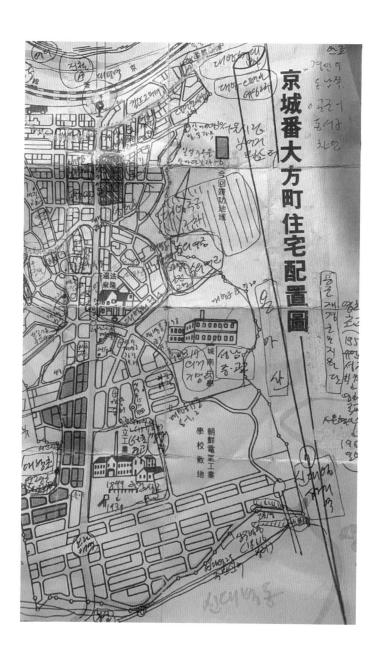

「경성 번대방정 주택 배치도」(왼쪽)와 같은 지도에
필자가 메모한 현재의 지명(오른쪽).

킵니다. 식민지 시대 당시 대방초등학교 자리에는 조선 19대 국왕 숙종의 아들인 연령군(延齡君)의 묘지와 신도비(神道碑)가 있었습니다. 묘지는 번대방정이 〈강남 신도시〉로 조성될 때 충청남도로 옮겨졌고, 신도비는 1967년에 서울 노원구의 육군 사관학교로 옮겨졌습니다.

군사 정권 시절에는 연령군 신도비 이외에도 삼군부 청헌당이나 종친부 건물처럼 문화재급 유적이 특별한 관련이 없는 곳으로 이전된 일이 많았습니다. 연령군 신도비가 독특한 것은, 비석이 육군 사관학교로 옮겨지자 마을 주민들이 이를 아쉬워하며 〈숙종왕자연령군훤묘비지(肅宗王子延齡君昍墓碑趾)〉라는 비석을 새로 만들어 대방초등학교 담벼락에 심어 넣었다는 점입니다. 가마산로 88길과 가마산로 90길이 만나는 지점에서 이 현대의 마을 비석을 보실 수 있습니다. 2005년에 영등포구청에서 이곳에 세운 안내판에는 〈주민들은 이전을 아쉬워하여 이 자리에《숙종왕자 연령군 명 묘비지》라고 새겨 놓아 묘역 터임을 밝히고 있으며, 현재 육군 사관학교 박물관 야외 전시장에 보관되어 있는 연령군 신도비를 이곳으로 환원하기 위한 운동을 전개하고 있다〉라고 적혀 있습니다. 위의 인용문은 〈숙종왕자 연령군 명(明)〉이라고 적고 있는데, 국립 중앙 박물관의 강민경 선생은 이것이 연령군의 이름인 훤(昍)을 잘못 읽은 것이라고 지적합니다.

이 현대의 비석이 심어져 있는 대방초등학교 담벼락 북쪽에는 해인사라는 사찰이 있습니다. 2017년 9월에 이 지역을 답사하던 중, 사찰 바깥에 시공사 등을 비판하는 플래카드가 걸려 있는 것을 보았습니다. 당시에는 사찰의 본당으로 들어가는 골목에 아무런 장애물이 없었습니다. 그런데 지난 2019년 1월에 이 지역을 다시 들르니, 골목 입구에 철문이 설치되었고 우주를 지키는 사천왕상(四天王像)이 철문 옆에 걸려 있었습니다.

　아현동·옥바라지 골목·노량진 수산 시장·을지로처럼 유명한 지역에서 일어나는 재개발 관련 분쟁은 언론에서 자주 언급되지만, 서울 최초의 강남이던 이곳 신길동에서 일어나고 있는 일은 사회의 주목을 거의 받지 못하고 있습니다. 저 역시 〈재개발과 관련해서 분쟁이 심해지고 있나 보다〉 하는 정도의 생각만 하면서 사진을 찍고 있었는데, 주지 스님이 철문을 열고 나오셔서는, 〈왜 사진을 찍느냐, 시공사 직원이냐?〉라고 항의를 하셨습니다. 그래서 손에 들고 있던「경성 번대방정 주택 배치도」를 보여 드리고는, 이 지도에 따르면 해인사가 포함된 구역의 필지가 조금 복잡하다 보니 지금과 같은 분쟁이 발생한 것 같다는 개인적 의견을 말씀드렸습니다. 이 말을 들은 주지 스님은, 지난 몇 년간 재개발 관련으로 분쟁이 진행 중이고, 수상한 사람들이 자꾸 절에 접근하다 보니 신경이 예민해져 있었다며 사찰 측의 입장을 말씀해 주셨습니다.

　저는 이 사찰이나 재개발 조합·시공사 어느 쪽에도 이해관계가 없고, 그 어떤 종교의 신도도 아닙니다. 그저 1940년대에 조성된 〈강남 신도시〉인 대방동·신길동이 어떤 변화를 보이는지를 추적하는 서울 답사가일 뿐입니다. 제3자로서 이 지역의 재개발을 둘러싼 상황을 잘 알지 못함에도 불구하고, 2017년과 2019년 두 차례에 걸쳐 이 사찰을 둘러싼 상황이 험악해지고 있는 모습을 관찰한 입장에서 다음과 같은 말씀을 드리는 것은 허락되리라 믿습니다.

　지적도에 따르면 현재 이 사찰이 위치한 지역에는 공원이 조성될 예정이라고 합니다. 하지만 조선 시대부터 식민지 시대를 거쳐 현대 한국에 이르기까지 번대방정·신길동이 경험한 지난 시간을 생각할 때, 신길동 지역에서 최우선적으로 이루어져야 할 일은 군사 정권 시절에 아무런 맥락 없이 육군 사관학교로 옮겨진 연령군 신도비를 원래의 위치인 이곳 대방초등학교 부근으로 다시 가져오는 것입니다. 그리고 만

재개발이 진행되고 있는 신길동에서 개발에 저항
중인 해인사. 2017년 9월과 2019년 1월.

약 연령군 신도비가 이 지역으로 돌아온다면 가장 좋은 위치는 공원이 조성될 예정인 현재의 사찰 자리입니다.

하지만 여기서 생각해야 할 것은 이 사찰, 그리고 기초 생활 수급자·장애인을 수용하고 있는 사찰 부설 요양원을 몰아내고 공원을 조성한 뒤에 공원 한편에 신도비를 가져다 두는 것이 최선의 결말이 아니라는 사실입니다. 그렇게 해서는, 조선 시대에 주자학을 신봉하던 왕실이 불교계에 행했던 탄압을 현대 한국에서도 되풀이하는 모습이 될 뿐입니다. 그러니, 신앙 시설로서 잘 기능하고 있으며 사회의 약자도 보살피고 있는 사찰을 그대로 두면서, 반환해 온 연령군 신도비를 사찰 옆에 배치한다면 훌륭한 역사의 화해가 될 것입니다.

저는 종교 시설이라고 해서 무조건 보존하자고 주장하는 게 아닙니다. 약자들의 요양원 기능을 겸하고 있는 소규모 기관 하나를 남기는 것이, 행정 관청이나 재개발 관련자들에게 심대한 손해를 끼치는 일이라고는 생각할 수 없다는 말입니다. 대서울을 답사하다 보면, 곳곳에서 재개발·재건축을 둘러싸고 문자 그대로 목숨을 건 전쟁이 벌어지고 있습니다. 이러한 분쟁의 가장 중요한 원인은, 주택이 절대적으로 부족하던 현대 한국 초기의 개발 방식이 21세기 초에도 답습되고 있다는 데 있습니다. 그러나 오늘날 한국의 경제력은, 군사 작전 전개하듯 재개발·재건축 사업을 밀어붙이던 군사 정권 시절의 관행을 반성하고 세입자·빈민과 같은 약자가 죽음으로 내몰리지 않도록 배려하는 사회적 합의를 이끌어 낼 단계에 이르렀다고 저는 믿습니다.

해인사를 포함하는 옛 번대방정 서쪽의 신길동은, 북쪽으로는 공군 회관과 우주마루 아파트 등 공군 시설과 서울 지방 병무청, 서쪽으로는 해군 회관과 바다 마을 아파트 등 해군 시설에 의해 영등포구의 다른 지역과 분리되어 있습니다. 한편 해인사의 남쪽인 보라매역에서 서쪽으로 한 정거장 떨어진 신풍역에는 남서울 아파트라는 5층 아파트 단지가 있습니다. 신풍역은 최근 몇 년 사이 흑석·노량진·영등포와 함께 대규모 재개발이 진행되고 있는 신길 재정비 촉진 지구 예정지의 동쪽 끝부분에 자리합니다.

　원래 이들 지역은 식민지 시대에 경인(京仁) 메트로폴리스의 동쪽 구역으로서 일찍부터 도시화가 진행되었고, 그러다 보니 현대 한국에 이르러서는 낙후된 감이 없지 않았습니다. 1974년에 입주가 시작된 남서울 아파트는 현재 안전 등급 E등급을 받은 상태이며 천장이 내려앉을 정도라고 합니다. 저도 구반포 주공 아파트와 개포 주공 아파트 1단지에 세들어 살면서 천장이 내려앉아서 비가 줄줄 흘러내리는 경험을 한 적이 있습니다. 비가 조금만 내려도 천장에서 비 새는 걸 걱정해야 하는 게 보통 일은 아닙니다. 현재 남서울 아파트는 신길 뉴타운 10구역에 지정되어 재개발 건설사도 정해졌다고 하니 재개발은 기정사실입니다. 저는 이날 처음, 그것도 잠깐 남서울 아파트에 들른 것이었지만, 이상과 같은 이유에서 이 단지는 결국 재개발이 되어야겠구나 하는 느낌을 받았습니다.

　그런 생각을 하며 단지 안쪽으로 들어가니 탁 트인 놀이터가 나타났습니다. 모래밭에 미끄럼틀, 시소, 그네가 놓여 있었고, 그 옆에는 흔히 볼 수 있는 등나무 그늘과 벤치가 설치되어 있었습니다. 필자의 눈길을 끈 것은, 벤치 옆의 벽돌 기둥에 붙어 있던 두 개의 머릿돌이었습니다.

　　준공 1979. 8 어머니회 일동

　　一九八九年二月(일구팔구년 이월) 어머니회 증축

서울 영등포구 신길동 남서울 아파트.

남서울 아파트 놀이터의 머릿돌.

1979년 당시의 어머니회가 놀이터를 만들었고, 10년 뒤인 1989년 당시의 어머니회가 놀이터를 증축한 것을 각각 기념하는 내용이었습니다. 두 개의 머릿돌을 본 저는, 입주가 시작된 1974년으로부터 얼마 지나지 않은 1979년에 아파트 단지의 어머니들이 자금을 모아서 자신들의 아이들을 위해 놀이터를 만들었고, 그로부터 10년 뒤에 또 다른 어머니들이 그 뜻을 이어받아 놀이터를 증축했다는 사실을 누군가는 기록으로 남겨야 한다고 생각했습니다. 아마도 재개발 와중에 남서울 아파트의 놀이터는 사라질 것이고, 1979년과 1989년 두 차례에 걸쳐 놀이터를 만들고 증축한 어머니회 회원들의 뜻을 담은 머릿돌들도 사라질 것이기 때문입니다.

현대 한국에서 유독 아파트 단지가 발달한 것은, 원래라면 국가가 시민들에게 제공해야 하는 각종 기반 시설을 아파트 단지에 입주하는 주민들이 자체적으로 마련하게 했기 때문입니다. 국가 입장에서도 이른바 〈낙후 지역〉을 손쉽게 개발할 수 있는 방법이라고 여겼을 것입니다. 두 차례에 걸쳐 만들어진 남서울 아파트의 놀이터는, 못 미더운 정부를 둔 시민들이 스스로의 힘으로 생활 기반을 만들어 나간 현대 한국의 역사를 보여 주는 유산입니다. 그리고 두 개의 머릿돌은 그 역사를 증언하는 기록입니다.

2018년 3월에 신길 재정비 촉진 지구를 걷다가, 이 지구의 서북쪽 신길 3동에서 〈신길 3동 새생활 장수 노인 대학〉이라는 낡은 간판이 붙어 있는 건물을 지나쳤습니다. 2019년 1월에 다시 그곳을 들렀을 때에는 그 간판이 사라져 있더군요. 재개발이 진행되면서 주민들의 교체가 일어나서 노인 대학이 폐교한 것은 아닐까 하는 걱정도 했지만, 1976년에 개설된 이 노인 대학이 바로 지난해 말까지도 종강식을 했다는 보도가 있으니, 그저 낡은 간판이 떨어진 것이겠지요.[1] 다행하고 반가운 일입니다.

4
영등포: 철도와 부군당

우리의 답사는 드디어 최초의 강남인 영등포의 핵심부에 진입했습니다. 영등포가 최초의 강남이었음을 이 책에서 계속 말씀드리고 있습니다다만, 그렇다면 대체로 언제까지 영등포가 강남이라고 여겨졌던 걸까요? 1980년대에 출판된 『한국의 발견: 서울』 영등포 항목 첫머리에는, 〈강남 지역에서는 알토란 같은 영등포〉라든지 〈영등포구는 강남 지역의 한 핵심〉이라는 표현과 같이 영등포구가 강남의 일부라는 사실이 당시 너무나도 당연하다는 식으로 적혀 있습니다.

> 70년대의 첫 무렵 때까지만 해도 한강 남쪽에 살던 서울 사람은 〈서울 사람〉이 아니라 〈영등포 사람〉이었다. (……) 그때의 영등포구는 서울의 한강 남쪽을 통틀어 일컬은 통칭이기도 했고 서울에 딸린 한 구였다기보다 한강을 사이에 두고 서울이라는 도시와 맞선 독립된 한 도시이기도 했다. 그러나 그 영등포구는 관악구가 따로 제금 나간 1973년을 고비로 하여 세력이 꺾여 들기 시작했다. 관악구에 이어 강서구와 구로구가 각각 1977년과 1980년에 딴살림을 차려 나갔고 그와 같은 행정 구역의 변화를 거치는 동안에 영등포구는 땅 덩지가 온 서울 땅의 3분의 1쯤이었던 200여 방킬로

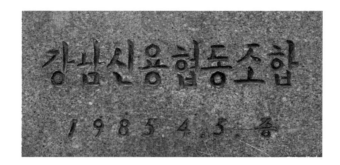

(위) 관악구 조원동 강남 아파트 전경과 태극기   (아래) 강남 아파트 머릿돌.
게양대 정면의 머릿돌. 이 아파트는 2019년
여름에 철거가 완료되었습니다.

미터에서 오늘날의 25평방킬로미터쯤으로, 상주 인구가 온 서울
인구의 4분의 1쯤이었던 백오십만 명에서, 1985년의 인구 조사
에 따르면 사십오만 명쯤으로 바짝 줄었다. (……) 비록 광활했었
다가 바짝 오그라붙었을망정 강남 지역에서는 알토란 같은 영등
포 안에는 강남 지역에서 가장 큰 산매 시장인 영등포 시장을 비롯
한 시장 서른 곳쯤과 밥집, 술집 따위의 갖가지 위생업소 육천 곳
쯤과 이백 군데에 이르는 유흥 시설 그리고 거개가 공장을 둔 제조
업체 팔백오십 군데쯤이 더 많은 주택들과 함께 빽빽하게 들어차
있어서 영등포구는 서울에서 가장 큰, 공업 중심의 부도심을 이룬
다. (……) 영등포구는 강남 지역의 한 핵심으로서 산업, 경제, 문
화, 교통의 각별한 중심 자리를 지켜 준다.[1]

이처럼 최소한 1980년대까지는 영등포가 당당한 강남이었기 때
문에 지하철 2호선 당산역 동쪽 당산중교 앞 교차로에 1977년 강남 빌
딩이 세워지고, 1973년에 영등포구에서 독립한 관악구의 북쪽, 영등
포구에 인접한 조원동에 1983년 강남 아파트가 세워질 수 있었던 것입
니다. 강남 아파트는 2019년 여름에 철거가 완료되었습니다. 이렇게
해서 넓은 의미의 영등포가 한때 강남이었음을 보여 주는 시설이 또 하
나 사라지고 있습니다.
　그런데, 1977년에 당산동 6가에 세워진 강남 빌딩의 위치가 참으
로 절묘합니다. 강남 빌딩은 영등포역에서 지금의 당산 래미안 4차 아
파트 자리의 조선 피혁 주식회사까지 뻗어 있던 영등포 인입선 철도가
끝나는 지점에 위치합니다. 식민지 시대에 대일본 방적 회사에서 근무
한 김영환 선생이 〈영등포역은 이렇게 있고요, 여기서 철로가 이렇게
영등포 일대 공업 지대 공장을 전부 연결했이요〉[2]라고 증언하고 있듯

당산동부군당(堂山洞府君堂)
(소재지: 당산동6가 110-71)

이 부군당에 올래는 현대 빌딩 위치에서 우측으로 30m 쯤에 큰 은행나무가 자리하고 있는 군제 마주가리를 만들어 놓고 조선초 초기부터 당제를 지내던 것을 1925년 을축년 대홍수 때 많은 인명이 이곳에 피난하여 무사하였던 덕으로 마을의 2호를 보호하기 위하여 당을 지었다.
현재의 건물은 1950년 4월에 건립된 것으로 당안에는 아홉선의 그림으로 모셔지고 있는데 오른쪽에서부터 대당할아버지, 대감님, 장군님, 부군할아버지, 산신님, 칠성님, 삼불제석님, 대선왕머니, 과녀님비.
매년 음력 7월 1일과 10월 1일 두차례에 걸쳐 마을의 안녕과 기원 및 주변의 건강을 기원하는 당제를 올리고 있다.

Bugundang in Dangsan-dong

'Since early Joseon age, religious services of the temple were held hear. The religious services were to keep off misfortune and to bring fortune to the town.

府君堂

영능포구의 낭신농 무군낭과 그 뮤내비.

이, 영등포 인입선 철도는 이 지역에 있던 공장들에 물자를 공급하기 위해 건설되었습니다. 위성 사진을 보면, 식민지 시대에 대규모 공장들이 들어선 영등포 인입선 철도 연선의 네모반듯한 구획과, 강남 빌딩이 자리한 당산중교 앞 교차로 북쪽으로 당산동 부군당이 자리한 지역의 구불구불한 골목길이 극명한 대조를 이룹니다. 저에게는 이 대조가 한반도의 전근대와 근대를 상징하는 것으로 느껴집니다.

당산동 부군당을 둘러싼 마을이 지금과 같은 형태를 갖춘 것은 아마도 조선 시대 후기이겠지만, 직접적으로는 1925년 을축년 대홍수 이후일 터입니다. 부군당 앞에 세워진 안내판에는 〈원래 현 위치에서 우측으로 30미터쯤에 큰 은행나무가 자리하고 있는 곳에 터주가리를 만들어 놓고 조선조 초기부터 당제를 지내던 것을 1925년 을축년 대홍수 때 많은 인명이 이곳에 피난하여 무사하였던 덕으로 마을의 28호를 보호하기 위해 당집을 지었다. 현재의 건물은 1950년 4월에 건립〉되었다고 적혀 있습니다. 이 안내판에서 당산동 부군당이 조선 시대 전기에 창설되었다고 하는 것은, 현재 당산동 부군당 앞에 세워진 유래비의 기록에 따른 것입니다. 〈부군당 / 창립 1450년 4월 8일 / 건비(建碑) 1974년 윤4월 15일〉. 여기서는 당산동 부군당이 1450년에 세워졌다고 적고 있지만, 이를 뒷받침할 문헌 증거가 없어서 문화재로 등록되지 않았습니다. 부군당에서 조금 떨어진 언덕 위에는 수령 600년 가까운 은행나무가 서 있고, 부군당 근처에는 은행나무라는 이름의 빌라도 있습니다.

당산동 부군당에서 지하철 2호선 당산역 쪽으로 걸어가다 보면 강남 빌딩을 비롯해서 강남 부동산, 강남 모텔, 강남 철물, 강남 캐슬 등 〈강남〉이라는 지명을 넣은 시설이 많이 보입니다. 그렇게 영등포가 강남이라 불리던 시절의 당산동을 상상하며 당산역을 향해 골목을 긴다 보면 당산 2동 노인 회관과 〈당산 2동 시립 노인 회관 10주년 기념비〉가 나타납니다. 비석 옆면에는 〈1983년 6월 30일 본 회관 건립에 있어서 협조하여 주신 여러분의 고마움을 기리기 위하여 1993년 6월 19일에 이 비를 세움(세웁 ―인용자)니다〉라고 하여 비석의 유래가 적혀 있고, 비석 앞면에는 역대 회장, 부회장, 총무, 운영위원장, 감사, 이사, 회원 등의 명단이 빼곡히 적혀 있습니다. 어떤 분의 성함 아래에는 〈M.B.C. 인간시대 전국회장〉이라는 표기도 있어서, 어떻게 해서 이런 내용을 비석에 새겨 넣게 되었을까 생각하면 재미있습니다.

　　당산동 부군당을 비롯해서 영등포에는 네 곳에 부군당과 도당이 있습니다. 민속학자 김태우 선생 등의 연구에 따르면 부군당은 조선 초기에 각 관청에서 아전·하인·노비 등이 모시던 신이었는데, 이것이 조선 후기에 관청 밖으로 퍼지면서 신흥 중간 계급의 신앙 대상으로 모셔지게 되었다고 합니다.

　　부군당이 외부로 확산되게 된 시기는 당시 한강변이 상업 중심지로 변모하게 된 17~18세기경으로 추정해 볼 수 있겠다. 즉, 17~18세기 경강변이 상업 중심지로 변모하면서 경강변 인구도 급증하게 되며 그들 대부분이 상업에 종사하면서 생계를 이어 가게 된다. 당시 경강 지역은 미곡·목재·어물·소금 판매의 중심지였으며 경강으로 통하는 서울의 도로도 번화가로 변모하고 있었다. 이러한 상황에서 경강변의 세력가로 등장한 경강 상인들과 이들과 공조 관계에 있었던 각사의 아전들이나 무장들이 주축이 되어 그들 나름대로의 의례 전통을 창출했을 것으로 보인다.[3]

　　즉, 부군당은 기존의 양반 계층이 아닌 신흥 자본가 계급이 모신 신앙 대상으로서, 마치 유럽의 부르주아지가 기존 귀족 계급의 신앙인 가톨릭이 아닌 프로테스탄트 신앙을 받아들임으로써 자신들의 정체성을 수립한 것과 비교할 수 있겠습니다. 조선 초기에 부군당을 섬긴 아전·하인·노비, 그리고 조선 후기에 부군당을 섬긴 신흥 중간 계급이 오늘날 민주공화국 대한민국의 주축이 되는 시민의 원형에 해당하며, 거칠게 말하자면 부군당 신앙은 민주공화국 한국으로 이어지는 정신적 원류 가운데 하나라고 하겠습니다.

현재 영등포구에는 영등포역 북쪽에 당산동 부군당과 상산 부군당(상산전)이 있고, 영등포구 남쪽에 방학곳지 부군당과 신기리 도당이 있습니다. 상산 부군당은 현재 영등포 중앙 시장과 영등포 기계 공구 상가 북쪽에 새로이 조성된 고층 아파트 단지 앞의 공원에 덩그러니 옮겨져 있어서, 과연 앞으로도 계속해서 민간의 자발적인 신앙 대상으로서 기능할지 잘 가늠이 되지 않습니다.

상산 부군당 동남쪽의 기계 공구 상가는 상당한 규모의 공업 지대이자 상업 지대입니다. 최근 을지로 공장 지대가 재개발 대상이 되어서 논란이 큽니다만, 이 거리에 서면 최소한 을지로에서 공업 기능이 소멸된다고 해도 영등포가 버티고 있으니 괜찮다는 느낌을 받습니다. 여기서부터 서쪽으로 영등포 중앙 시장, 영등포 재래시장, 남서울 상가, 로터리 상가, 영등포 청과 시장 등이 상업 벨트를 이루고 있습니다.

한편, 상산 부군당에서 서쪽으로 300미터쯤 서쪽으로 가면 나오는 서울 지하철 5호선 영등포구청역 부근에는 〈합동 병원〉이라는 동판이 붙어 있는 1958년 6월 16일에 준공된 건물이 서 있습니다. 〈합동 병원〉이라는 이름이 낯설어서 온라인을 검색해 보니, 1960년대까지 운영된 것이 확인되더군요. 폭발 사고나 교통사고를 당한 환자들이 이곳에 와서 〈가료(加療)〉, 즉 치료받았다는 기사가 많이 보입니다.

(위) 영등포 상산 부군당.

(가운데) 영등포 기계 공구 상가.

(아래) 옛 〈합동 병원〉 간판.

19일 하오 1시 30분쯤 서울 영등포구 가리봉동 491 신흥지공 주식회사 공장에서 공장장 김영로(34·영등포구 신광동 215) 씨와 공원 양동춘(35·종로구 혜화동 5의 25) 씨 등 두 명이 알콜통이 터지면서 나는 파편에 맞아 중경상을 입고 영등포 합동 병원에 응급 가료 중이나 김 씨는 중태다.[4]

17일 하오 3시 25분쯤 서울에서 인천 쪽으로 달리던 경기영 5-5570호 〈마이크로 버스〉가 자전거를 타고 영등포구 2가 16 형제 약국 앞 횡단보도를 건너려던 이동호(23·신광동 186) 씨를 치어 중상을 입힌 후 운전사는 차를 버리고 도망쳤다. 부상한 이 씨는 인근 합동 병원에 입원 가료 중이나 중태이다.[5]

또, 〈합동 병원〉 길 건너 동쪽에는 서울시 직영 공영 화물 주차장도 있었다고 합니다.[6] 이 주차장 자리에는 현재 고층 아파트 단지가 건설 중입니다만, 〈합동 병원〉에 대한 뉴스를 찾아보다 보니, 번잡하고도 활기 넘치던 1950~1960년대 공업 도시 영등포 구도심의 모습이 떠오릅니다. 지금 건설 중인 고층 아파트 단지가 완성되고 난 뒤에는 영등포의 이미지가 어떻게 바뀔는지요.

이렇게 해서 영등포역 북쪽의 답사를 대략 마치고 동쪽 영등포 로터리로 가면, 그곳에는 식민지 시대 말기에 지어진 노란색 일식 가옥 한 채가 주차장 구석에 서 있었습니다. 대서울에서 확인할 수 있는 가장 인상적인 일식 가옥들 가운데 하나였습니다. 하지만 2019년 5월에 철거되고, 현재 이 자리에는 오피스텔 공사가 진행 중입니다.

이 일식 가옥으로부터 철길 넘어 남쪽으로 가는 방법은 두 가지가 있습니다. 한 가지는 신길역 앞을 통과해서 고가도로를 건너는 것이고,

(위) 영등포 일식 가옥의 철거 전후. 2019년 1월 (아래) 영등포 신기리 도당.
10일과 2019년 5월 14일.

또 한 가지는 영등포 지하차도를 통과해 옛 오비 맥주 본사 건물 앞으
로 지나가는 것입니다. 노란색 일식 가옥과 같은 구역에 속하는 영등포
지하차도 북단에는 〈삼문화 광장〉이 있었습니다. 『서울 선언』을 집필
하기로 한 직후인 2017년 8월 13일에 이곳을 답사할 때에는 아직 남아
있었는데, 2019년 2월에 다시 가보니 재개발 예정 지역에 포함되어 모
두 철거되어 있더군요.

　　이리하여 철길 건너 남쪽으로 가면, 영등포역 북쪽 남서울 상가 및
영등포구청역 부근 남서울 합동 법률 사무소 등과 함께 영등포의 〈남
서울〉로서의 아이덴티티를 느끼게 해주는 재건 남서울 교회를 지나 방
학곳지 부군당과 신기리 도당에 다다릅니다. 방학곳지 부군당은 여신
을 위해 남근(男根)을 모시는 풍습을 남기고 있는 곳입니다. 민속학자
김태우 선생에 따르면 이는 강화도, 당산동과도 상통하는 풍습이라고
합니다. 또한 신기리 도당 안내판에는 〈옛날 신길리 들 가운데 십자형
의 강이 있고, 그 강으로 인천, 김포, 한강을 경유하여 어선이 많이 왕래
하였다. 이에 어선의 무사와 풍어, 마을의 안녕을 기원하는 제를 지내
기 시작하였다〉라는 설명이 있어서, 이름은 도당이지만 부군당처럼 한
강·서해안의 수상 운송과 관계된 신이라는 사실을 짐작케 합니다. 이
두 곳의 부군당·도당 안내판에 강화도·김포·인천 등의 지명이 등장하
는 것에서 알 수 있듯이, 영등포는 이들 지역과 한양을 이어 주는 지역
이었습니다. 영등포가 지니는 이러한 중간자적 성격은 근대가 되어 수
돗길, 경인선, 경인국도 등의 개통과 함께 더욱 강해졌으며, 그 결과 영
등포는 한강 이남 최초의 강남이라는 지위를 차지하게 됩니다.

　　신기리 도당에서 옛 크라운 맥주·하이트 맥주 공장 부지에 세워
진 영등포 푸르지오 아파트를 지나 북쪽으로 가면 식민지 시대 말기에
조성된 문래동 조선 영단 주택과 옛 6관구 사령부가 나타납니다. 식민

지 시기에 공장 노동자들을 거주시킬 목적으로 지어진 문래동 조선 영
단 주택 지대는 현재 소공장 지구와 예술촌이 되어 있습니다. 이 지역
에 가보면 조선 영단 주택 지구를 고층 아파트 단지가 포위한 형국이어
서, 사방으로 아파트에 포위되어 있는 영등포의 축소판 같은 느낌을 받
습니다.

　여담이지만, 문래동 영단 주택 지역과 비슷한 성격을 띠는 것으로
생각되는 구역이 이곳으로부터 약 1킬로미터 북쪽, 5호선 양평역 서남
쪽의 공업 단지 일각에 존재합니다. 〈양평동 영단 주택〉 또는 〈이백채
마을〉이라 불리는 이 구역의 정확한 성격은 아직 분명하지 않은데, 재
일교포 정경모 선생은 자신의 아버지인 정인환이라는 분이 저소득층
을 위해서 1930년대에 건설했다고 주장합니다.[7] 한편으로는 이 마을
주변에 공장이 많기 때문에 문래동 영단 주택처럼 이 지역도 조선 총독
부의 계획에 의해 건설되었을 가능성도 상정할 수 있겠습니다만, 정확
히 어떤 목적에서 누가 조성했는지에 대해서는 아직 잘 모르겠습니다.
앞서 소개한 정경모 선생은, 소설가 황석영 선생이 북한에서 남한으로
월남한 뒤 이 지역에서 살았다고 하는 동화 『모랫말 아이들』의 배경이
바로 이백채 마을이라고 주장합니다. 이 증언을 방증하는 듯한 도시 화
석이 이 집단 주택 구역의 동남쪽 끝 양평 경찰서 앞에 있습니다. 〈이승
만 대통령께서 양평동 2가 37번지 실향민 정착촌 건립을 위하여 방문
시 기념식수〉라고 적힌 〈이승만 대통령 방문 기념식수〉 비석입니다. 유
엔군이 지어 준 연천군의 〈뉴 호프 타운New Hope Town〉 신망리처럼 분단
과 6·25 전쟁 이후 남한으로 피난 온 실향민을 위해 지어진 것으로 생
각되는 정착촌은 전국적으로 분포하고 있습니다.[8]

　한편, 문래 조선 영단 주택의 북쪽에 자리한 문래 근린공원에는 박
정희 전 대통령이 사령관으로 근무하던 제6관구 사령부가 있었습니다.

이곳에 박정희 전 대통령의 흉상이 있다는 사실은 잘 알려져 있고, 영등포의 군사 유적으로서 저도 답사팀을 이끌고 종종 방문합니다. 그런데 최근에 가보니 공원 안내판이 교체되었는데, 예전 안내판에 표시되어 있던 〈박정희 대통령 흉상〉이 새로운 안내판에는 그저 〈조형물〉이라고만 되어 있고, 〈지하 벙커〉라는 표시는 새로운 안내판에서 사라져 있더군요. 안내판에서도 정권 교체를 느낄 수 있었습니다.

영등포 지역의 군부대를 언급하자면 영등포역 서북쪽의 성매매 집결지를 빼놓을 수 없습니다. 영등포 성매매 집결지는 군부대와 관계되어 생겼습니다. 〈서울 수복 후 주둔 미군 부대가 많았던 영등포 일대에도 사창이 많아 일명 사창 도시라고까지 불렸다〉(홍성철, 『유곽의 역사』), 〈영등포 집창촌은 1950년대 영등포역 앞에 육군 보급 부대가 들어오면서 형성됐다〉(『주간조선』 2011년 5월 23일)는 등의 언급이 이러한 사실을 전해 줍니다. 현재 서울 시내 최대 규모의 성매매 집결지인 이 지역은 옛 경성 방직 자리에 세워진 타임스퀘어와 길 하나를 사이에 두고 마주하고 있어서 쌍방이 불편함을 겪고 있는 상황입니다. 타임스퀘어 이용자들은 〈어떻게 남녀노소가 가는 쇼핑몰 바로 밖에 그런 길이 있느냐〉[9]라는 반응을 보인다고 합니다만, 엄밀하게 말하자면 그런 구역 바로 옆에 쇼핑몰을 지은 것이지요. 저는 성매매 집결지는 없어져야 한다고 생각합니다만, 성매매 집결지 주변에 상업·주거 시설을 지은 뒤에 성매매 집결지를 〈혐오 시설〉이라고 하여 밀어내는 것은 〈굴러온 돌이 박힌 돌을 빼내는 격〉이라고 생각합니다. 물론, 동서고금을 막론하고 성매매 집결지는 그런 식으로 도시의 바깥으로 밀려 나온 역사를 갖고 있으며, 이곳 영등포나 청량리의 성매매 집결지도 결국은 도심 재개발 움직임에 의해 소멸될 것입니다.

이제까지 이 글에서는 소선 피혁, 경성 방식, 오비 맥주, 크라운 맥주 등 영등포에 있던 대형 공장들의 이름이 자주 등장했습니다. 1980년대에 출판된 『한국의 발견: 서울』 영등포구 항목에서도 영등포가 공업 도시임을 강조하고 있습니다. 〈영등포구는 서울에서, 아니 대한민국에서 그 역사나 규모가 아직도 대표로 꼽힐 만한 공업 지역의 전형을 이룬다. (……) 오늘의 영등포구가 공업 지역이 아니라고 보는 사람도 없다.〉

그러나 1980년대까지 짙게 존재하던 영등포구의 공업적 성격이 21세기 들어 점점 약해지고 있습니다. 현재까지 제가 파악한 바로는 조선 피혁 부지가 강남 맨션을 거쳐 당산 삼성 래미안 4차로, 크라운 맥주·하이트 맥주 부지가 영등포 푸르지오 아파트로, 방림 방적 부지가 문래 자이 아파트로, 문래동 자동차 정비 단지가 문래 힐스테이트로, 대한통운 당산 물류 창고가 당산 반도유보라 팰리스로, 크로바 미싱이 당산 푸르지오 아파트로, 한국타이어 부지와 종근당 제약 공장 부지가 신도림 대림 e편한세상으로, 대성 연탄 부지가 디큐브시티로, 기아 자동차 출하장 부지가 신도림 테크노마트로, 기아 특수강 부지가 신도림 태영 아파트로, 동일제강 부지가 롯데 아파트로, 삼영화학 부지가 신동아 2차 아파트로 바뀌었습니다. 제가 파악하지 못한 사례도 더 많을 것입니다. 한편 오비 맥주 본사 건물과 부지는 독특하게 아파트가 되지 않고 영등포 문화원과 영등포 공원이 되었으며, 대선제분도 기존 건물을 남기는 복합 문화 공간이 될 예정이라고 합니다.

이처럼 영등포구에는 여전히 영등포역 북쪽의 기계 공구 상가 및 철길 변·양평동·문래동의 소규모 공업 단지가 존재하기는 하지만, 공업 지대로서의 성격은 이미 구로·금천, 그리고 경기도 일대로 많이 옮겨진 상태입니다. 서쪽으로는 안양천 건너 서쪽 목동, 북쪽으로는 당산역 부근, 동남쪽으로는 신실 뉴타운과 하이트 맥주 부지의 푸르지오 아파트 등이 영등포역 주변에 얼마 남지 않은 공업 지역을 포위해 들어오고 있습니다. 특히 당산으로부터 남진(南進)하고 있는 고층 아파트 단지는 서울 지하철 5호선을 경계로 공업·상업 지대와 남북에서 대치하고 있는 형국입니다. 북쪽으로는 동부 센트레빌 아파트, 경남 아너스빌 아파트, 아크로 타워스퀘어 아파트가 있고, 남쪽으로는 영등포 청과 시장으로부터 영등포 기계 공구 상가에 이르는 상가 벨트가 버티고 있는 것이죠. 북쪽 아크로 타워스퀘어 아파트와 남쪽 상가 벨트 사이에 상산 부군당이 초라하게 자리 잡고 있는 모습이, 영등포의 과거와 현재와 미래를 상징하는 듯합니다.

(위) 〈이백채 마을〉의 기억을 전하는 도시 화석인 〈이백채길〉 도로명 주소 표지판.

(가운데) 이승만 정권 때 조성된 영등포구 양평동 실향민촌의 기념 비석.

(아래) 유엔군이 지어 준 실향민촌인 경기도 연천군 〈뉴 호프 타운〉의 기념 비석.

옛 경성 방직 건물.

대선제분 공장.

5
서울·부천·광명·시흥·안양의 경계에서: 대서울 서남부의 공업·군사 벨트

20세기 중기까지 부평과 함께 대서울 최대, 아니 한국 최대의 공업 지대 가운데 하나였던 영등포구의 공업 중심지는 영등포역을 중심으로 한 지역이었습니다. 그러나 1960년대부터 영등포구의 공업 기능은 영등포역 남쪽의 구로동에 조성된 한국 수출 산업 단지 일명 구로 공단으로 옮겨 갑니다. 구로 공단은 오늘날의 구로구과 금천구에 걸쳐 있지만, 구로구가 영등포구에서 분리된 것이 1980년이니 구로 공단이 만들어질 당시로서는 영등포구가 여전히 한국 공업의 중심지였음에 변함이 없었습니다(1980년 당시 금천구 일대는 구로구에 포함되어 있었습니다). 여담이지만, 구로 세무서는 여전히 영등포구에 있지요. 1973년에 영등포구에서 분리된 관악구에서 다시 1980년에 떨어져 나간 동작구의 동작 세무서도 영등포구에 있고요.

현대 한국 초기에 영등포가 담당하던 중공업 기능은 구로 공단으로 옮겨 갔고, 다시 1977년에 계획이 확정된 안산시의 반월 공단·시화 공단, 그리고 1980년에 계획이 확정된 인천시의 남동 공단이 그 기능을 이어받습니다. 청계천·해방촌 등이 담당하던 섬유 산업 기능은 창신동·장위동 등 서울시 동부 지역으로 옮겨 갔고요. 최근 을지로에서 도시 재생이라는 이름의 재개발이 진행되면서 공장들이 영등포·파주·천안 등지로 이전하고 있습니다만[1], 이 또한 구도심의 공업 기능이 서울시 외곽, 또는 대서울의 외곽으로 이전하는 과정으로 이해됩니다.

영등포구 구로동에 한국 수출 공업 단지 건설이 계획된 것은 1963년이고, 제1단지가 완공된 것은 1966년이었습니다. 이후 2·3단지가 구로동에, 4·5·6단지가 인천 부평·주안에 만들어집니다. 이 공업 벨트는 1960~1970년대 당시 대서울의 서남부 경계를 보여 주며, 아래에서 언급할 수리산 자락 안양시 박달 2동의 군부대 밀집 지역을 중심으로 서쪽의 문수산과 동쪽의 모락산은 대서울 남쪽의 공업 벨트를 외곽에서 감싸는 군사 벨트를 이룹니다.

구로 공단 조성이 계획되던 당시 구로동의 상황에 대해 국가 기록원에서는 〈1960년대 초 구로동 산업 단지 예정 지역은 논과 밭, 야산으로 이루어져 있었고, 야산에는 미국 공군 탄약고가 자리 잡고 있었다. 또한 서울 중심가 재개발 때 도심에서 이주한 난민촌이 있었을 뿐 원주민이 별로 없는 한적한 곳〉[2]이었다고 설명합니다. 그러나 위의 설명에 등장하는 〈원주민이 별로 없는 한적한 곳〉이 구로 공단으로 바뀌는 과정은 결코 평온하지 않았습니다. 『세계일보』 기사에 따르면, 이 일대 토지는 1942년에 일본 육군성 명의로 등기되었다가 해방 후에 농민들에게 불하되었습니다. 그러나 구로 공단을 만든다는 계획을 세운 박정희 정부가 이 땅을 공장 및 간이 주택 용도로 일방적으로 불하하려 하자, 이에 불복한 농민들이 1964년에 민사 소송을 제기해 1968년에 대법원에서 승소했습니다.[3]

그러자 검찰은 〈농지 분배 서류가 조작됐다〉고 하여 관련 공무원들을 체포하고, 1970년 7월 5일에는 경찰이 구로동·독산동·가리봉동 일대의 해당 농민들을 체포하여 회유하고 구타합니다. 당사자들의 후손들이 『세계일보』 측에 증언한 바에 따르면 〈수사 당구은 다짜고짜 이들이 살고 부치던 토지에 대한 일체의 권리를 포기하라고 강요〉했습니다. 박정희 당시 대통령이 〈법무부 장관으로 하여금 정부 측이 패소되지 않도록 가능한 조치를 취할 것〉이라고 지시하자 중앙 정보부에서는 증인들을 조작하기까지 했습니다. 〈끝내 권리를 포기하지 않았던 농민들은 사기 혐의 등으로 실형을 선고받았다. 지금은 대부분 고인이 된 피해자들은 마지막 순간까지 억울함에 눈을 제대로 감지 못했다.〉

이 사건은 진실 화해 위원회가 2007년에 〈구로 분배 농지 소송사기 조작 의혹 사건〉을 조사하여 재심을 권고하면서 진상이 밝혀지기 시작합니다. 사기·위증죄로 유죄 판결을 받은 26명 중 23명에 대해 재심에서 무죄가 확정되었고, 2016년에는 국가의 승소 판결을 취소하라는 대법원의 확정 판결이 내려졌습니다. 이 사건이 일어난 지 50여 년이 지난 시점이었습니다. 박정희 당시 대통령으로서는 자신이 1965년에 이미 기공식까지 올린 사업이 뒤집히는 것을 받아들이지 못했을 겁니다. 이렇듯 국가 폭력과 함께 시작된 구로 공단에서는 수많은 중하층 계급 청년 노동자들이 문자 그대로 피와 땀을 흘렸습니다. 그 과정에서 특히 여성 노동자들은 남성 노동자들보다 더한 고초를 겪었습니다. 이에 대해서는 수많은 증언집과 연구서가 나와 있습니다.

오늘날 구로 공단은 구로 디지털 밸리·가산 디지털 단지로 그 이름을 바꾸었고 업태도 바뀌었지만, 예전에 한국인 노동자들이 살던 가리봉 오거리의 벌집촌에는 중국 조선족들이 마찬가지로 열악한 조건에서 살고 있습니다.[4] 언론에서는 이 지역을 옌벤거리 또는 차이나타운이라 부르는데, 이는 영등포구 대림동에서 금천구 가산동에 이르는 옛 구로 공단 주변 지역을 느슨하게 가리키는 호칭이기도 합니다. 그래서 저는 『서울 선언』에서 가리봉 오거리에 차이나타운이 있다고 적었습니다만, 제 책을 읽어온 어떤 이 지역 주민분께서 이 지역을 차이나타운

(위) 옛 가리봉 오거리, 일명 〈옌볜거리〉.　　(아래) 부평 시장 해물탕 거리, 또는 부평
사이나타운.

이라 부르는 것은 인정하기 어렵다는 취지의 글을 온라인에 쓰신 것을 보았습니다. 물론 이분이 느끼신 바와 같이 이 일대는 공단이자 외국인 노동자 거주지임과 동시에 수많은 서울 시민이 거주하는 주거 지역입니다. 가리봉 오거리 일대의 벌집촌도 결국은 중산층을 위한 주거 지역으로 재개발될 터입니다.

> 2000년 이후 제조업들의 급속한 쇠퇴와 더불어 노동 환경이 열악해지면서 벌집촌의 주인공들도 조선족 이주 노동자들 중심으로 바뀌어지게 되었다. 그리고 뉴타운 사업으로 인해 앞으로는 구로 지역에서 벌집촌을 찾아보기 힘들게 될 것으로 보인다.[5]

하지만 최소한 아직까지 이 지역에는 조선족을 중심으로 한 외국인 노동자가 많이 살고 있으며, 속칭 옌볜거리를 걸으면 〈이곳은 차이나타운이다〉라는 느낌을 받게 됩니다. 그리고 〈예나 지금이나, 내국인이나 중국 동포나 가릴 것 없이 이곳 노동자들의 삶은 여전히 비정규·저임금·장시간 노동에서 벗어나지 못하고〉 있습니다.[6] 이들 노동자 거주 지역과는 무관하게 이 지역에 거주하는 서울 시민이 당연히 많다는 사실은 알고 있지만, 그렇다고 해서 옛 구로 공단과 배후 지역에 독특한 색깔을 부여하는 이들 노동자에 주목하지 않을 수는 없습니다.

그런데, 최근 대림·구로 지역의 차이나타운은 서울 지하철 1호선 철도를 따라 부평, 수원 등으로 이동 중입니다. 서울 지하철 2호선이 통과하는 대림동·구로동의 집값은 오를 수밖에 없고, 이에 따라 이들 지역에 지하철로 접근하기 쉬운 경기도 지역으로 옮겨 가는 것입니다. 예를 들어 부평 시장 해물탕거리는 그 이름이 무색하게 절반 정도는 중국 식당이 차지하고 있습니다. 〈이런 조건을 갖춘 가장 적합한 시역이

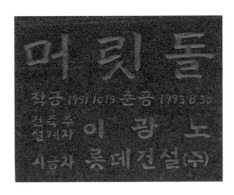

(위) 옛 구로 공단과 인접한 관악구 조원동의
〈24시 공단 사우나〉.

(아래) 〈24시 공단 사우나〉가 입주해 있는 광안
빌딩 머릿돌.

바로 인천 부평구 부평동과 과거 소사구로 묶여 있던 부천시 심곡본동, 소사동 지역이다.[7]

이처럼 구로 공단과 그 배후 지역의 성격이 바뀌고 구로 공단이라는 이름 자체도 사라졌지만, 구로 디지털 단지역 교차로 동쪽의 관악구 서북쪽 조원동(옛 신림 8동) 강남 아파트 바로 옆에는 〈24시 공단 사우나〉라는 도시 화석이 존재합니다. 이 건물의 머릿돌에 보이는 이광노라는 이름은, 유명한 건축가이자 서울대 공대 교수였던 이광노 선생이지 싶습니다. 〈머릿돌 / 착공 1991. 10. 15 준공 1993. 8. 30 / 건축주·설계자 이광노 / 시공자 롯데건설(주).〉 머릿돌의 필체가 인상적인데, 이 역시 이광노 선생의 친필 필적이 아닐까 싶습니다.

또한, 남부순환로를 사이에 두고 금천구의 1호선 가산 디지털단지역과 마주하고 있는 7호선 남구로역에는 인력 시장과 중국 노동자를 대상으로 하는 가게와 방석집, 그리고 유서 깊은 교회와 점집이 공존하고 있습니다. 여담이지만, 구로구의 남쪽 끝에는 호프·팥빙수·커피를 파는 다방이 인상적인 삼각형 건물에 입주해 있고, 그 건물 옆에는 〈강남 수퍼〉가 있습니다. 구로구가 분리되기 전의 영등포가 대서울 최초의 강남이었음을 이 간판에서 캐치하는 것도 가능하겠습니다.

오늘날 구로구 남쪽에 자리한 금천구는 1995년에 구로구에서 분리되었습니다. 금천구의 서북쪽 끝에 자리한 가산동에는 옛 구로 공단에 해당하는 가산 디지털 단지가 있고, 그 동남쪽의 독산동에는 옛 구로 공단에서 밀려난 섬유 산업에 종사하는 소공장과 미싱 가게들이 많이 있습니다.[8] 1960~1970년대에 청계천변을 중심으로 이루어진 섬유 산업이 현재 창신동 등 그 동쪽 지역에서 이루어지고 있는 것과 마찬가지입니다.

금천구를 동서로 나누는 시흥대로의 오른쪽을 남북으로 달리는 독산로 중간쯤에는 〈독산동 정훈 단지〉라는 버스 정거장과 복지 수퍼라는 가게가 보입니다. 현재 이곳에는 군사 시설이 없지만, 앞서 구로 공단 조성 과정에 대한 국가 기록원의 설명에는 1960년대에 이 지역에 미8군 탄약고가 있었다고 합니다. 1970년대 후반에 탄약고가 다른 곳으로 옮겨 가고 난 뒤, 〈당시 60여 가구의 정훈장교들이 모여 살면서부터 주민들이 이곳을 《정훈 단지》라고 부르기 시작했〉고, 〈80년대 들어 도시 계획에 따른 주택 개발이 본격적으로 이뤄지면서 장교들도 이곳을 떠났다〉[9]고 합니다. 이렇게 원래 있던 주택 단지가 사라진 뒤에도 오늘날까지 이름이 남아 있는 곳으로는 은평구 진관동 기자촌, 서대문구 문화촌, 관악구 남현동 예술인 마을, 금천구 시흥 4동 법원 단지, 관악구 조원동 국회 단지 등이 있습니다.

또한 서울·안양·광명의 경계에 자리하여 〈남부 여성 발전 센터〉, 〈서울 남부 신협〉, 〈남서울 힐스테이트〉 등 서울시의 남부 지방이라는 의식을 강하게 드러내는 시설이 산재한 금천구에는 여전히 상당히 큰 규모의 군부대가 자리하고 있습니다. 나란히 붙어 있던 육군 도하부대와 공군 제3방공유도탄여단 가운데, 육군 부대는 이미 경기도로 이전했고 그 자리에는 고층 아파트 단지 등이 세워졌습니다. 〈이곳을 빼놓고 금천구 일대를 대규모로 개발하기가 사실상 어려워 도하부대 부지는 지역 발전의 걸림돌이 되었다. 이에 따라 금천구는 부대 이전을 지속적으로 요구했고, 국방부도 시내에 위치한 도하부대가 비상시에 기동성이 떨어질 수 있다는 이유로 1998년 이전을 결정했다.〉[10]

한편 제가 답사한 시점에서 공군 부대는 아직 금천구에 남아 있습니다만, 이 부대 역시 이전이 확정된 듯합니다. 이 공군 부대가 위치한 지역은 식민지 시대에 일본군 훈련소 부지였다가 해방 후 미군 병참 부대가 들어섰고, 그 후 한국군이 자리한 곳입니다. 이처럼 일본군-미군-한국군이 차례로 이용한 군부대 자리는 전국적으로 확인됩니다. 저는 이 책에서 경인 운하 및 식민지 시대의 택지 조성 사업을 예로 들어 조선 왕조-조선 총독부-한국 정부로 이어지는 행정의 연속성을 말씀드리고 있습니다만, 이렇게 일본군-미군-한국군으로 이어지는 군부대 자리 역시 민족 감정 등과는 무관하게 존재하는 행정의 연속성을 보여 주는 사례입니다. 한 신문 기사에서는 〈공군 부대 주변 지역은 오래된 좁은 골목길에 대한 개보수도 이뤄지지 않아 소방차가 들어가기도 비좁은 실정〉[11]이라고 지적하고 있습니다만, 제가 답사했을 때에는 군부대를 둘러싸고 곳곳에서 재건축·재개발이 이루어지고 있어서 시끌벅적한 느낌을 받았습니다. 군부대 이전에 따른 대규모 개발을 예감한 사람들이 일찌감치 이곳에 투자를 시작한 듯합니다.

현재 금천구의 시흥대로 서쪽 지역에서는 이 공군 부대를 남북으로 압박하는 형태로 고층 아파트 단지들이 잇따라 건설되고 있었습니다. 지난해에는 옛 한국 세라믹 기술원 부지에 오피스텔을 짓던 중 지반이 붕괴되어 이웃한 아파트가 피해를 입는 일도 있었습니다만[12], 이러한 크고 작은 사고에도 불구하고 금천구의 시흥대로 서쪽 지역에서는 고층 아파트 단지와 오피스텔 건설이 계속될 것으로 예상되며, 금천구와 이웃한 남쪽 안양시 석수동에서도 마찬가지 움직임이 확인됩니다. 시흥 산업용재 유통 센터, 중앙 철재 종합 상가 등의 공업 지대가 중간에 자리하고 있고 안양천 서쪽의 광명 지역도 여전히 공업 지대로서의 성격이 강하기는 하지만, 머지않은 미래에 안양천 동쪽 시흥대로-경수대로 동쪽의 금천구·안양 경계 지역은 지금과는 상당히 다른, 중산층의 집단 주거지로서의 모습을 띠게 될 것으로 예상됩니다. 금천구 남쪽 끝의 공군 기지가 이전하고 나면 그러한 경향은 한층 확고해질 터입니다.

일본군으로부터 미군을 거쳐 한국군이 이곳 서울·안양·광명의 경계 지역인 오늘날의 금천구 남쪽 끝에 자리한 것은, 물론 이곳이 군사적 요충지이기 때문입니다만, 다른 관점에서 보자면 이곳에 도시가 형성되지 않았기 때문이기도 합니다. 군부대가 도심에 배치되면 보상 문제도 복잡해지고, 작전을 펼칠 때도 다수 시민들을 배려해야 하는 문제가 있습니다. 그렇기에 군부대는 도심의 외곽 지역에 형성되는 경향이 있습니다. 식민지 시대부터 현대 한국 초기에는 현재의 금천구 남부가 그러한 지역이었고, 오늘날에는 여러 개의 군부대가 모여 있는 수리산 자락 안양시 박달 2동이 서울·안양·광명 경계의 새로운 군부대 밀집 지역으로서 기능하고 있습니다. 식민지 시대에는 일본군 평양 육군 병기창 안양 분창이 있었고 해방 후에는 석수동 미군 부대(83 보급 부대)가 있었습니다.[13] 1970년대부터 한국군이 이용해 온 박달 2동에는 서울 관악구·동작구·영등포구·구로구·금천구 등 옛 〈영등포구〉에 속하는 5개 구민을 위한 예비군 훈련장도 있고, 서초동에 있는 국군 정보 사령부도 몇 년 전 이곳으로 이전했습니다.[14] 옛 영등포구와 안양, 광명은 모두 옛 시흥군에 속한 지역이었기 때문에 옛 시흥군에 속하는 서울 5개 구의 예비군들이 마찬가지로 옛 시흥군인 안양에서 훈련을 받게 되었으리라 생각됩니다. 제가 아는 어떤 사람은 서울 강남 지역에 살다가 옛 〈영등포구〉에 속했던 지역에 살게 되면서 예비군 훈련장 가기가 힘들어졌다며 〈이것이 강남과 비(非)강남의 차이다〉라고 말했습니다만, 사실은 경성-서울의 확장 역사가 그 배경에 있는 것이지요. 이처럼 옛 시흥군의 행정 범위를 보여 주는 이곳 안양시 박달 2동에 새로이 서초동의 정보사가 이전한 것은, 대서울의 남쪽을 지키는 군사 지대가 금천구 남부에서 안양시 서북부로 남하했음을 보여 주는 사건이라고 하겠습니다. 군사 시설의 위치는 대서울의 경계가 어디이고 대서울 내의 각 행정 단위들 간의 경계가 어디인지를 확인할 수 있는 표지입니다.

위에서 언급한 정보사 이전에 관한 『경인일보』 2010년 8월 2일 자 기사에서는, 정보사의 이전을 반대하는 박달 2동 주민들이 〈이 지역은 KTX 광명 고속철 역사의 배후 거점 지역인 동시에 시가 자체적으로 개발할 수 있는 유일한 곳〉이라고 주장한다는 내용이 적혀 있습니다. KTX 광명역을 이용해 보신 분이라면 아시겠습니다만, 광명역은 광명시의 동남쪽 끝에 자리하고 있고, 그 바로 옆에는 안양 새물 공원(박달 공공하수 처리 시설), 안양시 쓰레기 처리장, 공업 단지 등 경계적 성격을 띤 안양시의 시설들이 자리하고 있습니다. 광명시 측에도 광명역과 인접한 이케아의 서북쪽으로 휴먼시아 아파트, 기아 소하리 공장, 그리고 광명의 옛 마을 형태를 남기고 있는 소하동 등 경계적 성격을 띤 시설들이 자리합니다.

1977년에 소하동에 기아 자동차 공장이 들어오면서 광명시와 기아 자동차는 밀접한 관계를 맺게 됩니다. 〈기아로·기아대교·기아천 등 광명시 소하동 일대의 지명이 기아 자동차와 연관되어 명명될 정도로, 기아 자동차 소하리 공장은 광명시의 산업과 경제를 이끌어 가는 핵심 기업으로서 광명시와는 떼려야 뗄 수 없는 가족 같은 기업이다.〉[15] 1981년에 시로 승격한 광명은 기아 자동차라는 대기업 덕분에 경제적 자립을 이룰 수 있었습니다만, 그 이전의 광명 지역은 구로 공단의 배후지로서의 성격이 강했습니다. 동쪽으로 안양천 건너 구로 공단이 보이는 광명시 철산 4동의 산동네 꼭대기에 자리한 〈서울 연립〉은 서울시 공업 지대의 배후지로서 기능하던 시절의 광명시를 상징하는 듯했습니다. 당시 광명 지역이 구로 공단의 배후지로 기능하다 보니 광명 지역이 서울시에 편입된다는 이야기가 꾸준히 있었으나, 박정희 대통령의 사망 이후 그러한 움직임은 중난됩니다. 1995년에 안양천을 사이에 두고 서울시와 광명시 사이에 소규모의 행정 구역 개편이 있었을 뿐, 광명 지역을 서울시에 편입시키자는 논의는 그 후 사라졌습니다. 광명이 서울시에 편입되지 않고 시로 승격된 사건을 전후한 시점의 분위기에 대해『한국의 발견: 경기도』편「광명시와 시흥군」에서는 다음과 같이 전합니다.

이 작은 땅이 갑자기 커져 버린 것은 바로 이곳과 맞닿아 있는 구로 공단에서 일하는 사람들과 비좁은 서울에서 벗어나려는 사람들이 너비 35미터인 목감천에 걸린 개봉 다리를 건너 이 시골 땅을 찾아들었기 때문인데, 이들을 위해 대한 주택 공사에서 1968년에 대규모의 주택 단지를 세웠다. 〈서울시 편입은 시간 문제〉라는 소문이 이때부터 줄곧 나돌았고 이 소문을 따라 사람들이 이곳으로 꾸역꾸역 몰려들었다. 그동안에도 이곳 사람들은 서울 사람이나 다름이 없었다. 전기나 전화를 서울에서 끌어다 썼고, 수도나 길 따위의 공사를 서울시와 시흥군이 같이 맡아서 해주었는데, 서울시의 상수도 물을 먹는 집도 많다. 그리고 서울시의 시내버스가 이 단지 안에까지 드나들고 있다. 이곳 사람들 중에 농사를 짓는 사람이 1퍼센트도 안 되는 데에 견주어 서울에 직장을 둔 월급쟁이가 80퍼센트가 넘는 것은 이곳이 서울 생활권에 포함된 지역임을 말해 준다.
　　광명시가 되면서부터 이곳에는 서울의 위성도시로서만이 아니라 독립된 시로서의 틀을 갖추기 위한 여러 가지 계획이 세워졌는데, 그중에는 소하동 쪽에 공업 단지를 건설한다는 것도 있다. 그러나 한편으로 시가 된다는 소식은 〈특별 시민〉이 되리라는 기대에 부풀어 있던 이곳 사람들에게는 좀 섭섭한 것이었을지도 모른다. 이곳 사람들이 잘 쓰는 〈국민학교 오학년 만기 제대〉라는 말에서 엿볼 수 있듯이 제대로 된 교육 시설에 목말라 있는 이곳 사람들은 시가 된 뒤에도 여태껏 그래 왔듯이 제 자식이 국민학교 오학년이 되면 바로 곁에 있는 서울시 개봉동으로 주민등록을 옮겨 그 아이를 서울 시민으로 만들어 버릴 것이다.

　　이런 것 말고도 시로 승격됨에 따라 해결해야 할 문젯거리는 많다. 교통 문제도 큰 골칫거리인데 아침마다 십만 명이 넘는 사람이 서울로 가는 버스에 몰려든다. 또 광명시 안에서도 〈개발〉이 안된 남쪽의 소하동 쪽에서 시청이 있는 북쪽의 광명동 쪽으로 가려면 바로 갈 수 있는 버스가 없어 버스를 두 번 넘게 갈아타고 서울로 둘러 가는 불편을 겪는다.

위에서 언급하는 바와 같이, 광명이 하나의 시로서 기능하기 위해서는 서울 쪽의 베드타운으로서 기능하던 북부와 기아 자동차·광명 가학 광산을 비롯한 공업 지대가 존재하는 남부가 물리적으로 결합할 필요가 있었습니다. 오늘날에는 광명시의 남과 북을 연결하는 버스 노선이 많이 생겨서 『한국의 발견』이 발행될 당시처럼 남부의 광명 시민이 북부의 광명시청에 가기 위해 서울을 거쳐야 하는 일은 없어졌습니다. 하지만 오늘날에도 광명시를 답사하면 남쪽과 북쪽이 분단되어 있는 느낌을 받습니다. 그리고 남과 북의 중간에는 광명시가 오늘날처럼 공업 도시이자 주거 지역으로서의 성격을 바꾸기 전에 어떤 모습이었는지를 보여 주는 마을이 몇 곳 존재합니다. 저는 그 가운데 두 곳을 답사했는데, 한 곳은 앞서 언급한 소하동(옛 소하리)이고, 또 한 곳은 〈광명시의 뿌리가 되는 마을이자 광명 7동의 중심 마을로 광명동에서 맨 처음 생긴 마을〉[16]인 원광명입니다. 광명시의 딱 중간에 위치하는 원광명

(위) 옛 광명의 모습을 남기고 있는 소하동.

(아래) 철거를 앞둔 광명시 철산 4동의 〈서울연립〉. 이곳에 서면 서울시 서남부가 훤히 내려다보입니다.

시흥·광명을 지나 오류동역으로 들어가는 오류선
철도.

은 광명의 원형 같은 곳임에도 불구하고 오늘날까지 재건축·재개발되지 않고 자연 마을의 형태를 유지하고 있습니다. 원광명 남쪽에는 행정 단위의 주변부에 자리하는 경향이 있는 변전소가 있고,[17] 마을 주변 지역은 모두 개발이 억제되고 있습니다. 위성 사진을 보면 목감천을 가운데로 원광명을 포함한 광명시의 서부와 시흥시의 동부가 거대한 농업 지역을 이루고 있습니다. 이렇다 보니 오늘날에도 광명은 여전히 분단된 느낌을 줍니다.

목감천 동쪽 원광명 마을의 남쪽에는 시흥 광산이라고도 불린 광명 가학 광산이 있었고, 목감천 서쪽 과림동에는 흑연을 캐던 오류 광산(과림 동굴)이 있었습니다.[18] 시흥시에 있는 광산이 오류 광산이라 불리는 이유는, 이곳에서 캔 흑연을 실어 나른 오류선이 부천을 거쳐 서울 구로구 오류동에 자리한 오류동역으로 들어갔기 때문입니다. 오류선은 현재 서울시 구로구, 부천시 옥길동, 광명시 옥길동의 접경 지역에 자리한 항동 지구에 있던 공장의 이름을 따서 경기 화학선, 또는 이 선로가 최종적으로 도달하는 군부대의 이름을 따서 3군지사선[19] 이라고도 부릅니다만, 아무튼 이 오류선은 옛 시흥군이 띠고 있던 공업·군사적 특성을 상징하는 철로라 할 수 있겠습니다.

여담이지만, 인천 구도심에 해당하는 경인선 도원역 북쪽의 전도관 부지에 첫 거점을 마련했던 박태선 씨가 최초의 본격적인 신앙촌을 건설한 지점이 이 오류선 부근의 부천 소사였습니다. 그러나 소사 제1신앙촌은 이 오류선이나 경인선 등 대서울의 철도 인프라를 이용하지 못한 듯합니다. 그래서 철도와 물을 좀 더 이용하기 쉬운 남양주에 제2신앙촌을 건설한 것이라 합니다. 박태선 씨의 천부교는 그 후에도 부산 기장에 제3신앙촌을 건설하는 등 전국적으로 거점을 넓혔지만, 천부교에서 분파한 조희성 씨의 승리제단이나 이영수 씨의 에덴성회가 부천 소사 지역에 신앙 시설을 두고 있는 것으로 보아 여전히 부천 소사 지역은 전도관(천부교) 및 그 분파 종교 단체들에는 중요한 공간으로 여겨지고 있는 듯합니다.

한편, 오류 광산에 대해 앞서 언급한 웹 사이트에는, 광산의 역사를 알 수 있도록 정비하여 관광 자원화 하면 좋겠다는 지역 주민의 바람이 실려 있습니다. 목감천 건너 동쪽의 광명 가학 광산은 오늘날 세계적으로 주목받는 관광지로 정비되어 있지요. 물론 광명 동굴의 입구에는 광명 가학 광산 당시의 광부 노동자들을 기리는 석상이 세워져 있어서, 이곳이 단순한 관광지가 아니라 식민지 시대로부터 현대 한국에 이르기까지 한국의 산업을 받쳐 준 중요한 산업 유산임을 전하고 있습니다. 이 시흥 광산의 석상은 강원도 태백시에 자리한 강원 탄광 순직자 위령비와 함께 현대 한국의 치열했던 공업입국 과정을 보여 주는 도시 화석입니다.

마지막으로, 처음에 〈시흥〉 동굴이라고 불린 〈광명〉 가학 광산 옆에는 광명시 가학동을 주소지로 둔 화약 공장이 하나 있는데, 이 업체는 〈안양〉이라는 이름을 붙이고 〈서울〉 02번 지역 번호를 쓰고 있습니다. 옛 시흥군의 일부로서 오늘날 서울·안양·광명·시흥의 경계를 이루는 이 지역의 성격을 잘 보여 주는 현상이라고 생각됩니다.

광명 동굴이라고도 불리는 광명 가학 광산과
광부상(像).

6
파주와 고양: 무게 중심의 이동

제가 파주시와 고양시에 대해 갖고 있는 인상은, 도시의 중심이 여러 곳에 흩어져 있는 가운데, 전체적인 무게 중심이 동쪽에서 서쪽으로 옮겨 갔다는 것입니다.

파주시

파주시의 경우 파주 향교가 있는 파주읍 파주리의 주내(州內), 즉 문자 그대로 파주 고을 안쪽 지역이 조선 시대 파주의 중심이었습니다. 옛 의주로도 이 지역을 지나갔지요. 그러다가 한반도가 내전을 통해 분단되면서, 파주는 조선의 중앙 지역에서 한국의 북쪽 변경 지역으로 그 성격을 바꿉니다. 그리고 변경 지역으로서 파주의 북부에 주둔한 미군·한국군 부대 주변에 몇 개의 기지촌이 형성됩니다. 1966년 당시 파주에는 기지촌이 38곳, 〈양색시〉라 멸칭된 미군 위안부 여성들이 4,500명 정도 있었다고 합니다.[1] 오늘날까지 기지촌 형태를 비교적 잘 남기고 있는 지역으로서 제가 답사한 곳은 법원읍 대능4리, 문산읍 선유리, 파평면 장파리, 조리읍 봉일천리, 파주읍 연풍리 등입니다.

　우선 법원읍과 선유리는 1960년대 말의 닉슨 독트린에 따라 1971년에 미제7사단과 제1군단이 철군함에 따라, 기지촌 기능이 정지

(위) 파수시의 옛 중심인 수내의 파수 장교 가는 길.   (아래) 파무시 컹파티의 컹피 제린 조획교 미깃들.

되면서 〈옛 명성은 상상할 수 없을 정도로 점점 낙후돼〉 갔습니다.[2] 파평면 장파리의 경우에는 미군의 도움을 받아 건설한 장파 재건 중학교가 머릿돌과 함께 남아 있고,[3] 가수 조용필 선생이 초기에 활동했다고 주장되는 미군 클럽 〈라스트 찬스〉 건물도 남아 있어서,[4] 6·25 전쟁 이후 기지촌으로서 기능했던 이 지역의 역사를 생생하게 느낄 수 있습니다. 〈라스트 찬스〉라는 이름은, 여기가 부대로 돌아가기 전에 들를 수 있는 마지막 클럽이라는 데에서 〈마지막 기회last chance〉라는 뜻을 담아 붙인 것이라 합니다.

한편 조리읍 봉일천리는 이곳에 주둔했던 미군 부대 캠프 하우즈 CAMP HOWZE에서 기름이 유출된 문제로 최근까지 오염 정화 작업을 진행했으며,[5] 미군 철수 후의 부지 활용 방안에 대해 오랫동안 갈등을 빚다가 최근에 공원을 조성하기로 정리되었다고 합니다.

캠프 하우즈는 미국 제1기병대 초대 사령관으로 명예훈장을 받은 하우즈 소장의 이름에서 명명됐다. 1953년 주한미군에 공여돼 공병여단 본부와 공병대대가 주둔하고 있었으나 2004년 부대가 철수하고 2007년 국방부에 반환됐다. 부지 내 70여 동의 건축물 중 행정 사무실, 체력단련장, 관사, 도서관 등 총 18동의 건물은 잘 보존돼 있어 파주시는 2009년 말 국방부에 존치를 요청했다. 이후 노후가 심해 활용이 어려운 건물은 국방부에서 오염 정화를 하면서 철거했다. 존치된 건물 18동은 건축물 대장과 소유권 보존 등기가 없어 파주시가 올해 3월부터 5월까지 건축물 조사 및 측량을 진행해 건축물 대장 및 건축물 등기를 만들고, 국방부에 무상 양여를 요청해 잔존 가치가 57억 원으로 추산되는 건물 전체를 무상 양여 받았다. 그린공원 내에는 조리읍 주민들을 위한 축구장과 해외

(위) 파주시 장파리 미군 클럽 〈라스트 찬스〉.　　　　(아래) 파주시 봉일천리의 옛 클럽 77 CLUB.

입양인에게 한국인의 정체성을 회복시켜 주기 위한 〈엄마의 품〉
조성 사업이 진행 중이다.[6]

마지막으로 파주읍 연풍리에는 미군 주둔 시기의 옛 기지촌과
2002년에 사회적으로 큰 물의를 빚었던 사건의 무대가 된 현대의 성
매매 집결지 용주골이 강 하나를 사이에 두고 병존하고 있습니다.[7] 미
군 위안부로서 『미군 위안부 기지촌의 숨겨진 진실』(한울아카데미,
2013)을 펴낸 김정자 선생이 인신매매된 곳이 이곳 연풍리였습니다.
6·25 전쟁으로 집안이 풍비박산 나자 방직 공장에 취직시켜 주겠다는
친구의 말을 믿고 서울에 왔다가 이곳으로 인신매매된 김정자 선생은,
이곳을 탈출하려고 했지만 경찰과 포주가 유착 관계여서 탈출에 실패
했다는 사실을 증언합니다.

한번은 그래도 용기를 내어서 도망갔어요. 용주골에 인신매매되
고 몇 개월 뒤였어요. 파출소로 들어갔어요. 40대쯤 되어 보이는
경찰이 〈왜 남의 빚 져놓고 도망가냐. 안 갚으면 영창 간다〉고 하는
거예요. 포주들이 경찰서에 다 돈을 집어 주던 시대였어요. 하는
수 없이 다시 포주집으로 돌아갔지요. 골방에 갇혀 또 뒤지게 맞았
어요.[8]

연풍리에는 기지촌 당시의 건물들이 몇 곳 남아 있습니다. 미군 위
안부 여성들이 포주 몰래 외부와 연락하는 〈해방구〉였던 목욕탕 중앙
탕과 1962년부터 영화관으로 운영되었고 지금도 건물이 잘 남아 있는
옛 문화 극장 등이 그러합니다.[9]
1970년대에 미군이 재배치되면서 기지촌으로서의 기능이 성지

(위) 파주 연풍리 용주골의 성매매 집결지 전경.　　(아래) 미군 위안부 김정자 선생이 인신매매되어
　　　　　　　　　　　　　　　　　　　　　　　　감금되었다고 증언한 집.

(위) 미군 위안부 여성들이 포주 몰래 외부와　　　(아래) 파주시 연풍리 기지촌의 옛 문화 극장 건물
연락하는 〈해방구〉였던 목욕탕 중앙탕.

파주시 적성면 적군 묘지 전경과 북한군 비석.

된 연풍리는 한동안 쇠퇴기를 겪습니다. 그러다가 1990년대의 일산 신도시 개발을 전후로 이 지역에는 〈용주골〉이라는 성매매 집결지가 새로 생겨납니다.

　　1965년 주한미군 상대 성매매 여성을 조사한 이응인은 용주골에는 당시 1,104명의 성매매 여성이 거주한다고 밝히고 있다. 1969년 발표된 닉슨 독트린으로 주한미군 철수가 시작되고, 1971년 문산 미 2사단이 동두천으로 옮기면서 용주골의 기지촌은 쇠퇴하기 시작했다. 윤락업소들은 통닭집이나 호프집 등으로 바뀌었으나 성매매 여성들은 기지촌을 떠나지 않고 1980년대 초에도 300여 명이 남아 있었다. 이들은 점차 미군이 아니라 한국인을 대상으로 성매매를 시작했다. 한국인 상대 성매매 여성들은 어느 정도의 상가가 형성된 연풍 4리보다는 비교적 한산했던 연풍 2리, 현 대추벌 쪽에 집단 거주하기 시작했다. 특히 일산 신도시가 건설되고, 서울 지역에서 성매매와의 전쟁이 벌어지는 등 단속이 심해지면서 용주골은 새로운 전성기를 구가했다.[10]

　　마지막으로 군사 도시로서 파주의 성격을 보여 주는 곳은 적성면 답곡리에 자리한 적군 묘지일 것입니다. 6·25 전쟁 때 전사한 북한군·중공군의 유해를 묻은 곳입니다. 현재 중공군 유해는 중화인민공화국으로 보내졌고, 북한군의 유해만 남아 있습니다. 이곳의 간판에는 한글과 함께 중화인민공화국에서 이용하는 간체자 한자가 노출되어 있는데, 중국군 묘역 안내판에 간체자를 이용하는 것은 이해되지만 북한군 묘역 안내판에 간체자를 쓴 것은 지나치게 중화인민공화국의 눈치를 보는 것 같은 느낌을 주어 당혹스러웠습니다.

이리하여 조선 시대와 식민지 시대, 기지촌 시기의 각 중심지가 존재하는 파주시에 20세기 말에서 21세기 초에 새로이 조성된 것이 파주 출판 도시입니다. 저는 업무상 이곳에 갈 일이 많은데, 한동안 이곳만 다니면서 〈파주는 이런 모습이 전부인가 보다〉라는 생각을 했습니다. 그 후 파주시 곳곳을 답사하면서 저의 이런 생각이 틀렸다는 것을 알게 되었지만요. 이러한 경험은 고양시 일산 신도시에서만 살아 본 경험이 있다 보니 일산 신도시의 경관이 고양시의 전체인 것으로 착각하다가 일산 원도심이나 가구 단지 등을 답사하면서 깨졌을 때에도 되풀이됩니다.

제가 이런 착각을 한 것은 파주 출판 단지가 파주시의 원 중심지들과 워낙 멀리 떨어진 곳에 있었기 때문일 터입니다. 파주시로서는 아마도 파주시의 균형 발전을 위해 기존의 중심지에서 가장 멀리 떨어진 곳에 새로운 거점을 조성한다는 구상을 한 것이겠지만, 운정 신도시가 조성되기 전까지 파주 출판 도시는 외부로부터 거의 고립되다시피 한 환경이었기 때문에, 이곳에 근무하는 대부분의 분들이 파주시의 시민이 되지 않고 서울시 합정·망원·상수 등에 거주하는 결과를 낳았습니다. 한동안 〈신촌〉·〈이대〉에 비해 지명도가 낮았던 〈홍대 앞〉이라는 호칭이 세간에 널리 알려지고 핫 플레이스로 부상한 데에는, 이 일대에 거주하면서 파주 출판 단지에 출퇴근하는 출판계 분들의 영향도 있다고 봅니다. 최근 운정 신도시의 모습이 갖추어지면서 부부 출판인들이 파주시에 정착하는 사례가 늘어났고, 파주시 차원에서 미혼 출판인들을 위한 주거를 제공하기 위해 노력한다는 이야기도 듣고 있습니다. 과연 파주 출판 단지가 파주시의 직주 근접(職住近接) 근무지로 거듭날 것인지 주목됩니다.

대부분의 직원은 서울에 산다. 서울 마포구 합정동에서 파주 출판 도시로 가는 직행버스가 지하철 2·6호선 합정역 근처에 있어 출퇴근 때 이용한다고 했다. 파주 출판 단지 조합 정대진 과장은 〈서울에서 파주까지 길이 막히지 않기 때문에 빠르면 30분 만에 도착한다〉며 출퇴근 시간에는 셔틀버스를 운영하는 데다 최근 노선 버스가 증차되면서 오가기가 한층 더 편리해졌다고 밝혔다.[11]

그런데, 파주 출판 도시라고 하면 최근 정치적으로 이슈가 된 느릅나무 출판사에 대한 이야기를 하지 않을 수 없습니다.[12] 느릅나무 출판사의 대표인 드루킹 씨 등은 『송하비결』 및 천부교(전도관)에서 초기에 이용하던 『격암유록』이라는 예언서에 의거하여 파주 교하 지역을 자기 집단의 집단 정착지로 선택했다고 이야기됩니다.[13]

진위 논란이 많은 예언서 『격암유록』에 대해서는 종교학자 최중현 선생의 논문 「저본들과의 비교에서 드러나는 『격암유록』 편집 내역」[14] 이 자세히 다루고 있는데, 요는 이 예언서는 소사 제1신앙촌이 〈말세에 중요한 역할을 하는 곳〉이라는 신념을 일부 신도들에게 주었다는 것입니다. 천부교를 창시한 박태선 씨에게 『격암유록』과 부천 소사라는 선택받은 땅이 있었다면, 드루킹 씨에게는 『격암유록』과 함께 역시 진위 논란이 많은 예언서 『송하비결』이 추가되었고 파주 교하라는 선택받은 땅이 있었다고 하는 유사성을 찾을 수 있습니다. 한때 조선 국왕 광해군이 수도로 옮기려고도 한 파주는, 이래저래 정치적으로 흥미로운 공간입니다.

고양시

고양시 역시 파수시와 마찬가지로 몇 개의 중심지 내지는 특징적인 장

느릅나무 출판사가 입주해 있던 건물.

소가 시 곳곳에 분산되어 있습니다. 우선, 고양 향교·벽제관지·최영 장군 묘 등이 있는 고양시 덕양구 고양동은 전근대 고양의 중심지라고 하겠습니다. 뒤이어 100년 전에 형성되었다고 하는 일산 시장을 중심 으로 하는 일산 원도심이 경의선 구(舊)일산역의 동북쪽에 넓게 형성 되어 있습니다. 일산 시장의 중심에 자리한 긴 건물의 외벽에는 철근 이 많이 튀어나와 있는데, 제2장에서 설명했듯이 이는 현대 한국 초기 에 돈을 버는 대로 건물을 외곽으로 확장할 수 있도록 미리 준비해 두 는 의도였다고 합니다. 서울·인천 등 현대 한국 초기에 상공업이 발달 한 지역의 건물에서 이렇게 철근이 튀어나온 건물을 흔히 볼 수 있으며, 현재 방글라데시나 인도에서도 이런 건물이 많이 지어지고 있습니다. 이로부터도 일산 시장이 한때 지역의 중심으로서 번성하였음을 능히 짐작할 수 있습니다.

일산 시장 근처에는 1977년에 개업한 일산 터미널 건물이 현존하 고 있습니다. 일산의 중심이 되는 버스 터미널은 1999년에 개업한 화 정 터미널로 그 기능이 옮겨 갔다가, 현재는 2012년에 백석역 근처에 개업한 고양 종합 터미널이 일산 전체의 중심적인 버스 터미널로 기능 하고 있습니다. 현재는 모 버스 회사의 차고로 쓰이는 구(舊)일산 터미 널의 외부에 붙어 있는 〈모범 이발〉, 〈하얀 다방〉, 〈단란주점 길손〉과 같 은 가게 간판들이 이 건물의 옛 분위기를 짐작게 합니다. 또 이 건물 맞 은편의 버스 정거장 간판에는 이곳의 명칭이 〈명성 터미널〉이라고 적 혀 있어서, 구일산 터미널이 한때 명성 터미널이라고도 불렸음을 짐작 게 합니다.

다음으로, 고양시에는 식사동 고운 농원과 덕이동 경성 농원이라 는 두 곳의 한센인 정착촌이 있었습니다. 두 곳 모두 그 밖의 한센인 정 착촌과 마찬가지로 양계장·양돈장 등을 거쳐 고양 가구 단지와 일산

고양시 일산 원도심.

1977년에 일산 원도심에 개업한 옛 일산 터미널과
머릿돌. 현재 구일산 터미널은 버스 회사 차고로
쓰이고 있습니다.

가구 단지라는 이름의 가구 단지로 변화했고, 현재는 두 곳 모두에서 옛 정착촌의 흔적을 전혀 찾을 수 없습니다. 1970년대 초부터 형성되기 시작한 식사동 고운 농원[15]에 대해서는 한센인분들이 이곳에 복지관을 지어 달라고 요청했다는 기사가 확인됩니다.[16] 이 기사에 따르면 2005년을 기준으로 〈전국적으로 1만 6,290명이 한센인으로 등록되어 있는 가운데 고양시는 도내에서 남양주시(156명)에 이어 두 번째로 많은 132명의 한센인이 주로 식사동과 덕이동 무허가 건축물에 정착해 살고 있다〉고 합니다. 현재 각종 지도 애플리케이션에는 고운 농장의 이름을 계승한 〈고운 공단 고양 가구 3단지〉라는 지명이 검색되지만, 실제로 현지에 가보면 〈고운 공단〉이라는 이름은 확인되지 않습니다. 용인시 동백 지구에 있던 동진원과 마찬가지로, 지도에만 그 이름을 남기고 현실에서는 완벽하게 소멸한 사례입니다.

왜 이곳에 한센인 정착촌이 형성되었을까 하는 의문을 평소에 갖고 있었는데, 현지에 가보니 그 유명한 백마 부대가 이곳에 있더군요.[17] 군부대 주변 지역이어서 개발이 제한되는 지역에 한센인 정착촌이 형성되고, 이것이 다시 가구 단지로 진화하여 주변 신도시의 가구 수요에 대응하는 〈경계적 지역〉의 전형적인 모습이 확인됩니다. 부대 앞의 백마 마크가 눈에 띄었습니다. 인천 부평에는 식민지 시대에 일본 육군과 관련되어 형성된 백마장이라 불리는 지역이 있고, 고양시 식사동에는 현대 한국의 백마 부대가 있습니다. 대서울 서쪽에 두 마리의 백마가 있는 셈입니다. 한편, 식사동 고운 농장과 마찬가지로 덕이동 경성 농원(일산 농원) 역시 일산 가구 공단으로서 완전히 탈바꿈해서, 오늘날 현지에서 그 흔적은 확인할 수 없습니다.

고양 가구 단지에서 일산 구도심을 거쳐 일산 가구 단지로 이어지는 답사를 위해 저는 경의중앙선 백마역을 이용했습니다. 이른 아침 시간이었지만 서울로 향하는 사람이 많아서, 백마역 일대가 대서울에 경제적으로 완전히 편입되어 있음을 확인할 수 있었습니다. 이러한 백마역의 활력은 2004년에 여객 취급을 중단하고 2018년 현재는 역사(驛舍)마저 민간에 불하된 고양시 동쪽 끝의 벽제역과 대조적이어서, 고양시의 무게 중심이 전체적으로 동쪽에서 경의중앙선·지하철 3호선이 지나는 서쪽으로 이동했다는 사실을 극명하게 보여 주었습니다.

현재는 폐역이 된 교외선 벽제역의 영업 당시 모습.
2004년 5월 20일. ⓒ 이승년.

7
고양에서 가좌까지:
핫 플레이스 너머의 대서울

잘 알려져 있듯이 미국 초창기 고속도로 가운데 하나인 미국의 국도 66호선Route 66은 미국의 메인스트리트Main Street of America, 마더 로드 Mother Road 등으로 불리며 미국 문화의 상징이 되어 있습니다. 일본에서는 도쿄 근교의 수도권을 감싸는 국도 16호선이 미국의 국도 66호선과 같은 문화적 상징으로 부상하며 음악, 텔레비전 프로그램 등에서 다루어지고 있습니다. 이와 같이 도로는 근대 문명을 대표하는 존재로서 세계 여러 나라에서 주목받고 있습니다.

저는 서울시와 서울 근교 경기도 지역을 포괄하는 메갈로폴리스를 〈대서울〉이라고 부릅니다. 서울시와 대서울의 관계는, 좁은 의미의 런던과 그레이터 런던Greater London의 관계와 같습니다. 서울시의 과거, 현재, 미래를 이해하기 위해서는 현재의 행정 구역인 서울시만 봐서는 안 되고, 서울시와 밀접한 관계를 맺어 온 서울 근교 경기도 지역을 함께 들여다봐야 합니다.

대서울을 구석구석 살피면서 제가 느낀 것은, 이제까지 서울시와 주변 경기도 도시들, 또는 서울시 내의 각 구(區)들이 아마도 정치적인 이유에서 자신들의 행정 구역 안에 있는 것들에 대해서만 이야기하고 싶어 한다는 것입니다. 하지만 시간을 조금만 거슬러 올라가면 대서울

안의 행정 구역은 지금과 전혀 달랐습니다. 예를 들어 지금의 잠실은 1910년대에는 경기도 고양군 뚝도면에 속한 잠실도라는 섬이었고, 한강 물줄기가 지금과는 달랐기 때문에 잠실도는 오늘날의 강남이 아니라 강북에 인접해 있었습니다. 그렇기 때문에 〈잠실〉이라는 지역을 이야기한다고 할 때 강북 시절의 잠실에 대해서는 침묵하고 〈강남 3구〉라 불리는 2019년의 송파구 잠실동 이야기만 해서는 〈잠실〉의 전체상을 전달하지 못합니다. 대서울이 이처럼 변화무쌍한 과거를 거쳐 오늘날에 이르렀다면, 대서울을 이해하고 답사하기 위한 전략도 그 변화무쌍함을 감당할 수 있는 것이어야 합니다. 단순히 시청이나 구청에서 공개하는 〈○○둘레길〉이나 〈우리 시/구의 위인의 행적을 따라〉 같은 것 말고, 또 〈사대문 안 궁궐 체험〉이니 〈양반 고택 답사〉 말고, 민주공화국의 시민이 주체적으로 대서울을 답사할 수 있는 전략이 필요합니다.

제가 나름대로 수립한 대서울 답사 전략 가운데 하나는, 행정 구역의 경계를 넘어 대서울을 관통하는 〈길〉을 걷는 것입니다. 말하자면 행정 구역이라는 면(面)적인 관점이 아니라, 〈길〉이라는 선(線)적인 관점에서 대서울을 바라보는 것입니다. 〈길〉을 따라 걸으면, 정치·경제·문화적으로는 하나의 덩어리이지만 각 행정 구역이 임의적으로 경계를 나누다 보니 분단되어 버린 대서울의 맥락을 온전하게 이해할 수 있게 됩니다. 대부분의 사람들은 저 먼 곳에 있는 행정 구역의 중앙을 바라보며 산 것이 아니라, 내 집 앞에 나 있는 길을 따라 활동 반경을 넓히며 살아왔기 때문입니다.

서울시 서대문구 연희동 사천교 교차로에서 시작해서 서울 은평구 수색동 덕은교 교차로까지 이어지는 〈수색로〉, 그리고 덕은교 교차로에서 가좌 마을 6단지 입구까지 이어지며 고양시를 관통하는 〈중앙로〉의 동남쪽 일부 구간은 이러한 전략을 적용하기 좋은 구간입니다.

〈사천교 뻥튀기〉 가게가 인상적인 사천교 교차로의 동쪽은 핫 플레이스로 잘 알려진 연희동·연남동·성산동이고, 이들 지역은 식민지 시절인 1930~1940년대부터 이미 한국 최초의 순환선 철도 노선인 경룡 교외 순환철도의 인접 구역으로서 도시화가 진행되었습니다. 대학과 부유한 저택이 특징적인 이 지역은 오늘날에도 대서울 속의 핫 플레이스로서 시민의 주목을 받고 있습니다.

80~90년 전부터 핫 플레이스였던 연희동·연남동·성산동 등과는 대조적으로, 홍제천 서북쪽과 경기도의 경계 지역인 가좌역·수색역 일대에는 1930~1940년대에 일본의 대륙 진출을 위한 경성 조차장(京城操車場)이 건설되고 군인들을 위한 관사촌, 수색 변전소가 들어서는 등 군사 도시가 생겨났습니다. 타이완·조선 등의 식민 통치가 안정되고 만주국 경영도 뜻대로 이루어지고 있다고 생각한 일본 정부와 일본군은, 본격적으로 대륙으로 진출하기 위한 대규모의 철도-군사 시설을 한반도 여러 곳에 건설하기 시작했습니다. 이 가운데 특히 중요한 것이 오늘날의 수색역에 해당하는 경성 조차장이었습니다.

경성 조차장의 규모는 오늘날에도 수색역의 방대한 구내 및 경성 조차장 부설 시설로서 조성된 수색 쌍굴, 철도 시설을 지키기 위해 이 일대에 주둔한 상암동의 일본군 관사, 경성 조차장 공사 당시 무연고 묘지를 일괄 이전한 화전 공동묘지(용산에 경성 지사를 둔 하자마구미[間組]가 무연고 위령비 설치) 등을 통해 상상할 수 있습니다. 광복 후에도 30사단, 국가 기간 시설인 항공 분야의 육성을 위해 설립된 한국 항공대학교, 그리고 얼마 전 논산으로 이전한 국방대학교 등이 수색로-중앙로에 인접한 서울시-고양시 경계 지역에 자리한 것도, 경성 조차장 시절 군사 도시로서 성립된 이 지역의 성격이 오늘날까지 이어지는 것이리고 히겠습니다.

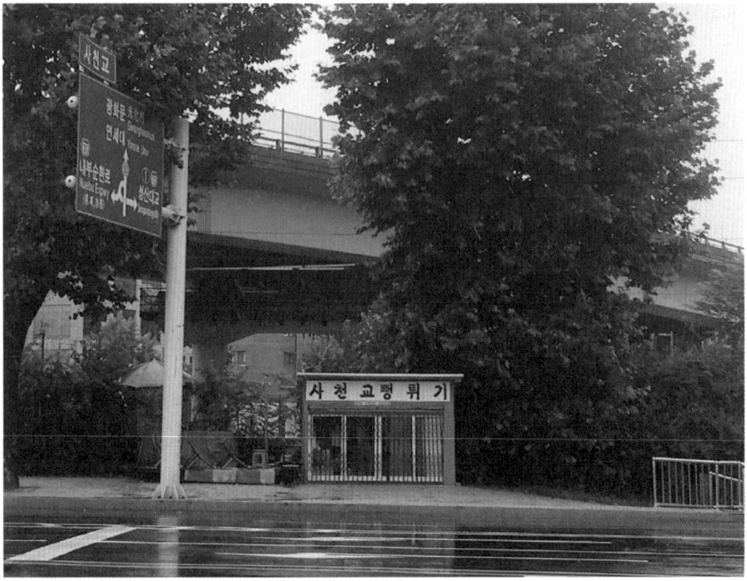

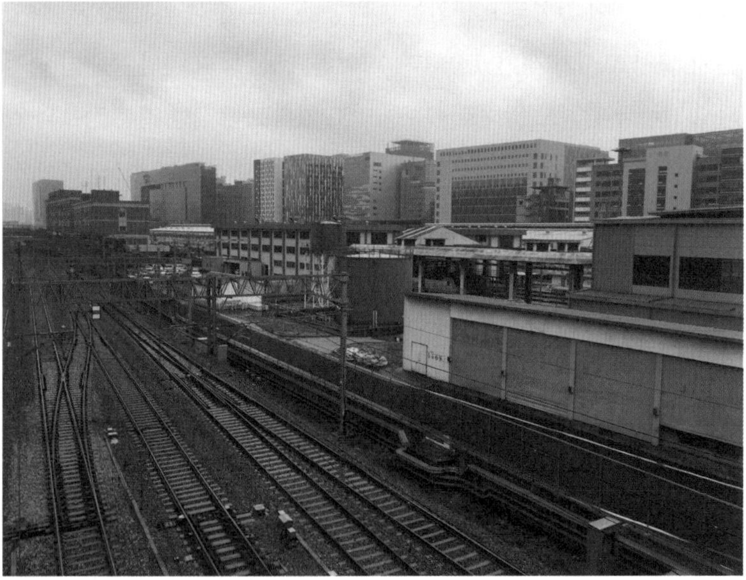

(위) 사천교 밑에 자리한 사천교 뻥튀기 가게.

(아래) 제국주의 일본의 대륙 진출 거점으로 [illegible].

　오늘날 상암동 지역은 월드컵 경기장과 여러 방송사들이 들어서면서 그 성격이 크게 바뀌고 있습니다. 용산구 보광동의 보광 변전소와 함께 석양이 질 무렵이면 황폐하면서도 독특한 노스텔지어를 자아내던 수색 변전소 일대에서도 대규모 재개발이 이루어지고 있습니다. 1930~1940년대에 형성된 이 지역의 모습이 거의 백 년 만에 근본적으로 바뀌려 하고 있는 것입니다. 물론 아직 이 지역의 옛 흔적은 가좌역 건너 모래내 시장과 한국 최초의 주상 복합인 좌원 상가 아파트, 수색역·수색 변전소 근처 옛 마을, 철물점 거리, 역전 이발소, 상암동 옛 마을 등에서 확인할 수 있습니다. 이들 지역들이 앞으로 10~20년 내로 어떤 변화를 겪게 될지를 지켜보는 것이, 서울시 서북부를 관통하는 수색로의 답사 포인트입니다.

　이처럼 대서울의 여타 지역과는 달리 수색로-중앙로에 인접한 대서울의 서북부는 국가 기간 시설 밀집 지역으로 개발된 역사를 지니고 있습니다. 광복 후에도 안보 또는 안전 문제로 주변 지역을 비워 둘 필요가 있는 국가 기간 시설들이 들어섰습니다. 1973년에 석유 파동이 일어나면서 난지도 동북부에 들어선 마포 석유 비축 기지, 1992년에 수색로에서 중앙로로 이어지는 지점에 인접해 들어선 서울 북부 저유소 일명 고양 저유소는, 국가 기간 시설로서 안보 문제를 고려해야 함과 동시에, 강한 폭발성을 띠고 있는 시설이기 때문에 안전 거리 확보를 위해 수색로-중앙로 인근의 서울시-고양시 경계 지대에 배치되었습니다.

　또한 1970~1990년대에는 서울 마포구 난지도에 쓰레기 하치장이 들어섰고, 오늘날에도 이와 인접한 고양시 지역에 서울특별시 난지물 재생 센터가 설치되어 있습니다. 서울시와 고양시라는 두 개의 행정 구역 경계 지점에 위치해 있고, 군사, 철도, 기타 기간 시설들이 밀집해

(위) 한국 최초의 주상 복합 아파트로 추정되는   (아래) 수색 변전소 인근의 수색 아파트.
좌원 상가 아파트.

있다 보니 일반 시민이 좀처럼 접근하지 않는 지역이라는 점이, 난지도 쓰레기 하치장과 서울시의 이름을 붙인 물 재생 센터를 이곳에 설치하게 된 심리적 요인이 되었을 것입니다. 이처럼 국가 기간 시설인 군사·철도·저유소와 쓰레기 하치장·물 재생 센터, 각종 공장·폐기물 처리 업체·창고가 공존하는 수색로-중앙로 인접 서울시-고양시 경계 지역의 경관은, 그 밖의 서울시-경기도 도시들 사이의 경계 지역에서는 볼 수 없는 이 지역 고유의 정경을 만들어 내고 있습니다.

　　서울시 영역의 수색로에서 고양시 영역의 중앙로로 바뀌는 지점에서 서울 북부 저유소(고양 저유소)로 향하는 길은 넓고 휑합니다. 일반인과는 관련이 적은, 군사적·산업적 성격을 띤 시설들만 띄엄띄엄 들어선 이 길을 걷다 보면 마포 물류 보관 창고·수색 물류 등의 이름이 붙은 업체를 만납니다. 다른 지역에 비해 막강한 권력을 지니고 있던 서울시는, 서울시의 넘치는 난민들을, 고아원을, 화장장을, 군사 시설을 서울시와 인접한 경기도 도시들에 떠넘겼습니다. 이들을 받아들이는 경기도의 도시들에서는, 일부 시설의 이름에 자신들의 행정 구역명을 붙이는 대신 〈서울 북부 저유소〉(고양시), 〈서울 시설 관리 공단 서울 시립 승화원〉(고양시), 〈서울특별시 난지 물 재생 센터〉(고양시), 〈서울 남부 저유소〉(성남시), 〈서울 공항〉(성남시)과 같이 〈서울〉이라는 이름을 붙였습니다. 서울시에 대한 경기도 각 도시들의 저항이라고 하겠습니다. 그러나 다른 한편으로 서울시와 인접한 경기도 지역의 시민들 가운데 일부는, 브랜드 파워를 높이기 위해 적극적으로 서울시의 지명을 받아들이기도 했습니다. 앞서 언급한 서울 북부 저유소(고양 저유소) 인근의 〈마포 물류 보관 창고〉나 〈수색 물류〉 같은 상호는 그러한 심리의 반영이라고 하겠습니다.

　　지도에서만 보면 쌀쌀하게 경계선이 그어져 있는 서울시와 고양

(위) 옛 마포 석유 비축 기지. 현재는 문화 비축
기지라는 이름으로 일반에 개방되었습니다.

(아래) 난지도 쓰레기 하치장 건설 당시의 자료
사진. ⓒ 서울 사진 아카이브.

시이지만, 실제로 수색로-중앙로를 따라 두 도시의 경계 지역을 관통하면, 지도상의 선처럼 명확하게 잘릴 수 없는 두 도시 시민들의 미묘한 심리적 혼재 상태를 확인할 수 있고, 제가 서울시, 또는 고양시의 시민인 것 이상으로 대서울의 시민임을 피부로 느끼게 됩니다.

8
구파발 사거리에서 독립문역 사거리까지:
삶과 죽음이 공존하는 의주로

압록강 남쪽 의주에서 동남쪽 한양으로 이어지는 서북방의 길을 조선 시대에 의주로라고 불렀습니다. 박정희 정권 이래로 그 길은 통일로라고 불리게 되었지만, 저는 여전히 이 길을 의주로라고 부릅니다. 한국과 북한이 통일한다는 것은 먼 미래의 일일 것이므로 통일로라는 명칭은 공허하고, 만약 통일이 된다면 그 후에도 이 길을 통일로라 부르는 것은 좀 뜬금없게 느껴질 터여서입니다.

　의주로는 조선 시대 이래로 명·청나라와 오가는 주요한 길이었지만, 한반도의 남쪽과 북쪽에 두 개의 국가가 들어서서 교류를 단절한 뒤로는 그 경제적 중요성이 많이 줄어들었습니다. 반면 한국의 수도인 서울이 북한과의 국경선에서 너무 가깝다 보니, 조선 시대나 식민지 시대에 비해 의주로의 군사적·정치적 중요성은 상대적으로 더욱 커졌습니다. 고양시와 서울시 은평구의 경계인 창릉천 남쪽부터 서대문역 교차로에 이르는 옛 의주로 구간에는 여러 개의 군사 시설이 배치되어 있고, 그 사이사이의 빈틈에 식민지 시대 이래 조성된 단독 주택·빌라·고층 아파트 단지가 지어져 있습니다. 그리고 이들 공간의 외곽에 화장터와 공동묘지가 존재했거나 여전히 존재하고 있습니다. 의주로는 사람이 사는 공간인 주택과 사람의 삶을 지키는 군사 시설, 그리고

서울시 서북부 끄트머리의 이말산에서 볼 수 있는
무덤과 고층 아파트 단지.

사람의 삶이 끝난 뒤에 이용하게 되는 화장터·공동묘지가 모두 존재하는 공간입니다. 이 절에서는 특히 이러한 중층성이 잘 드러나는 구파발 사거리에서 독립문역 사거리까지의 구간에 주목합니다.

이 구간의 북쪽 끝에 최근 조성된 은평 뉴타운은 이말산을 둘러싼 형태로 조성되었습니다. 이말산과 그 주변의 은평 뉴타운 부지에서는 신라 시대부터 현대에 걸쳐 조성된 5천 개의 묘지가 확인되었습니다. 무덤 등을 쓸 수 없도록 규정된 한양 주변의 성저십리(城底十里) 바깥에 자리하고 있기에 특히 조선 시대에는 공동묘지로 이용된 것입니다. 그리고 의주로를 따라 동남쪽으로 내려가다가 무악재 넘어 만나게 되는 홍제에는, 1970년에 고양시 벽제로 옮겨지기 전까지 오랫동안 서울시의 화장장으로 기능한 홍제동 화장터가 있었습니다. 이동관 디지털 서울 문화예술대 총장은 어느 글에서 홍제역 서남쪽 고은초등학교가 홍제동 화장장 자리였고 본인이 총장을 역임하고 있는 대학교는 화장장의 주차장 자리였다고 적고 있습니다. 그리고 지역 주민들로부터 〈화장터의 흉한 기운을 자라나는 새싹들의 생명력으로 누르자는 뜻에서 이곳에 초등학교를 세웠다〉는 설명을 들었다고 밝히고 있습니다.[1] 어떤 학교가 공동묘지 위에 지어졌다는 것은 도시 전설에서 흔히 듣는 이야기지만, 여기는 화장터에 학교를 지은 사례입니다. 무악재 넘어 존재하는 이말산 공동묘지와 홍제동 화장터는, 서울시 서북쪽 지역에 대한 일반 시민들의 이미지를 상당 기간 동안 규정지었습니다.

이말산에는 여전히 여러 개의 무덤이 남아 있고, 무덤을 옮긴 뒤에 남겨진 석물(石物)도 많이 보입니다. 서울 도봉구 창동의 초안산과 함께, 조선 시대 이래의 공동묘지 형태를 연구하기에 좋은 공간입니다. 이 지역을 답사해 보면, 등산로 양옆에 철조망이 둘러져 있고 곳곳에 군사 시설이 배치되어 있음을 확인하게 됩니다. 이말산은 단순한 옛 공

은평구의 전형적인 동네 풍경.

동묘지나 신도시일 뿐 아니라, 의주로를 따라 서울을 공격하는 북한 측의 군대를 막기 위한 최전방으로서도 여전히 기능하고 있는 것입니다. 이렇게 철조망이 쳐 있어서 사람들의 출입이 제한적이다 보니 산의 규모는 작지만 멧돼지가 살고 있어서, 멧돼지를 주의하라는 팻말이 구파발역 2번 출구 등산로 초입에 붙어 있습니다. 지난 2018년 1월에 이곳을 답사하다가 실제로 새끼 멧돼지를 보았습니다. 구파발역 같은 번화가에서 걸어서 5분 거리에 멧돼지가 출몰하는 산이 있는 것입니다.

　이말산 자락의 은평 신도시 부지에는 박정희 정권 시절인 1960~1970년대에 기자촌과 광복촌이라는 마을이 조성되었습니다. 특히 기자촌은 정부가 기자들의 집단 거주지를 마련해 준 것으로, 요즘 관점에서 보자면 정부와 언론이 유착했다는 혐의를 받을 수도 있을 것입니다. 이와 마찬가지의 사업이 이곳에서 의주로 따라 좀 더 남쪽으로 내려간 홍은 사거리 동쪽 홍제천 기슭에서도 이루어졌습니다. 이곳에는 이승만 정권 시절인 1950년대에 〈문화인〉들을 위한 문화촌이라는 마을이 조성되었습니다. 서울 지하철 2·4호선 사당역 서남쪽의 〈예술인 마을〉처럼, 정권에 비판적일 수 있는 문화인·예술인들에게 집단 거주지를 마련해 준 것이라 볼 수 있을 것입니다.

　의주로 변에 자리했던 기자촌과 문화촌 모두 지금은 재개발·재건축으로 인해 지명만 남기고 사라졌습니다. 한 신문기사는 기자촌의 소멸에 대해 다음과 같이 전합니다.

2000년대 뉴타운 사업이 시작됐을 때 기자촌은 그린벨트 지역이라 제외될 것이라고 생각했고 정비 구역에 포함되지 않았다. 그러나 개발 이익을 기대한 주민들이 기자촌을 뉴타운 지역에 포함시켜 달리며 서울시에 민원을 제기, 결국 2006년 은평 뉴타운 건립

(위) 끝내 머릿돌을 확인하지 못한 채 철거되어
버린 녹번동의 상가 건물. 사진 왼쪽아래에
비스듬히 찍혀 있는 것이 분제의 머릿돌입니다.

(아래) 서울 지하철 3호선 불광역-녹번역 구간
빌딩들의 머릿돌.

에 따라 철거돼 현재는 공원 부지로 지명(地名)만 남아 있다.[2]

　최근 은평구에서는 현재 기자촌이 있던 당시를 회상할 수 있는 기념관을 짓겠다고 하는데, 그럴 거였으면 처음부터 기자촌 당시의 단독주택 한 채라도 남겨 두었으면 좋지 않았는가 하는 당혹스러움을 느낍니다.

　기자촌·광복촌이 조성되고 홍제동 화장장이 고양시 벽제로 빠져나간 뒤인 1970~1980년대에는 은평구 일대에 단독 주택과 연립 주택이 대량으로 건설되어 오늘날 의주로의 은평구 구간에서 볼 수 있는 전형적인 풍경이 형성되었습니다. 말하자면 은평구는 서울 강남과 마찬가지로 20세기 중기의 신도시입니다. 20세기 전기의 식민지 시대에 서울과 인천을 잇는 서남 라인(／)이 발달했다면, 20세기 후기의 현대 한국 시기에는 고양-은평-강북-강남-성남으로 이어지는 서북·동남 라인(＼)이 발달했습니다. 제가 집중적으로 답사한 서울 지하철 3호선 불광역-녹번역 구간에 해당하는 의주로의 양옆에는 1970년대의 연대를 표기한 머릿돌이 부착된 건물이 많이 확인됩니다. 을지로나 영등포, 남대문 일대에 1950년대의 머릿돌을 붙이고 있는 건물이 많은 것에 비하면, 이 지역이 20년 정도 늦게 도시화되었음을 짐작할 수 있습니다.

　이처럼 1970년대의 머릿돌을 부착한 건물들 가운데 하나가 불광역 남쪽의 은평구 녹번동 27-7에 있었습니다. 2017년 9월에 이 건물 앞을 걷다가 무심코 찍은 사진에 〈定礎 197○ ○ ○○〉라는 머릿돌이 보이는 것을 얼마 전에 확인했습니다. 사진에 찍힌 머릿돌의 숫자가 잘 보이지 않아서 머릿돌만 다시 찍으려고 지난 2월에 이곳을 찾아갔는데, 몇 번을 왔다 갔다 해도 건물이 보이지 않았습니다. 〈내가 방향 감각을 잃었나〉 생각하고 지도를 확인해 보니, 불광역 동남쪽으로 이어지

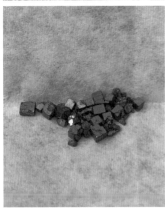

(위) 홍은동 문짝 거리의 현재.

(가운데) 은평구·서대문구 경계에 자리한 녹번 고개의 산골 판매소.

(아래) 한약재인 〈산골〉 또는 〈녹번〉.

는 의주로 변의 건물들 가운데 딱 이 건물만 재건축에 들어가서 펜스가
쳐져 있었습니다. 대서울을 걷다 보면 변화가 빨라서 안타까울 때가 많
은데, 제가 답사한 1년 반 사이에 재건축에 들어가 버린 녹번동 건물의
머릿돌을 제대로 살피지 못한 것은 그중에서도 가장 안타까운 일에 꼽
힙니다.

　　이 건물의 머릿돌을 놓친 아쉬움을 달래 주는 인상적인 굴뚝의 안
산 목욕탕을 지나 녹번 고개 또는 산골 고개라 불리는 녹번역–홍제역
사이의 고개로 올라갑니다. 여기서 말하는 산골이란 〈산골짝의 다람
쥐 아기 다람쥐〉 할 때의 산골(山谷)이 아니라, 뼈를 다쳤을 때 먹는다
고 하는 광물질인 산골(山骨)입니다. 이 산골은 녹번(碌磻)이라고도 불
려서 이 지역을 산골 또는 녹번이라 부릅니다. 이 산골을 판매하는 산
골 판매소는 서울시 안에 자리한 유일한 광산입니다. 광물질이다 보니
산소에 산화되어서 이 부근의 절벽은 붉게 녹이 들어 있습니다. 서울시
가 정치 도시·상업 도시·농업 도시임과 동시에 광업 도시이기도 하다
는 사실을 증명해 주는 귀중한 장소입니다. 재개발 중에 금맥이 나왔지
만 금보다 비싼 아파트를 짓고 입주민들에게 금반지를 선물로 주었다
고 하는 마포 황금 아파트 역시, 서울시가 광업 도시가 될 수 있었음을
보여 주는 도시 화석입니다. 제가 말하는 〈대서울〉로 범위를 확장시키
면 부평 은광, 광명 가학 광산(일명 광명 동굴), 시흥 흑연 광산, 그리고
식민지 시대 최대의 사회적 충격이었던 백백교와 관련된 동두천 천원
광산도 거론할 수 있겠습니다. 동학에서 파생된 식민지 조선의 신종교
〈백백교〉 교주인 전용해는, 신도들을 끌어모으기 위해 동두천의 폐광
에 금을 숨겨 놓고는, 새로운 신도들을 이 광산으로 데려와서 일확천금
의 꿈을 심어 주었습니다. 그러나 이 집단은 신도들을 대량 학살한 것
이 탄로 나서 큰 파문을 일으켰습니다.

산골 판매소에서 의주로 건너편으로는 홍은동 문짝거리가 펼쳐집니다. 왜 여기에 문짝거리가 형성되었는지는 잘 알 수 없지만, 유명한 점술가가 옮겨 살면서 미아리 점집 동네가 형성되었듯이, 홍은동 문짝거리도 그렇게 우연히 생겼으리라 짐작됩니다. 이 일대에 고층 아파트 단지가 집중적으로 건설되면서 한때는 가구거리로서 호황을 맞이한 듯하나, 최근 답사해 보니 현재 이 가구거리 자체에 재개발이 예정된 것 같습니다. 이렇게 하여 서울시 안에서 또 한 곳의 가구거리가 사라지고 있습니다.

이렇게 해서 녹번 고개를 넘으면 남쪽으로 홍은 사거리가 나옵니다. 여기서 서남쪽으로 가면 남가좌동·수색동이 나오고, 동북쪽으로 홍제천을 거슬러 올라가면 홍은동·세검정·구기동·평창동을 지나 경복궁 서쪽의 이른바 서촌으로 이어집니다.

홍제천을 중심으로 계곡을 이루고 있는 홍은동에는 특징적인 공간이 몇 개 있습니다. 홍제천 북쪽으로는 이승만 정권 때 조성된 홍은동 국민 주택과 문화촌이 있고, 남쪽으로는 관악구 삼성동 밤골, 노원구 중계동 104마을 등과 함께 서울시 안의 대규모 달동네로 잘 알려진 개미 마을이 있습니다. 문화촌은 은평구 기자촌과 마찬가지로 현재 지명만 남아 있고, 개미 마을은 재개발이 추진되고 있는 모양입니다. 홍은동 국민 주택, 문화촌, 개미 마을 등은 모두 현대 서울이 경험한 고도성장과 인구 증가, 그리고 주류에서 소외된 자들의 존재를 증명하는 공간들입니다.

한편, 홍제천 계곡 아랫자락에는 6·25 전쟁 때 북한군에 맞서 포대를 설치했다고 해서 붙여진 지명인 포방터 시장이 있습니다. 말하자면 은평구 이말산과 같은 서울의 방어 기능을 이 홍제천 계곡이 수행한 것입니다. 포방터 시장에서 홍제천을 따라 조금 걸어서 다시 홍은 사거기리로 내려오면, 이 또한 군사 관련 시설로 추정되는 유진 상가 아파트가 나타납니다. 1968년 김신조의 청와대 습격 사건 이후 지어진 유진 상가의 필로티는, 북한군이 의주로를 따라 내려와 홍제천 따라 동쪽으로 진출해 청와대를 공격하려 할 때 이를 폭파시켜서 길을 막을 수 있도록 일부러 얇게 만들었다는 설이 있습니다. 이말산과 포방터 시장, 유진 상가 모두 서울이 군사 도시임을 상기시켜 줍니다.

　　유진 상가에서 옛 홍제동 화장터를 지나 남쪽으로 무악재를 넘으면, 군사 시설과 옛 옥바라지 골목, 그리고 최근 재개발이 진행되고 있는 유명한 달동네인 현저동이 나타납니다. 저는 2018년 11월에 현저동을 찾았는데, 현대 한국 초기의 달동네와 고층 아파트 단지와 군사 시설과 옛 서대문 형무소와 멀리 남산 타워가 함께 보이는, 참으로 극적인 공간이었습니다. 현저동 입구의 옛 재개발 추진 사무소에는 〈돌팔매질 잘해! 또 해봐!〉라는 종이가 붙어 있었습니다. 재개발 추진파와 반대파 사이에 투석전까지 전개되었을 시기를 지나 이제 현저동은 본격적인 철거를 앞두고 있는 것으로 보였습니다. 하지만 이곳에는 아직 〈빈민촌〉 시기의 도시 공간이 남아 있었고 몇몇 주민들이 떠나지 못하고 있었습니다.

　　현저동 남쪽 서대문 형무소 역사관에서 다시 의주로를 건너면, 이제는 거의 사라진 옥바라지 골목이 있습니다. 독립운동가와 현대 한국의 정치범, 그리고 이 두 부류보다 훨씬 더 많은 일반 죄수들을 위해 옥바라지하던 일가 친척들이 묵던 여관 밀집 지역입니다. 사람들은 옥바라지 골목이 2016년의 보존 운동에도 불구하고 모두 사라지고 그 자리에 고층 아파트가 들어서 버렸다고 말합니다. 하지만 독립문역 사거리에서 사직 터널 넘어가는 길의 북쪽에는 여전히 개량 한옥이 밀집된 여관 골목이 한 블록 남아 있습니다. 옥바라지 골목의 마지막 흔적입니다.

현저동의 재개발을 둘러싼 전쟁의 흔적.

도시는 대규모 택지 개발을 하지 않는 한 쉽게 사라지지 않는 법입니다.

옥바라지 골목에서 조금 고개를 올라가면 행촌동의 독립운동 관련 유적지인 딜쿠샤가 있습니다. 제가 처음 딜쿠샤에 갔을 때는 행촌동 일대가 여전히 불량 주택을 비롯한 여러 형태의 주택이 혼재된 동네였고 딜쿠샤에도 여전히 주민들이 살고 있었습니다. 장독 너머로 살짝 보이는 머릿돌이 참으로 서울적이어서 인상에 깊게 남았습니다. 그 후 이 지역은 재개발되어 고층 아파트 단지가 들어섰고, 딜쿠샤는 박물관이 되었습니다.

서울, 아니 한국의 어디가 그렇지 않겠습니까마는, 한국은 여전히 군사적 긴장도가 높은 나라이며 곳곳에는 군사 시설이 존재합니다. 또한 어느 나라에서나 그렇듯이 화장터와 무덤도 당연히 존재합니다. 사람이 사는 구역들 사이에 군사 시설과 죽음의 공간이 존재하는 것이 아니라, 군사 시설과 죽음의 공간 틈에 사람이 살고 있는 것입니다. 그런데 서울시 내부에서 거주하고 근무하는 사람들은 이들 시설의 존재를 잘 알아채지 못합니다. 그도 그럴 것이 군사 시설은 각종 지도에서 안보를 이유로 지워져서 표시되고, 서울 시민들이 죽은 뒤에 이용하는 공간들은 경기도 고양시·남양주시·파주시에 자리하고 있습니다. 서울 시설 공단에서 관리하는 화장장과 공동묘지가 대서울 외곽 경기도에 존재하고, 고양시와 서울시의 경계에 자리한 이말산에서 전근대의 무덤과 군사 시설과 은평 신도시를 한꺼번에 볼 수 있는 것은 우연히 그렇게 된 것이 아닙니다. 이들 시설을 서울시 외곽과 서울시 바깥의 경기도 곳곳으로 밀어냈기 때문입니다. 그 결과 한국의 다른 지역과는 차별적으로 존재하는, 이른바 〈혐오 시설〉을 외곽으로 밀어내어 〈청결〉하고, 가난한 자들을 외곽으로 밀어내어 계급적으로 〈균질〉해진 서울 〈특별〉시가 만들어진 것입니다.

유진 상가 아파트 옥상에서 서울 사대문 방향을
바라보다.

서대문 옥바라지 골목의 마지막 흔적.

딜쿠샤가 정비되기 전, 서울 시민들이 살던 시절의 모습.

　이와 같이 서울〈특별〉시를 〈청결〉하고 〈균질〉한 공간으로 만드는 작업은 여전히 계속되고 있습니다. 은평구에서 서대문구로 이어지는 옛 의주로 양옆에서는 오늘도 현저동·옥바라지 골목과 같은 공간이 철거되어 고층 아파트 단지가 지어지고 있습니다. 홍은동 문짝거리 근처의 부동산 정면에는 고층 아파트 단지 분양 광고와 함께 개량 한옥촌의 풍경이 그려져 있었습니다. 이른바 〈혐오 시설〉과 가난한 자들의 주거를 모두 밀어낸 뒤 만들어진 고층 아파트 단지에 거주하면서 개량 한옥으로 상상되는, 만들어진 조선 시대의 전통을 향유하는 중산층의 세계관을 압축적으로 보여 주는 것 같았습니다. 그러나 지나치게 〈청결〉하고 〈균질〉한 환경이 사람에게 도리어 해를 끼치는 것처럼, 군사 시설과 화장터와 무덤과 서민의 공간을 모두 고층 아파트 단지로 바꾸어 버리는 것이 결국은 서울이라는 공간과 서울 시민에게 나쁜 결과를 낳으리라고 저는 예측하고 있습니다. 도시는 서로 다른 사람과 건물이 뒤섞여 있어야 활기를 띠고 성장할 수 있다고 믿습니다.

대서울의 한가운데

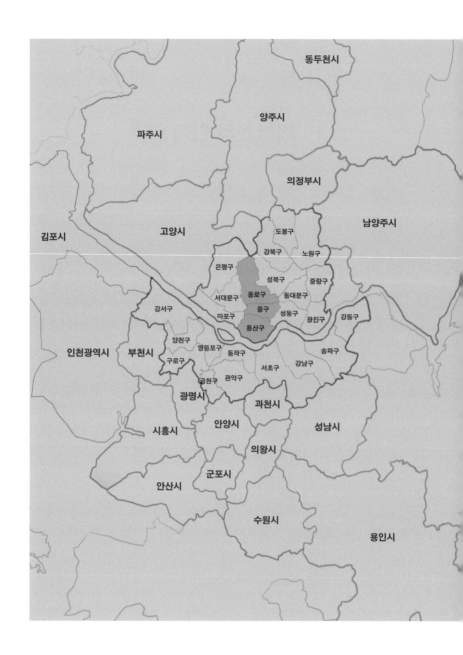

〈대서울의 한가운데〉에서 가볼 지역들

9
해방촌: 비교 도시사와
삼문화 광장이라는 관점에서

해방촌은 식민지 시대 말기인 20세기 전기에 남산과 용산 일본군 기지의 중간 지역에 조성된 경성 호국 신사(京城護國神社) 부지를 중심으로 광복 이후 형성되어 현재에 이르고 있는 지역입니다. 해방촌의 남북 경계는 남산의 소월로와 미군 기지에 의해 명확하게 그어져 있는 반면, 동서 경계는 후암동 및 이태원동과 느슨하게 그어져 있다고 할 수 있습니다. 해방촌과 그 서쪽의 후암동은 서로 전혀 다른 역사적 맥락에서 형성된 지역임에도 불구하고, 해방촌 또는 후암동이 주목받을 때마다 심상지리(心想地理)를 확대하며 서로의 영역을 잠식하는 경향을 보입니다. 해방촌이 사람들 입에 오르내리면 후암동 일부가 해방촌이라고 인식되고, 후암동이 뜨면 해방촌 일부가 반대로 후암동인 것처럼 생각된다는 뜻입니다. 이와 비슷한 사례로는 〈홍대 앞·이대 앞·신촌〉의 상호 관계, 또는 〈강남〉의 심상지리가 확대 또는 축소되는 것을 들 수 있습니다.

한편, 해방촌과 그 동쪽의 이태원동은 원래 역사적·지리적으로 연결된 지역이었던 것으로 생각되지만, 1969~1970년에 남산 2호 터널, 1975~1978년에 남산 3호 터널이 만들어지면서 분단되었습니다. 그랬던 것이, 21세기 들어 이태원의 연장으로서 해방촌 동남쪽의

경성 호국 신사의 흔적인 해방촌 108계단의 변화.

HBC(해방촌Hae Bang Chon의 앞 글자를 딴 외국인 밀집 거리) 거리가 외부에 주목받으면서 다시 한번 두 지역 간의 지리적 공통성이 커지고 있습니다.

이 절에서는 해방촌의 이와 같은 역사적·지리적 특성을 이해하기 위해 ① 해방촌과 비슷한 특성을 지니는 지역들과 비교하는 비교 도시사적 관점과, ② 도시에 축적된 여러 시간의 층위, 즉 시층(時層)에 주목하는 삼문화 광장의 관점을 이용했습니다. 제가 이 글에서 이용한 이두 가지 관점에 따라 바라본 해방촌의 과거와 현재는, 해방촌에서 실제로 거주하고 계신 분들의 관점이나 감각과는 차이가 있을 것입니다. 그러나 해방촌이라는 지역이 근현대 서울·한국 역사에서 어떠한 위치에 놓여 있는지에 대해 생각하는 힌트로써 읽어 주셨으면 합니다.

비교 도시사의 관점에서

거창하게 〈비교 도시사〉라는 단어를 썼지만, 한마디로 해방촌과 유사한 역사적·지리적 성격을 띤 지역과 비교하면 해방촌의 특성이 더욱 잘 부각되리라는 뜻입니다. 저는 해방촌과 비교할 만한 지역으로서 부산의 옛 용두산 피난민촌, 성남의 원도심인 옛 광주 대단지, 서울의 백사 마을, 인천의 원도심에 자리한 송현 시장, 서울 을지로 2·3가의 다섯 곳을 들고자 합니다.

우선 부산은 6·25 전쟁 당시 정착한 피난민촌이 오늘날의 부산을 만들었다고 할 정도로 곳곳에서 피난민촌 당시의 흔적을 확인할 수 있습니다. 그중에서도 용두산 피난민촌은 용두산 신사(龍頭山神社)라는 신사의 부지에 형성되었다는 점에서, 경성 호국 신사의 부지에 해방촌이 형성된 과정과 비슷합니다. 식민지 시대에는 한반도 곳곳에 일본의 신사가 세워졌는데, 광복 후 그 부시의 대부분에는 공공 기관이나 종교 시설이 들어섰습니다. 해방촌과 용두산 피난민촌은 신사 터에 마을이 형성되었다는 측면에서 그 특성을 공유하지만, 용두산 피난민촌이 1954년 12월의 용두산 대화재로 초토화된 뒤에 공원화되어 소멸한 반면, 해방촌은 남산 2·3호 터널 개통 이외에는 별다른 사건 사고 없이 오늘날에 이르고 있습니다.

다음으로 성남의 원도심인 옛 광주 대단지는 서울 지역에서 강제 이주당한 빈민들의 거주지로서 출발했으며 풀뿌리 조직들의 활동이 활발하다는 점[1]에서 해방촌과 비교할 수 있습니다. 해방촌의 출발점은 선천군민회(宣川郡民會)로 대표되는 월남민이었습니다. 하지만 그 후 20세기 후기에 걸쳐 전국에서 이촌향도하여 서울로 온 사람들이 해방촌에 정착했습니다. 지금도 해방촌에서 찾아볼 수 있는 전국 곳곳의 지명을 붙인 가게들의 이름을 통해 그 사실을 알 수 있습니다. 월남민과 빈민을 비교하는 것에 위화감을 느끼는 분도 있겠으나, 월남민과 빈민 모두 서울에 연고를 갖지 않는 사람들로서 서울에서 살아남기 위해 풀뿌리 조직을 활성화시켰다는 점에서 공통된 성격을 지닙니다.

세 번째로 서울 노원구 중계동의 백사 마을은 1967년에 용산·이문동·석관동·남대문 등지에서 강제 이주당한 빈민들에 의해 형성되었는데, 이들은 이전에 살던 지역에 따라 집단을 이루어 정착했습니다. 이들 가운데 최초로 천막을 친 토박이들은 백사 마을이 형성된 역사를 알고 있으며, 백사 마을에 정착하는 과정에서 고생한 기억을 공유한다는 점[2]에서 해방촌의 선천군민회와 비교할 수 있습니다.

네 번째로, 21세기 들어 해방촌의 니트 산업이 쇠퇴하고 〈이태원 문화의 영향으로 숙박 및 음식업점〉[3]이 활성화되고 있는 점은, 식민지 시대 일본인의 거주지 및 상업 공간이었다가 광복 후 월남민들이 정착하여 상공업 활동을 선개하고 있는 을지로 지역이 최근 〈힙지로〉과 불리며 젠트리피케이션 현상을 겪기 시작한 것[4]과 비교할 수 있습니다.

마지막으로, 인천 중구 송현 시장은 주로 황해도 피란민과 충청남도 이주민이 정착해 형성되었다는 점에서, 월남민과 지방 이주민의 두 집단이 주로 정착하여 형성·성장한 해방촌과 비교할 수 있습니다. 해방촌에서 선천군민회가 마을 형성을 주도한 것과 마찬가지로, 인천에서도 용현 1동·송원동·만석동 등의 월남민 집단 정착촌은 정치적 성격이 강했습니다. 인천 일부 지역에서는 월남민 인구가 해당 지역의 40퍼센트에 이르는 곳도 있어서 〈부지깽이에 실향민이라는 팻말만 붙이고 다녀도 국회의원에 당선된다〉라는 말이 있을 정도였다고 합니다.[5] 해방촌의 경우에는 평안북도 선천군 출신 월남민들이 마을 형성을 주도한 것으로 알려져 있으나, 해방 교회와 남산 교회 사이에 자리한 〈연백 슈퍼쌀〉이라는 가게의 상호를 통해, 황해도 출신 월남민도 해방촌에 정착했음을 짐작할 수 있습니다.

특히 인천 송현 시장 배후 거주지 골목에는 〈해방 우물 기념비〉라는 비석이 세워져 있어서, 해방촌이라는 지명과 통하는 월남민의 역사적 상상력이 작동했음을 짐작케 합니다. 송현 시장의 〈해방 우물 기념비〉와 마찬가지로, 월남민 정착 지역인 해방촌의 정체성을 대표할 만한 유물이 용산 2가동 주민 센터 서북쪽에 세워져 있는 〈동장 이봉천 기적비(洞長李奉天記蹟碑)〉입니다. 평안남도 평양부 신양현 출신의 이봉천 동장은 식민지 시대에 만주에 거주하다가 광복 후에 해방촌에 들어와 서북청년단 용산지부 단장으로 활동했으며, 동장이 된 뒤로 해방촌의 기반 시설 확충에 큰 공헌을 했다고 합니다.[6] 비석의 양옆과 뒷면에 새겨진 건비 추진 위원 명단에는 개인들의 이름과 함께 해방동 시장 조합 및 해병대 사령관 김석범, 평북민보 사장 라성준 등의 이름이 보입니다. 평안북도 선천군 출신들의 영향력이 강했던 해방촌에서 평양

(위) 해방촌 오거리에서 HBC 거리로 내려가는
길에 있는 〈연백 슈퍼쌀〉.

(아래) 인천 원도심인 송현 시장의 〈해방 우물
기념비〉(왼쪽)와 해방촌 오거리에 서 있는 〈동장
이봉천 기적비〉.

부 신양리 출신인 이봉천 씨가 헌신적인 활동을 통해 마을의 유지로 자리 잡을 수 있었음을 짐작할 수 있습니다. 〈해방 우물 기념비〉가 민가의 벽에 파묻힌 채로 방치되어 있는 것이 비하면 〈동장 이봉천 기적비〉는 잘 정비되어 있지만, 해방촌의 탄생과 성장을 대표하는 상징물로서 좀 더 성대하게 기념·정비될 필요가 있어 보입니다.

삼문화 광장의 관점에서

삼문화 광장이란 개념은 아스테카 시대, 스페인 식민지 시대, 멕시코 시대의 세 건물이 한눈에 보이는 멕시코시티의 〈삼문화 광장Plaza de las Tres Culturas〉에서 빌려 온 것입니다. 삼국 시대, 고려 시대, 조선 시대의 유물·유적만이 역사적인 가치가 있는 게 아니라, 근대와 현대의 유물·유적도 서울의 역사적 특성을 보여 주는 귀중한 존재라는 뜻에서 이 개념을 대서울 답사에 이용하고 있습니다. 사대문 밖 서울시 대부분의 지역에는 조선 시대로 거슬러 올라가는 유물·유적을 거의 찾을 수 없으며, 식민지 시대인 20세기 전기, 광복 이후부터의 20세기 후기, 21세기 전기의 세 시대가 이들 대부분 지역의 시간의 지층, 즉 시층을 이룹니다. 그렇기 때문에 이들 지역을 답사하기 위해서는 사대문 안, 또는 전근대에 형성된 원도심과는 다른 전략이 필요한 것입니다.

　　해방촌 역시 조선 시대로 거슬러 올라가는 흔적은 찾기 어려우며, 현재 확인되는 가장 오래된 시층인 20세기 전기를 보여 주는 도시 화석은 경성 호국 신사의 흔적인 108계단과 신사의 일부로 추정되는 옹벽 정도입니다. 해방촌에서 20세기 전기의 유물·유적이 거의 확인되지 않는다는 것은, 같은 시기에 일본군 관련자들의 거주지로 이미 개발이 진행된 바 있는 후암동과 가장 큰 차이를 보이는 부분입니다. 경성 호국 신사 108계단은 최근 에스컬레이터 공사 때문에 모두 거두어졌다

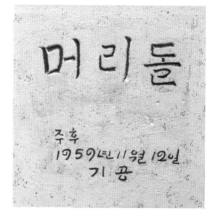

해방촌 교회들의 머릿돌. 위부터 반시계 방향으로
해방 교회, 남산 교회, 해병대 초대 교회.

가, 계단석의 일부가 원상 복귀되었습니다. 주민 편의가 최우선적으로 고려되어야 하는 것은 물론이지만, 식민지 시대 한반도에 세워진 유물의 보존을 주장하는 목소리는 현재 한국에서 잘 들리지 않습니다. 그러나 해방촌 주민 가운데에서도 〈옛 정취가 또 하나 사라지는 것〉을 아쉬워하는 분들이 계시는 듯하므로,[7] 해방촌에 존재하는 경성 호국 신사의 흔적이 앞으로 어떤 일을 겪을지는 장기적으로 지켜보아야겠습니다.

　　해방촌의 20세기 후기 시층을 보여 주는 도시 화석으로는 앞에서 언급한 〈동장 이봉천 기적비〉를 비롯하여 선천군민회가 이용했다는 증언이 있는 폐건물, 해방 교회·남산 교회·해병대 초대 교회 등의 교회를 비롯하여 해방촌 지역 대부분의 건물과 길을 들 수 있습니다.

　　문제는 21세기 전기입니다. 2003년에 준공된 용산 2가동 주민 센터와 같이 21세기 전기에 만들어진 건물이 없는 것은 아니지만, 해방촌 지역은 최고 고도 지구에 따른 개발 제한으로 인하여 건물의 신축 및 증개축에 제약이 많다 보니 21세기 전기의 시층을 이룰 건물이 많지 않습니다. 21세기 전기의 시층을 보여 주는 도시 화석이 많지 않다는 것은 해방촌 지역이 전체적으로 노후화되고 있다는 뜻이며, 이는 지역 주민들의 편익이 침해되고 있음을 의미합니다. 저는 남산이나 관악산과 같은 서울의 산이 멀리서 잘 보이도록 주변 지역을 최고 고도 지구로 지정해서 건물 높이를 제약하는 것에 반대하는 입장입니다. 산 주변 지역 주민들이 받아야 하는 제약이 너무 크다고 생각하기 때문입니다. 서울과 같은 메갈로폴리스에서는 밀도를 높이고, 서울의 밀도를 높인 만큼 서울 주변 지역의 난개발을 막아서 자연을 보전하는 것이 서울과 한국의 미래라고 믿습니다.

　　마지막으로 해방촌의 지리적 범위에 대한 개인적인 추정을 여기에 적습니다. 심상지리적으로 서로의 영역을 잠식하는 경향이 있는 해방촌·후암동의 관계와는 달리, 해방촌과 이태원은 서로의 경계가 혼동되는 경우가 거의 없습니다. 이는 남산 2·3호 터널이 뚫리면서 두 지역이 물리적으로 완전히 분리되었고, 특히 용암초등학교 동쪽의 남산 2호 터널 관리사무소가 두 지역을 완전히 단절하고 있기 때문입니다. 해방촌과 이태원은 소월길 및 남산 2·3호 터널 합류 지점의 육교와 지하차도로 가늘게 이어져 있을 뿐입니다.

　그러나 1969~1978년에 두 개의 터널이 개통되기 전에는 신흥 시장 오거리에서 옛 일본군 사격장 부지(옛 군인 아파트, 현 남산 대림 아파트) 남쪽 지역인 재정 관리단 앞 교차로 북편까지 하나의 지역으로 묶여 있었음이 확인됩니다. 현재는 해방촌의 상징으로서 해방동 오거리의 해방 교회와 보성 여중고만이 주로 언급되지만, 1954년에 설립된 남산 교회는 특히 남산 3호 터널이 개통되기 전까지는 일본군 사격장 부지 남쪽 지역까지 아우르며 해방 교회와 함께 해방촌의 대표적인 종교 시설로서 기능했을 터입니다. 이런 차원에서 현재의 지자체 범위를 뛰어넘어, 해방촌이 포함된 용산 2가동과 이태원동의 일부를 함께 묶어서 넓은 의미의 해방촌으로서 생각할 필요가 있습니다. 두 지역은 20세기 전기에 경성 호국 신사와 일본군 사격장으로서 출발했고, 광복과 6·25 전쟁 이후에는 공히 미군 기지의 배후지로서 성장했습니다. 21세기 들어 HBC 거리가 상업적으로 활기를 띠게 된 것은 이태원 문화의 확산에 따른 것이지만, 남산 2·3호 터널과 녹사평 대로가 끊어 놓았던 두 지역의 공통성이 회복되고 있는 것으로 볼 수도 있습니다.

　이 절을 마치며, 마지막으로 해방촌의 미래에 대한 저의 바람을 적습니다. 첫째, 〈동장 이봉천 기적비〉와 같이 해방촌의 삼문화 광장을 구성하는 20세기 전기와 20세기 후기의 주요한 도시 화석들이 앞으로도 너욱 많이 발굴되고 기념되면 좋겠습니다. 둘째, 현 해방촌의 중심 지역으로 간주되는 해방촌 오거리뿐 아니라 남산 교회로 대표되는 남산 2·3호 터널 인접 지역에도 좀 더 많은 관심이 갔으면 좋겠습니다. 아울러 현재의 지자체 행정 단위인 용산 2가동의 범위를 넘어서, 속칭 경리단길의 북쪽 지역까지 아우르는 하나의 단위로서 남산 남쪽 기슭의 근현대 역사·문화가 통합적으로 파악되기를 바랍니다. 옛 일본군 사격장이던 남산 대림 아파트 동남쪽에 자리한 해방 부동산은 〈월세, 전세에서 해방되는 그날까지〉라는 캐치프레이즈를 내걸고 있지만, 어쩌면 1950~1960년대에 해방촌 동남쪽에 해당하던 이 지역이 녹사평 대로에 의해 해방촌의 나머지 부분과 단절되기 전의 기억을 보존한 도시 화석일지도 모르겠습니다.

10
종로 5·6가: 겨울, 피맛길에서

지난 2018년 1월 26일 저녁, 저는 종로 5가 북쪽의 이른바 피맛길이라 불리는 좁은 골목길을 걷고 있었습니다. 피맛길이란 조선 시대에 종로통을 지나던 평민들이 높은 사람들의 행차에 마주치지 않기 위해 이용하던 뒷길입니다. 피맛길이라고 하면 흔히들 광화문에서 종각을 거쳐 탑골공원까지 이어지는 길을 떠올리지만, 실제로는 종로통 남북 양쪽으로 광화문부터 동대문 언저리까지 좁고 길게 이어집니다.

제가 이곳을 찾아가기 일주일 전인 1월 20일, 종로 5가 피맛길에서 방화 사건이 일어났습니다. 이 사건에 대한 뉴스를 듣던 중, 이 골목에 소방차가 진입하지 못해서 피해가 커졌다는 말이 귀에 꽂혔습니다. 조선 시대에 형성된 길이다 보니 현재의 소방차 폭에 맞지 않는다는 것이었습니다.

도대체 길이 얼마나 좁기에 소방차가 들어가지 못했는지 궁금해 저는 직접 현장으로 갔습니다. 그곳은 정말 어른 두 사람이 어깨를 부딪치며 지날 정도의 좁은 골목이었습니다. 화재가 난 지 일주일이 지났지만, 골목에서는 아직 탄내가 가시지 않았습니다. 골목이 좁다 보니 바람이 잘 통하지 않아서, 냄새가 아직도 다 빠지지 않았던 것입니다.

방화된 여관 오른편에는 두 개의 단층 건물이 서 있었습니다. 여관 건물 오른쪽 바로 옆에 붙어 있는 식당은 현재도 영업을 하는 모양이었지만, 〈옆집 화재로 인하여 영업 중단 상태입니다. 빨리 복구해서 다시 뵙도록 하겠습니다. 감사합니다〉라는 안내문이 입구에 붙어 있었습니다. 이 식당의 오른쪽 건물에는 공사 가림막이 쳐져 있었습니다. 〈그동안 성원해 주신 ○○가 재건축으로 인해 새로운 곳에서 찾아뵙게 되었습니다. 앞으로 더욱 최선을 다할 것을 약속합니다〉라는 안내문이 가림막 앞에 붙어 있었습니다.

　종로 5가 피맛길의 건물 하나는 화재로 사라졌고, 또 하나는 재건축에 들어갔고, 두 건물 사이에 낀 식당은 화재 때문에 휴업 중이었습니다. 이 세 채의 건물을 바라보며, 이번 화재를 계기로 이 골목의 모습은 많이 바뀌리라는 생각을 했습니다. 화재가 일어나기 전에도 이미 재건축에 들어간 건물이 있었고, 이번 화재를 계기로 소방차가 다닐 수 있을 정도로 도로 폭이 넓혀질 터입니다. 그리하여, 얼마 남아 있지 않은 피맛골의 또 한 구역이 서울에서 사라지게 될 것입니다.

　돌이켜 보면, 제가 종로를 드나들기 시작한 20여 년 전에는 광화문과 종각 사이의 피맛길도 딱 이 정도 폭이었습니다. 광화문 교보문고에서 피맛길로 들어서는 초입에는, 아버지가 직장에 다니던 시절부터 영업하던 빈대떡집과 해장국집이 있었습니다. 종각 사거리 종로 타워 뒤편에는, 제가 20여 년 전부터 드나들던 선술집도 있었습니다.

　2000년대 초, 광화문과 종각 사이에 고층 빌딩들이 들어섰고, 이곳에 있던 빈대떡집은 종각 사거리로 옮겨 갔습니다. 종로 타워 뒤편의 피맛길은, 2018년 1월의 종로 5가와 마찬가지로 2013년에 방화로 인해 큰 피해를 입었습니다. 2013년의 방화자는 〈이곳을 불태워서 깨끗이 만들라〉는 하늘의 계시를 받았다고 했습니다. 그 후, 이곳에 있던 선술집은 을지로입구 쪽으로 옮겨 갔고 공평동 일대는 재개발 중입니다.

공평동의 배후에는 인사동이 있기 때문에, 광화문과 종각 사이 구간처럼 그 모습을 완전히 바꾸지는 않을 터입니다. 하지만, 적어도 종로 5가의 피맛길과 같은 모습은 더 이상 이곳에서 찾을 수 없습니다.

　피맛길은 조선 시대에 형성되었지만, 오늘날 이곳에 조선 시대의 건물은 거의 남아 있지 않습니다. 현재 피맛길에 가장 많이 남아 있는 옛 건물은, 정세권(鄭世權, 1888~1965)과 같은 식민지 시대의 조선인 〈집장사〉 또는 한반도 최초의 디벨로퍼(부동산 개발업자)들이 지은 개량 한옥입니다. 이들 조선인 디벨로퍼들은 청계천 남쪽에 머무르던 일본인들이 청계천 북쪽의 조선인 구역으로 세력을 확대하는 것을 저지하기 위해 이 일대에 보급형 주택 단지를 건설했습니다. 이 보급형 주택 단지가 오늘날 북촌이나 익선동이라 불리는 개량 한옥촌입니다. 그러므로 비록 피맛길이라는 공간 자체는 조선 시대에 형성되었지만, 피맛길에 남아 있는 가장 오래된 시간의 층은 조선 시대가 아닌 식민지 시대인 것입니다. 피맛길 아니 서울이라는 공간과 한국이라는 나라의 역사를 생각할 때, 식민지 시대를 빼놓는다면 역사적으로 오래된 것은 거의 찾을 수 없습니다. 서울에 약간 남아 있는 조선의 왕궁과 무덤과 백간 기와집은, 피맛골을 오갔을 제 평민·노비 조상들과는 관계가 없습니다. 그 왕궁이나 기와집도 일부는 그나마 최근에 〈복원〉이라는 이름으로 〈신축〉된 것입니다.

　식민지 시대에 피맛길을 가득 채웠던 서민들의 개량 한옥들은, 한국 역사상 부끄러운 시기로 인식되는 일본 식민지 시대에 만들어졌고 서민이 살기 위해 저렴하게 지어졌습니다. 그 결과 양반이 살던 백간 기와집처럼 보존할 가치가 없다고 치부되어, 그 누구의 애도도 받지 못하고 파괴되고 있습니다. 2018년 1월 종로 5가 피맛길에서 저는, 한국 역사의 소중한 부분이 무관심과 오해 속에 또다시 조용히 파괴되어 가

2018년 1월에 방화 사건이 일어난 종로 5가의
씨앗길과 그 주변 풍경.

는 광경을 목격했습니다. 20세기 한 시기의 귀중한 역사 유산을 왜 그렇게 무심히도 파괴했는지 의아해할 백 년 뒤의 한국 시민들을 위해 저는 이 글을 남깁니다.

11
을지로: 서울 100년의 시층(時層)

현재, 서울 중구 입정동 그러니까 서울 지하철 2·3호선 을지로 3가역의 동북쪽 을지로 3가에서 철거 작업이 진행되고 있습니다. 이 지역은 세운 재정비 촉진 지구 세운 3구역에 포함되어 있고, 2023년까지 주상 복합 건물이 들어설 예정이라고 합니다. 을지로라고 하면 흔히 서울 시청에서 시작해서 동대문 디자인 플라자 근처 한양공업고등학교에서 끝나는 길의 남북쪽 블록들을 말합니다. 이렇게 넓은 을지로에서도 현재 서울의 역사가 가장 층층이 쌓여 있는 지점이 바로 을지로 3가입니다.

을지로 3가에 가보신 분들은 아시겠지만, 이 지역은 좁고 가는 골목길과 촘촘하게 쪼개져 있는 필지에 길게 세워진 건물들이 인상적입니다. 고려 시대까지 거슬러 올라갈 가능성도 있는 골목길들이 존재하는 을지로 3·4가 일대가 오늘날과 같은 근대적 도시 공간으로 변한 것은, 19세기 말에 일본인들이 청계천 남쪽, 남산 북쪽의 이 지역에 살기 시작하면서부터입니다. 을지로 3가역의 동남쪽에는 이순신 생가 터라는 안내판이 붙어 있는 건물도 있지만, 한국 곳곳에 존재하는 이런 안내판이 그러하듯이 이 위치가 바로 이순신이 태어난 곳이라는 사실을 증명하기란 거의 불가능합니다. 고려 시대의 골목길이나 조선 시내 선

세운 청계 상가에서 서쪽으로 입정동 쪽을 바라본
노습. 철거가 진행 중인 구역에 가림막이 쳐 있다.

(위) 을지로 3·4가의 골목.

(가운데) 을지로 일대에서 확인되는 일본식
가옥들.

(아래) 서울 중구 인헌동의 신도 빌딩 정문에 붙어
있는 안내판. 〈많은 역사학자들의 고증을 통해
충무공 이순신 생가 터를 이곳으로 추정하여,
2017년 4월 28일 이 안내판을 설치합니다.〉

기에 이순신이 태어난 곳뿐 아니라, 조선 시대 후기에 이 지역에 살았을 조선 사람들의 흔적을 오늘날 이 지역에서 확인하는 것도 쉽지 않습니다. 우리가 을지로 3가역의 동쪽 부분에서 볼 수 있는 것은, 19세기 말부터 이 지역에 정착한 일본인들이 조선 시대 후기의 길 양쪽에 일본식으로 만든 〈적산 가옥〉이라 불리는 일본식 가옥, 해방 후 20세기 중후기에 한국인들이 세운 높고 낮은 건물들, 그리고 그 사이로 드문드문 솟아 있는 20~21세기 전환기의 고층 빌딩들입니다.

을지로는 서울의 구도심인 사대문 안 지역을 동서로 관통하는 4개의 큰 길 가운데 북쪽으로 종로, 남쪽으로 마른내로와 퇴계로의 사이에 놓여 있습니다. 19세기 말에 한반도에 진출하여 남산 북쪽 기슭에서 정착하기 시작한 일본 세력이 청계천으로 북진하는 과정에서 을지로는 오늘날 이 지역에서 확인할 수 있는 경관을 갖추게 되었습니다. 또한 태평양 전쟁 시기에 미국 항공기가 경성 시내를 폭격할 가능성이 제기되자, 한 곳의 불이 다른 곳으로 쉽게 옮겨붙지 않도록 오늘날의 을지로 3·4가를 중심으로 종로부터 충무로 사이의 좁고 긴 구간의 목조 주택이 철거되었는데, 이렇게 하여 마련된 공터에 오늘날의 세운 상가·청계 상가·삼풍 상가·진양 상가가 들어서 있습니다. 을지로에는 조선 시대, 어쩌면 고려 시대로 거슬러 올라갈 수 있는 길이 남아 있을지도 모르고, 이순신 장군이 태어난 곳으로 추정되는 지점도 존재하지만, 오늘날 을지로에서 20세기 전기의 식민지 시대보다 더 오래된 시기의 흔적을 찾기란 쉽지 않습니다.

조선 시대의 흔적은 거의 없고 20세기 전기의 식민지 시대, 20세기 후기의 현대 한국 초기, 21세기 전기의 건물과 길이 주로 확인된다는 점에서, 을지로는 비록 사대문 안에 있기는 하지만 영등포·강남 등 사대문 바깥 서울의 공간이 보여 주는 전형적인 모습을 보여 줍니다.

세운 청계 상가에서 을지로 4가 쪽을 바라본 모습.
20세기 전기의 일식 가옥 거리, 20세기 중반인
1978년에 지어진 반석 교회, 1998년에 완공된
두산 타워가 시간의 층을 이루고 있다.

멕시코 삼문화 광장.

앞서 9절 해방촌에서 언급했지만, 서울이 지나 온 이처럼 다양한 시간의 층을, 저는 지층(地層)이라는 단어에서 착안하여 시층(時層)이라 부르고 있습니다. 그리고 19세기 말에서 20세기 전기, 20세기 중·후기, 20세기 말에서 지금에 이르는 세 개의 시층이 쌓인 서울의 공간을 〈삼문화 광장〉이라 부르고 있습니다. 삼문화 광장이란 멕시코의 수도인 멕시코시티의 삼문화 광장에서 빌려 온 개념입니다. 이곳에는 아메리카 대륙이 유럽인에게 정복당하기 전인 아스테카 왕국 시대의 종교 건물, 스페인 식민지 시대의 교회 건물, 그리고 독립 이후 현대의 복합 용도 건물이 시층을 이루고 있습니다. 멕시코는 선주민과 유럽인 사이에 혼혈이 일어난 지 수백 년이 지났기 때문에, 한국의 민족주의자나 조선 문화 근본주의자가 그렇듯이 식민지 시대의 유적을 〈민족 정기 회복〉이라는 명목으로 마구 파괴하지는 않는 듯합니다. 또한 기단만 남은 몇몇 조선 시대 건물을 〈복원〉이라는 이름으로 〈재창조〉한 뒤에 조선 왕조의 〈신성함과 존엄성 유지〉를 주장하며 주변의 근현대 건물을 철거하는 한국과는 달리, 독립 이후 근현대에 지어진 건물 역시 자신들의 소중한 역사로서 인정하고 있습니다.

위의 〈신성함과 존엄성 유지〉라는 말은 종묘 정문에 붙어 있는 안내판에서 인용한 것입니다. 이미 망한 지 100년이 지난 나라의 왕족 사당에 대해, 민주공화국인 대한민국의 시민이 왜 신성함과 존엄성을 지켜 주어야 하는지 저는 모르겠습니다. 더욱이 조선 왕조가 망한 뒤에도 조선의 왕족들은 새로 마련된 이왕직관제(李王職官制)에 따라 비교적 우대받았으니, 식민지 치하에서 고통받은 민중들과는 그 처지가 분명히 달랐습니다. 그랬기에 1919년 3월 1일의 독립 선언을 거쳐 4월 11일에 수립된 조선인들의 임시 정부는 그 이름을 〈대한제국〉이 아니라 〈대한민국〉이라고 한 것입니다. 서양 국가들 및 일본의 식민지가 된

많은 지역에서 망명 정부를 수립할 때 옛 왕조의 왕족을 형식적으로나
마 수반으로 앉힌 것과는 달리, 조선의 독립운동가들은 조선 왕조를 계
승한 대한제국과 결별하고 시민의 나라인 대한민국을 수립했습니다.
대한제국이 망하지 않았다는 설정의 드라마가 유행하고, 조선의 왕족
및 양반들이 조선 독립에 헌신했다는 식의 주장들이 최근 늘어나고 있
습니다. 이는 외부 세력에 대해서는 무능하면서도 조선 내부의 피지배
층에 대해서는 가혹했던 조선 지배층과 결별하려 했던 20세기 전기 조
선 시민들의 열망을 배신하는 움직임입니다.

　이러한 관점에서 지난 백여 년의 서울과 한반도 역사를 바라보는
저는, 최근 김정인 선생의 『독립을 꿈꾸는 민주주의』(책과함께, 2017)
라는 책을 읽고 감탄했습니다. 왜 이 책을 쓰게 되었는지를 밝히는 김
정인 선생의 머리말을 일부 인용합니다.

　민족주의의 시각으로 독립운동을 바라보는 데 익숙한 터에 독립
　운동은 곧 민주주의 운동이었다는 사실을 뒤늦게 〈발견〉하면서 비
　로소 한국 근대 민주주의 역사에 눈뜰 수 있었다. (……) 책을 쓰면
　서 새삼 평등 의식이 없는 곳에는 민족 차별에 대한 저항이 존재할
　수 없다는 사실을 깨달았다. 민족주의적 해석처럼 일본의 지배가
　혹독했기에 독립운동이 치열했던 것만은 아니었다. 사실 제국주
　의 국가들의 식민지 지배를 돌아보면 일본이 더 잔혹한 제국주의
　였는지 경중을 가리기는 어렵다. 지배와 차별에 저항하며 자유와
　평등의 기치를 내세운 건 민주주의적 의식과 문화가 있었기에 가
　능한 일이었다. 오늘의 시각으로 보면 식민 지배와 민족 차별에 대
　한 저항이 당연시되지만, 그건 당위가 아니라 민주주의 역사의 산
　물이었던 것이다.[1]

이런 관점에서 보아야, 양반 출신 의병장인 유인석이 왜 평민 출신 의병장인 김백선을 죽였는지, 왜 의병운동을 하겠다고 모인 신처사·나윤달 등의 동학교도를 처형시켰는지를 이해할 수 있습니다. 조선 왕실은 피지배층이 변혁을 꾀하며 일어난 동학농민운동을 진압하기 위해 외세인 청나라 군대를 끌어들였습니다. 그리고 조선의 유사시에 양국군이 동시 출병할 수 있다는 식으로 해석 가능한 톈진 조약에 따라 일본군도 조선으로 건너오면서 1894년에 청일 전쟁이 시작되었습니다. 조선 왕실 및 양반으로 이루어진 지배층과 조선의 피지배층은 청나라·일본에 맞서 일치단결한 것이 아닙니다. 이 두 집단의 이해관계는 대립하고 충돌했습니다.

해방 후 한반도에서 자유 민주주의 체제의 대한민국(남한)과 공산주의 체제의 조선민주주의인민공화국(북한)이라는 두 개의 국가가 세워지면서, 대한민국에서는 역사를 설명할 때 계급 갈등이라는 개념을 적용하는 것을 극력 피하고 주로 민족주의라는 잣대로 역사를 해석하려 했습니다. 하지만 위에서 말했듯이 지난 백 년간의 한반도 역사를 이해할 때 민족주의만으로는 이해되지 않는 일들이 너무도 많습니다. 예를 들어, 조선 왕조 500년간 같은 민족이면서 노예로서 착취받은 노비들이 경상남도 진주에서 일으킨 신분 해방운동인 형평사 운동은 독립운동인가 아닌가? 이것은 민족의 독립을 위해 계급을 초월하여 일치단결해야 하는 엄중한 시국에 적전분열한 민족 배신 행위였던가? 모든 시민은 평등해야 할 대한민국에서, 왜 조선 왕조가 망한 지 100년이 지나도록 왕족과 양반의 역사와 문화를 서울과 한국을 대표하는 존재로서 가르치고 그 〈신성함과 존엄성〉을 지켜야 하는가? 조선 시대 내내 성 안으로 들어가지 못한 노비들의 한을 풀어 주기 위해 진주 시민들은 논을 보아 〈형평운동 기념탑〉을 만들어 진주성 안에 세웠으나, 현재 이

탑은 다시 진주성 밖으로 밀려났습니다. 한국은 민주공화국이지만 시민들은 여전히 평등하지 못합니다. 그러니 조선의 왕궁과 양반들의 기와집은 보존되는 반면, 평민·시민들의 공간이던 을지로는 철거되고, 노비 해방운동을 기념하여 시민들이 성금을 모아 만든 형평운동 기념탑은 진주성 밖으로 쫓겨납니다.

2019년 1월 16일에 박원순 서울시장은 기자 회견에서, 철거 중인 을지로 3·4가 일대의 일부를 보존하는 방향으로 검토하겠다는 의견을 밝혔습니다. 이에 대해 범을지로 여성 연대라는 조직에서는 17일에 다음과 같은 글을 조직의 트위터 계정(@suffragettetoD)에 올렸습니다.

지금 박원순 시장의 전면 재검토 기사를 보고 안심하시는 분들이 계시는데요, 여러분 혹시 옥바라지 골목을 기억하십니까? 이곳이 현재 어떻게 되어 있는지 아세요? 그때도 박 시장은 같은 이야기로 사람들을 안심시켰지만 결과는 롯데 캐슬이었습니다. (……) 이 나라에 역사 문화는 없나요? 종묘만 문화유산인가요? 우리나라는 조선 이후의 과거는 없습니까? 이래 놓고 3·1운동 100주년이라고 홍보하지만 정작 역사적 장소는 어느 곳에도 남아 있지 않습니다. 옥에 간 사람들만 중요한가요? 서대문 형무소만 보존하나요? 그 곁에서 옥바라지하던 사람들은요? 당연하게도 여성이 많지 않았겠습니까? 이렇게 여성의 서사가 하나 지워졌습니다.

이처럼 오늘날의 대한민국은 모든 시민이 평등한 민주공화국임에도 불구하고, 이 나라의 의사 결정층은 여전히 옛 지배층과 남성 중심적인 관점으로 역사를 구성하고 그것만을 기억하도록, 그 이외의 평민과 노비의 역사는 기억할 가치가 없다는 식으로 시민들에게 수입하고

(위) 진주성 안에서 성 밖 남강가로 밀려난
형평운동 기념탑.

(아래) 옥바라지 골목의 대부분은 철거되어 현재
고층 아파트 건물이 들어서 있습니다. 다만 독립문
동북쪽에는 20세기 전기에 많이 만들어진 개량
한옥으로 이루어진 여관 골목이 딱 하나 남아
있어서 예전 옥바라지 골목의 모습을 접하고
있습니다.

있습니다. 지난 군사 정권 시절 영등포와 구로 공단의 노동자들이 노동 운동을 일으키는 것을 막기 위해, 공장의 소유자와 정부는『환단고기』로 대표되는 사이비 역사학의 신봉자들로 하여금 노동자들에게 〈우리 민족〉의 위대함을 설파하게 했습니다. 이들은, 〈우리 민족〉의 위대함을 부활시키기 위해서는 노동조합을 만들 것이 아니라 근로자와 사용자가 협력해서 열심히 일해야 한다고 강조했습니다.

이것은 기억의 전쟁이자 계급 전쟁입니다. 이 기억의 전쟁에서 조선 왕족·남성 중심의 관점을 지닌 집단이 시민의 역사를 지우기 위해 일반 시민들에게 내세우는 가장 편리한 논리가 〈일제 잔재 청산〉입니다. 문제는, 지난 백 년 동안 우리 평민·시민들이 살아온 공간이 대부분 〈일제〉 시대에 만들어졌다는 사실입니다. 적산 가옥이라 불리는 일본식 가옥뿐 아니라, 〈조선 시대의 모습〉을 전하는 것으로 선전되곤 하는 북촌과 서촌의 기와집들 또한 20세기 전기의 식민지 시대에 세워졌습니다. 건축가 황두진 선생은 현재 서울에 존재하는 기와집의 절대 다수는 이 시기에 만들어진 것으로 추정합니다. 개량 한옥이라 불리는 이들 20세기 전기의 기와집이 조선 시대 양반의 으리으리한 기와집에 비해 역사적·문화적 가치가 떨어지는 게 아니라, 청계천 남쪽에 거주하던 일본인들이 청계천 북쪽으로 진출하는 것을 막기 위해 정세권과 같은 인물들이 조선 서민이 살 수 있도록 보급한 것이라는 사실을 밝힌 책이 김경민 선생의『건축왕, 경성을 만들다』(이마, 2017)입니다. 일식 가옥과 개량 한옥 모두 단순한 식민 잔재가 아닙니다. 이는 조선 총독부 건물이 일본의 식민지 통치로 이용된 기간보다 대한민국의 중앙청 및 국립 중앙 박물관으로 사용된 기간이 더욱 긴 것과 마찬가지입니다. 이들 건물과 공간은 우리들 민주공화국 대한민국 시민의 어머니·아버지, 할머니·할아버지가 이용한 곳입니다. 이들 건물과 공간을 철거하는 것은

사직단과 종로 도서관.

〈식민 잔재 청산〉이 아니라 〈시민의 역사〉, 〈시민의 기억〉을 지우는 파
괴 행위입니다. 그리고 이 기억의 전쟁이 2019년 현재 을지로에서 일
어나고 있습니다.

물론 저는 을지로 3·4가 일대를 모두 보존하자고 주장하는 것이
아닙니다. 서울의 어떤 공간을 재개발하고 어떤 공간을 보존할지에 대
해, 저는 『서울 선언』에서 이렇게 적은 바 있습니다. 아래의 글은 사직
단을 원형대로 복원하기 위해, 한반도의 시민들이 돈을 모아 만든 종로
도서관을 헐자는 주장을 비판하는 내용입니다.

왕조 시대의 유적을 확장 복원하기 위해서는 근현대 서울 시민들
의 유산을 헐어도 된다는 사고방식에 저는 반대합니다. 저는 왕
조의 신하가 아니라 1919년에 수립된 대한민국이라는 공화국
의 시민입니다. 저에게는 이미 사라진 왕조의 의례 시설인 사직단
을 확장하는 것보다, 대한민국이라는 공화국이 수립된 이듬해인
1920년에 영업을 시작한 도서관의 책들을 1968년부터 지켜 오
고 있는 종로 도서관 건물이 훨씬 더 소중합니다. (……) 이것은 조
선 왕조를 띄우기 위해 근현대 한반도의 역사를 파괴하는 것입니다.
식민지 경성과 현대 서울의 건물·공간을 무조건 보존하자는 말이
아닙니다. 사람들이 좀 더 쾌적하게 살기 위한 서울의 재개발은 불
가피합니다. 하지만, 이미 역사 속으로 사라져 버린 조선 시대의 건
물·공간을 창작한 뒤에 비워 둘 거라면, 그런 복원은 퇴행적인 역사
왜곡이라는 말입니다. 조선 왕실이 곧 한민족은 아니며, 조선 왕조
가 곧 현대 한국인 것은 아닙니다. 현대 한국의 발전은 조선 왕조를
긍정하고 계승한 것이 아닌, 조선 왕조를 부정하고 대한민국이라는
공화정을 건설한 데서부터 시작되었다고 저는 믿고 있습니다.

조선 시대 지배층의 공간만을 역사라고 생각하여 보존 및 복원
(이라는 이름의 창조)해야 하고, 그 이후의 서울 시민의 공간은 식민
잔재와 개발 독재의 흔적일 뿐이므로 지킬 가치가 없다는 사고방식이
2002~2006년 청계천 복원 사업과 2019년 현재 을지로 3가역 일대
의 철거 작업으로 이어지고 있습니다. 저는 지난 2018년 3월부터 집
중적으로 을지로 3·4가 일대를 답사하고 사진을 찍고 있습니다. 이 지
역에 대한 개발 압박이 심상치 않다는 느낌이 있었기 때문입니다. 을지
로 3·4가 골목을 걸으며 이 지역이 대형 화재에 취약하다는 점을 확인
했고, 그 땅값 비싼 서울 한복판에 을지로 3·4가와 같은 지역이 부동산
개발 압력에 얼마나 버틸 수 있을지 의문스러워졌습니다. 서울에서 살
고 싶어 하는 시민들을 위한 거주지를 서울시 바깥에만 신도시라는 형
식으로 조성할 것이 아니라 서울시 내부에도 만들어야 한다는 주장에
도 동의하고 있습니다. 그래서 결국 이 지역은 어떤 형식으로든 정비될
수밖에 없을 것이라고 예상해서, 힘닿는 대로 많은 기록을 남기려 한
것입니다.

　이런 의미에서, 2018년 연말에서 2019년 1월 사이에 을지로 3·4가
일대에서 시작된 철거 작업은 충분히 예측 가능한 일이었습니다. 서울
시 및 시공사 측에서도 몇 년 전부터 개발 계획을 공개한 상태였습니다.
다만 지난 몇 년 동안 〈다시 세운 프로젝트〉가 진행되면서, 이 지역을
이용하는 사람들과 서울 시민은 세운 상가 주변 지역도 전면적인 재개
발이 아니라 비교적 원형을 유지하는 방식으로 〈도시 재생〉될 것이라
고 믿게 되었습니다. 그런 믿음을 가지고 있던 수많은 사람들에게 이번
입정동 일대에 대한 철거 작업은 뜻밖이었습니다. 들리는 바로는, 결국
세운 상가만 남기고 주변의 저층 건물은 모두 철거한 뒤 세운 상가 양
옆을 고층 빌딩이 감싸는 형태로 민드는 것이 이번 재개발의 최종적인

계획인 것 같습니다. 과연 세운 상가는 지난 백여 년 동안 조성된 을지
로 3·4가의 도시 공간에 비해 더욱 보존할 가치가 있는 걸까요? 저는
세운 상가보다 그 양옆의 100년간의 시층이 더욱 가치 있다고 생각합
니다. 을지로 3·4가 일대의 저층 빌딩들이 노후화되어 붕괴 위험이 있
다고 한다면, 마찬가지로 곳곳이 재난 위험 시설(D등급) 판정을 받은
세운 상가만 왜 보수되어 남겨져야 할까요? 설사 이런 방식으로 을지
로 3·4가 일대가 전면 철거되는 것은 어쩔 수 없다 하더라도, 지난 백
여 년간의 시간이 멕시코의 삼문화 광장처럼 시층을 이루고 있는 이 지
역을 꼼꼼히 조사하여 기록으로 남기고자 한 사람들에게는 철거 속도
가 너무 빠르게 느껴집니다. 과연 을지로 3·4가 일대는 보존은커녕 조
사될 가치도 없는, 그저 식민 잔재이자 개발 독재의 흔적이기만 한 것
일까요?

　저에게 을지로 3·4가 일대는 발견의 장소입니다. 식민지 시대의
일식 가옥, 20세기 중후반에 없는 돈 부족한 기술이지만 성실하게 지
어 올린 빌딩들, 그 무엇보다 을지로 3·4가의 개성을 만들어 내고 있는
간판들이 가득합니다.

　을지로의 가장 큰 특징은 20세기 전기에 만들어진 개량 한옥과 일
식 가옥입니다. 특히 을지로 3가역 서남쪽의 입정동에서는 1960년대
부터 제작되었다고 하는 이 지역 특유의 손글씨 간판이 붙어 있는 개량
한옥과 일식 가옥이 을지로의 고유한 정취를 만들어 내고 있습니다. 현
재 을지로 일대에서는 재개발 움직임이 활발합니다. 이에 대한 반대 운
동을 전개하는 측에서는 을지로에서 활동하는 장인(匠人)의 생태계를
보호하자거나 독립운동가와 관련된 건물을 지키자는 논리를 펼치고
있습니다. 이 지역에 존재하는 조선 시대의 길을 지키자는 주장도 있습
니다. 하지만 오늘날 서울 시민이 을지로를 생각할 때 떠올리는 가장

전형적인 이미지는, 을지로 2가부터 6가까지 넓게 퍼져 있는 20세기 전기의 개량 한옥·일식 가옥과 그 사이에 솟아 있는 20세기 후기의 현대 한국 초기 건물들이 아닐는지요? 을지로의 개량 한옥·일식 가옥이 식민지 시대에 만들어지기는 했지만, 이제 이들 건물은 식민지 시대보다 해방 후 현대 한국에서 이용된 기간이 더 깁니다. 이제 을지로의 개량 한옥·일식 가옥은 현대 한국의 역사, 서울 시민의 기억에서 분리될 수 없는 일부로서 그 존재의 정당성을 획득했다는 말입니다.

한편, 제가 을지로의 가치를 처음 알게 된 것은 을지로 3가 입정동의 창림 빌딩 1층 계단 옆에 박혀 있는 머릿돌을 확인하면서였습니다. 제2장에서 말씀드렸는데, 고대 중국에서는 건물을 놓을 때 〈전기(奠基)〉라는 의례를 지냈습니다. 그 전통 시대의 개념을 1965년에 세워진 을지로 3가의 건물에서 발견했을 때의 놀라움이란! 또, 을지로 3가에서는 볼트·너트 할 때의 그 〈볼트〉를 〈볼 —트〉라고 쓰는 습관이 있었던 것 같습니다. 어떤 단어가 장음(長音)임을 나타내는 — 기호는 일본어에서 흔히 사용되며, 20세기에 일본어 단어를 한글로 옮길 때 함께 따라오곤 했습니다. 〈아파 —트(アパート)〉라는 일본어 단어를 그대로 옮긴 충무로역 서북쪽의 〈보양 상가 아파 —트〉도 그런 경우입니다. 을지로 3·4가의 간판에서 발견되는 〈볼 —트〉라는 표기가 독특한 것은, 볼트를 나타내는 일본어 단어 〈볼트(ボルト)〉에는 정작 장음 부호가 없다는 사실입니다. 이 단어도 아마 일본어에서 〈볼트〉를 장음 표기할 것이라고 추측한 이 지역 장인(匠人)분들이 이런 표기법을 고안해 낸 결과, 전 세계 어디에도 없는 〈볼 —트〉라는 단어가 을지로에서 창조된 것입니다.

이뿐만이 아닙니다. 이발소라는 뜻의 〈이발실〉이라는 단어도 아직까지는 을지로에서만 확인했습니다. 식민지 시기에 이 지역에 저택이라 불릴 만한 건물이 있었음을 짐작케 하지만 아직 그 실체는 잘 알 수 없는 입정동 골목의 석조 기둥, 건물의 유래가 궁금해지는 주교동 골목 건물의 타일 장식 등, 을지로는 관찰하는 사람의 안목이 깊고 넓어질 때마다 새로운 발견을 하게 하는 서울 100년의 보물 창고입니다. 양미옥, 을지면옥, 조선옥, 을지 다방, 안성집, 우일집 같은 식당만 을지로의 귀중한 유산이 아니라는 말입니다.

조선 시대만 〈아는 만큼 보이는〉 게 아닙니다. 을지로 3·4가로 대표되는 서울 100년의 시층 역시 아는 만큼 보입니다. 한국 시민은 그 100년의 시층을 아직 꼼꼼히 탐험하지 못했습니다. 그렇게 미지의 영역으로 남겨져 있는 서울 100년의 시층이 지금 서울 곳곳에서 철거되고 있습니다. 거듭 말씀드리지만 저는 기본적으로 조선 시대 공간을 재현하기 위해 지난 백여 년의 서울 공간을 파괴하는 것에는 반대하지만, 사람이 살기 위한 건물과 블록을 만들기 위해 파괴되는 것은 어쩔 수 없다고 생각합니다. 다만, 서울에 이처럼 무한한 발견의 공간이 하나쯤 남겨져도 좋지 않을까 하는 안타까움은 있습니다. 만약 이런 공간이 단 하나도 남지 않고 모두 재개발되어 고층 빌딩이 세워져야 한다고 생각한다면, 서울 시민은 문화를 누리고 역사를 논할 자격이 없습니다.

1월 18일, 입정동 135번지의 2층 벽돌 건물이 헐렸습니다. 청계천 을지로 보존 연대라는 조직에 따르면, 이 건물은 1926년의 6·10 만세운동에 관여한 전기종 선생의 하숙집으로 추정된다고 합니다. 필자는 이러한 주장이 사실인지 여부를 아직 확인하지 못했지만, 가능성은 있다고 생각합니다. 이 또한 조금만 더 시간의 여유가 주어져서 이 지역을 꼼꼼히 조사한다면 확인할 수 있을 터입니다. 그 발견의 공간이 사라지려 하고 있습니다. 2019년 현재, 을지로 3·4가의 시층을 지키고지 히는 사람들은 서로 다른 성격을 지닌 다양한 집단으로 이루어져 있

을지로 3·4가의 간판에서 발견되는 〈볼—트〉.

철거되고 있는 을지로 입정동과 이에 대한 반대
움직임.

습니다. 세운 상가 세입자, 세운 상가 주변 건물의 상공인 세입자, 빈민 운동가, 이곳의 다양한 상업 시설을 이용하는 서울 시민, 그리고 예술가와 힙스터까지, 을지로가 보존되어야 하는 이유에 대한 이들의 입장은 미묘하게 다릅니다. 하지만, 서울의 다른 곳에서는 발견할 수 없는 무언가 매우 중요한 것을 발견할 수 있는 곳이 을지로라는 데에는 의견을 같이하고 있는 것 같습니다.

　서울은 망해 버린 조선 왕조의 궁궐이 다섯 개나 있어서 위대한 것이 아닙니다. 모든 사람이 평등한 국가를 만들고자 백 년 전에 선언한 그대로 민주공화국을 수립하는 데 성공한 과정이 남아 있는 곳이기 때문에 위대한 것입니다. 지난 백 년간 한반도 시민들이 이룩한 민주주의와 만인 평등의 사상은 현재 「님을 위한 행진곡」의 번역본을 통해 남쪽 타이완과 동남아시아 각국으로, 『전태일 평전』의 번역본을 통해 서쪽 중화 인민공화국으로, 『82년생 김지영』의 번역본을 통해 동쪽 일본으로 전파되고 있습니다. 현대 세계에서 독일·타이완 등과 함께 자유 민주주의의 최전선에 서 있는 대한민국의 수도 서울의 지난 백 년이 고스란히 남아 있기 때문에 서울이라는 도시는 위대합니다. 서울 백 년 역사의 시층을 퇴행적인 조선 시대 신봉자들로부터, 그리고 서울이 주상 복합 건물로 뒤덮이는 미래를 꿈꾸면서도 외국에 나가서는 그곳의 잘 보존된 역사와 문화를 부러워하는 사대주의자들로부터 지켜야 합니다.

　21세기 전기, 을지로는 강한 개발 압력을 받고 있습니다. 서울이라는 도시에 애정을 지닌 사람들이 미처 답사하지 못한 건물과 길이 바로 지금 철거되고 있습니다. 제가 지난 2018년 3월에 을지로 3가에 갔을 때, 충인 빌딩이라는 이름의 잘생긴 현대 한국 초기 건물의 철거가 진행되고 있었습니다. 이 건물의 정문에는 미릿돌이 있었을까? 내부

계단은 어떤 모습이었을까? 충인 빌딩과 그 주변의 개량 한옥·일식 가옥은 어떤 경관을 만들어 내고 있었을까? 이 모든 질문에 대한 답을 얻지 못한 채, 서울은 또 하나의 시층을 잃었습니다.

을지로 가게 간판들.

을지로 가게 간판들.

을지로 입정동의 풍경.

을지로 입정동의 변화: 2018~2019

입정동 삼원 상사. 2018년 4월 5일(위)과 같은 해
12월 6일(아래).

입정동 삼원 상사. 2019년 1월 3일(위)과 같은 해
1월 28일(아래).

을지로 입정동의 변화: 2018~2019

입정동 일식 가옥. 2018년 4월 5일(위)과 같은 해
12월 6일(아래).

입정동 일식 가옥. 2019년 1월 3일(위)과 같은 해
1월 28일(아래)

을지로 입정동의 변화: 2018~2019

입정동 성운 정밀 기계. 2018년 4월 5일(위)과
같은 해 5월 7일(아래).

입정동 성운 정밀 기계. 2019년 1월 3일(위)과
같은 해 1월 28일(아래).

을지로 입정동의 변화: 2018~2019

입정동 광명 빌딩. 2018년 4월 5일(위)과 2019년
1월 3일(아래).

입정동 광명 빌딩. 2019년 1월 8일(위)과 같은 해 1월 28일(아래).

을지로 입정동의 변화: 2018~2019

입정동 진성 정밀·남일 절연. 2018년 4월
5일(위)과 2019년 1월 16일(아래).

12
이태원, 보광동, 한남동: 신앙의 길

이태원·보광동·한남동이라고 하면 외국인, 미군 기지, 대사관, 부촌(富村)이라는 이미지를 떠올리시는 분이 많을 겁니다. 하지만 조선 후기부터 지금에 이르기까지 중하층 계급의 신앙을 모아 온 부군당이 이곳에 밀집해 있다는 사실은 잘 알려져 있지 않습니다. 부군(府君)·부근(付根) 등으로 불리는 신이 정확히 어떤 성격인지는 알 수 없지만, 조선 후기부터 한강가에 세워진 각 부군당은 기마 장군(이태원), 제갈공명(둔지미), 이성계(서빙고), 단군 내외와 삼불제석(동빙고), 용궁과 물당 애기씨(작은한강), 백마 장군(큰한강) 등 서로 다른 신을 〈부군〉이라는 이름으로 모셔 왔습니다. 서해안의 〈어민들에게 있어서는 상징으로서의 임경업이라는 이름이 필요했을 뿐, 실존 인물 임경업의 행적은 관심 대상이 아니〉[1]듯이, 부군으로 모시는 신이 정확히 어떤 신이고 자기 지역과 어떤 역사적 관련이 있는지는 신자들에게 중요하지 않았습니다. 우리 마을과 우리 가족을 지켜 주는 강한 신이면 되는 겁니다.

지배층인 왕족과 양반이 아닌 아전과 노비가 섬겨 왔고,[2] 조선 시대 후기에 상업적인 성공을 거두며 부상한 중간 계급이 주도하여 모셔 온 이 부군당 신앙은, 오늘날 사당이니 향교니 하는 주자학적 이데올로기의 전당에 비하면 내서울 시민의 기억에서 잊혀 있습니다. 조선 시대

(위) 이태원 부군당.

(가운데) 이태원의 경관.

(아래) 보광동의 〈김점례 여사·배봉출 선생
공적비〉.

지배 계급의 신앙 대상은 중요하고, 중간 계급 이하의 신앙 대상은 중요하지 않다는 차별적인 분위기가 민주공화국인 현대 한국을 여전히 사로잡고 있음을 이로써 알 수 있습니다. 그러나 한강가는 부군당의 공간이며, 특히 이태원에서 보광동을 거쳐 한남동에 이르는 지역은 부군당이 밀집해 있는 옛 중하층 계급의 성지입니다.

　부군당 답사의 출발점은 이태원 부군당입니다. 1967년에 옛 이태원 주민 일동이 세운 〈부군묘(符君廟)〉라는 비석이 당당하게 서 있습니다. 이 일대는 한때 이태원 공동묘지였고, 3·1 만세운동의 주역인 유관순 선생도 이곳에 묻혔기에, 현재는 이태원 부군당 옆에 유관순 추모비가 세워져 있습니다.

　이태원역 삼거리에서 남쪽 아래 언덕길로는 보광로가 이어집니다. 이 일대를 통칭 보광동이라고 하지요. 이태원-보광동은 외국인 거주지이자 소수자들이 존재하는 곳이자 재개발 예정지이기도 합니다. 결국은 재개발되겠지만, 워낙 규모가 크고 이해관계가 복잡하다 보니 매번 재개발이 시작된다는 뉴스가 나왔다가는 다시 수면 아래로 가라앉는 일이 되풀이되고 있습니다.

　우사단로 2길과 보광로 32가길이 만나는 부근에는 흔히 무후묘(武侯廟)라 불리는 둔지미 부군당을 관장하던 무당 김점례 선생과 남편 배봉출 선생이 3통 경로회에 기증한 집이 있습니다(보광동 240-22). 자신들의 유산을 경로회에 기증한 조건은 자신들의 제사를 지내 주는 것이었다고 합니다. 유언에 따라 3통 경로회는 김점례·배봉출 선생의 집 앞에 기념비를 세우고, 해마다 음력 3월 3일에 추모제를 지내고 있습니다.[3] 기념비를 찬찬히 읽어 보면, 훌륭한 사회 사업가로서의 모습이 강조되고, 김점례 선생이 둔지미 부군당의 무당이었다는 이야기는 언급하지 않는 섬이 눈에 띕니다. 이 비석을 세운 1978년은 샤머니즘을 탄압한 박정희 정권 말기로서, 김점례 선생이 무당이라는 점을 언급하지 않는 것이 고인을 욕되게 하지 않는 방법이라고 생각되었을 터입니다. 아래에 비석 내용을 소개합니다.

배봉출 선생 / 김점례 여사 공덕비 / 보광동 二四0~二二에 김점례 여사는 경기도 고양군 지도면 능곡리 경주김씨 사현 선생님 삼남 매중 장녀로 서기 一九0三年 八月 二十五日 출생하시여 一九三七年 九月 十日 배봉출 선생님과 결혼 서로가 조실부모로 외로운 처지에 만나 서로를 위로하고 사랑하며 가진 역경을 다 겪으시며 근면 절약 정신으로 60여성상을 해로하시며 슬하에 자손이 없음을 항상 서글퍼 하시면서도 인자하시고 봉사정신이 투철하신 배봉출 선생님과 김점례 여사님은 다음과 같이 우리 사회에 훌륭하신 공헌을 하셨읍니다. 서울역 등지의 무작정 상경한 소년소녀와 어디서나 불우한 사람들을 보시면 옷을 사서 입히고 노비를 주어 타이르고 충고하여 귀가시키는 등 선도 사업을 하셨으며 고아 김옥산 외 1명을 교육시켜 군에 입대시키는 등 사회에 배출하시였으며 이화여대 재학중인 김명자 양(二十)과 여고생인 김명희 양 등을 현재 교육시키고 있으며 앞으로 계속할 계획이시며 서기 一九七八年 三月 六日자로 사단법인 대한노인회 용산구 보광동 제三노인회 회관 건립비로 현금 壹阡二百五十만원과 대지 등 二阡여만원을 희사하시어 보광동 二四0번지 二二호에 현대식 회관을 준공케하시는 등 사회에 공헌한 사실이 큼으로 다음과 같이 공덕비 건립위원을 구성 거동적인 공덕비를 건립함
　　　서기 一九七八年 五月 六日
　　　보광동 제三노인회 회장 심신만 / 부회장 싱판식 / 성수식엽

훈련원 원장 박의호 / 보광동 동장 박노언 / 보광동 국민회의 대의
원 박동환 / 보광동 파출소 소장 조태규 / 보광동 제三노인회 총무
김상복 / 임원 김용춘 / 임원 장원섭 / 임원 유석홍 / 공화당 관리
장 박수복 / 상무위원회 의장 계해순

이태원 외국인 수요를 노리고 호텔로 지었다가 사정이 있어서
주상 복합 아파트로 바뀐 주미 아파트, 전통의 보광 재래시장, 김점
례·배봉출 선생의 후원으로 세워진 3통 경로회 건물 등을 본 뒤 보광
로 건너 서남쪽으로 언덕을 오르면 둔지미 부군당이 나옵니다. 제갈
공명을 주된 신으로 삼는 이 부군당은 원래 현재의 용산 미군 기지 자
리에 있던 둔지미 마을에 모셔져 있었는데, 일본이 용산에 군 기지를
만들면서 둔지미 마을 주민들이 이 일대로 이주해 오자 함께 옮겨졌습
니다. 원래 자리는 현재의 국립 중앙 박물관 부근이라고 합니다. 이처
럼 택지가 개발되면서 마을과 부군당이 사라지는 일은 해방 후의 한국
에서도 계속되어, 잠실리 부군당은 당나무만 남기고 사라졌고, 한강 이
남의 큰 부군당이던 삼성동의 물건너 화주당도 지난 2017~2018년
사이에 최종적으로 소멸했습니다. 이처럼 100여 년 동안 한강가 마을
에서 추방당한 이들을 〈제자리 실향민〉이라고 합니다. 이런 의미에서,
용산에서 보광동으로 옮겨 온 둔지미 마을의 부군당을 책임지던 김
점례 선생을 기리는 공덕비는, 지난 100여 년 사이에 조선의 평민에
서 민주공화국 한국의 시민으로 성장한 이들을 기리는 기념물이라
하겠습니다.
　현재의 둔지미 부군당 건물은 1964년에 새로 지은 것이며, 최천
옥이라는 분이 부군당의 유래와 1964년 중수 공사에 대한 상세한 기
록인 『무후묘 약사』를 남겨 놓아서 참고할 수 있습니다. 1964년이라고

보광동의 둔지미 부군당, 일명 무후묘.

하면 불과 50여 년 전이지만, 한국의 많은 전통과 기록은 대체로 과거 100년을 전후해서 형성되었으며, 1964년에 세운 둔지미 부군당 건물이나 1967년에 세운 이태원 부군묘 비석, 1974년에 세운 영등포구 당산동 부군당 비석 등은 훌륭한 현대의 전통입니다. 『보광동 사람들, 보광동 1』에 전체 본문이 실려 있는데, 그 가운데 일부를 인용합니다.

　　현재의 무후묘가 그 예전에 자리 잡고 있든 곳은 용산구 용산동 4정 둔지동이라는 곳. 속되게 일커르기를 둔지미라 하였다. 욕된 한일합병이 있는 뒤 일군의 연병장이 되어 둔지미에 살든 착하기만 하든 백성들은 삶의 터전을 뺏기고 지금 보광동으로 옮겨 살게 되었다. 따라서 무후묘도 수난을 당하여 현재의 위치에 모시게 된 것이다. 둔지미에서 주민이 옮겨올 당시는 고양군 한지면 보광리였다. 둔지미 때부터 마을 지도자는 김선유 씨였으니 보광동으로 옮겨 모실 당시의 무후묘 봉사도 물론 김선유 씨 중심으로 되었다. (……) 기미년 부군당을 건립한 사당이 퇴락하여 그로부터 이십사 년이 후인 계미년(단기 사이칠육년 서기 일구사삼년) 크게 중수를 하여 면모를 새롭게 했다. (……) 우리네 조상님들이 마을의 정신적 책무로 신성히 받드러 왔고 ○○○의 ○○의 만복지로 여겨 숭앙해 오든 부군당을 영구보존을 위하여 중수해야겠다는 공론이 수삼 년간 미르어오다 갑진년 음십일월 십오일 최천옥가에서 재래의 무후묘제전위원이 이여 토의한 결과 제전위원을 확대하기로 하고 대중수를 결정하여 즉시 중수 공사에 착수하여 갑진년 오월 삼십일일 음사월이십일 오후 삼시 미시에 상량식을 거행하였다.

　　헌재 서울에는 숭인동, 장충동 2가, 방산동, 사냥농 능 네 곳에 관

(위) 동빙고동 변전소. 　　　　　　　　(아래) 국군 보안사 서빙고 분실 유래비.

우의 사당이 있고, 구한말에서 식민지 시대에는 관우를 믿는 신앙이 활발했습니다. 최근의 몇몇 연구에서는 이 시기 조선 사람들이 이순신보다 관우를 더 잘 알았다고 지적하기도 합니다. 여기에 둔지미 부군당의 사례에서 보듯이 관우뿐 아니라 제갈공명까지 조선 후기에 조선인들의 신앙 대상이 되었음을 알 수 있습니다. 아직 문화재 등으로 지정되지는 않은 것 같아서, 보광동·한남동 재개발 과정에서 사라지지 않으면 좋겠다고 생각하고 있습니다. 최근 부군당 후문 쪽을 정비한 것으로 보아 주민분들께서는 이곳이 철거되지 않으리라고 생각하고 계신 듯합니다.

이곳에서 다시 서남쪽으로 가면 동빙고동 변전소가 나타납니다. 실외에 노출된 변전소라고 하면 서울시에서는 수색 변전소가 유명하지만, 저는 이곳의 풍경이 더욱 기이하게 느껴집니다. 무엇보다 모 댁 마당에 세워져 있는 송전탑이 그렇습니다. 하도 기이한 광경이어서 찾아보니, 이런 기사가 있었습니다. 〈집 마당에는 손을 뻗으면 닿을 거리에 154Kv 송전탑이 자리 잡고 있었다. 마당은 한국전력 소유다. 그러나 베란다 창문과 송전탑과의 거리가 채 50cm 남짓이다. 또 집 밖으로 나가면 바로 몇 미터 떨어지지 않은 곳에 보광 변전소가 있다. 송전탑과 변전소 사이에 집이 끼인 꼴이다. 「35년 전에 이 집을 반값에 샀다. 얼씨구나 했지. 송전탑은 없어진다고 해서 샀다.」〉[4]

이곳에서 한강을 왼쪽으로 바라보며 보광동 사람들이 도둑촌이라 부르는 대사관 거리가 나옵니다. 〈대사관 골목으로 바뀐 이웃 동빙고동 대형 주택가를 일부 사람들은 《도둑촌》이라고 불렀다. 5·16 쿠데타 이후 고위 관료들이 연이어 호화 주택을 짓자 《도둑질을 하지 않고서야 어떻게 저런 집을 짓겠냐》며 비아냥댄 데서 유래됐다고 한다.〉[5] 이 조용한 거리를 지나 동부이촌동으로 나서면 옛 국군보안사 서빙고 분실 자리에 세워진 아파트가 나타납니다. 아파트 정원에는 이 땅의 유래를 알리는 비석이 세워져 있습니다.

서빙고 수사분실 터

이 장소는 조선 건국 초기인 1396년부터 얼음 창고(서빙고)였던 곳으로서 인조 13년(1635) 태조 이성계와 신덕왕후 강씨의 영정을 모신 제당(부군당)으로 사용되었으며 일제 치하인 1910년경부터 군사 훈련장으로 이용되었다. 해방 후인 1957. 9. 1부터 특무부대 공작분실로 개관, 1971. 9. 20 보안사 수사분실로 개칭하여 사용하다가 1990. 11월 폐쇄할 때까지 자유민주주의 체제 수호를 위해 수많은 방첩인들의 땀과 혼이 서려 있는 터로서 그 의미를 되새기고자 이 표지석을 세운다.

2008년 7월 16일

이곳은 남영동 대공분실과 함께 수많은 사람들이 끌려와 고문 받은 곳으로 악명이 높습니다만, 시설 관련자분들의 인식은 사회의 일반적인 인식과는 괴리가 있어 보입니다. 이 비석이 말하는 바를 곰곰 생각하면서 동쪽으로 나아가면 서빙고동 부군당과 동빙고 부군당이 나타납니다. 동빙고 부군당에서 한강가로 나가서 한강을 오른쪽으로 바라보면서 동쪽으로 가다 보면 왼쪽에 오르막길인 서빙고로 91길이 나타납니다. 이곳에 김유신을 모신 보광동 부군당이 있습니다. 비록 학교와 고층 아파트 단지 사이에 끼어 있지만, 예로부터 이 지역의 큰 부군당이었습니다. 보광동 부군당의 유래를 적은 안내판에는 이곳의 대표 명칭이 〈흥무대왕 김유신 사당〉이라고 되어 있어서, 부군당 관계자들이 이곳을 샤머니즘적인 부군당보다는 주자학적인 사당으로 내세우려

한 의식을 읽을 수 있습니다. 현재, 많은 부군당에서 이러한 주자학화(化) 경향이 나타나고 있는 것으로 보고되고 있습니다. 샤머니즘을 천시하고 조선 시대 양반처럼 주자학만을 여전히 숭앙하고 있는 한국의 민낯입니다.

홍무대왕 김유신 사당은 본래 관아에서 신령을 모시는 집인 부군당으로, 김유신 장군을 주신으로 모셨으며 이름은 명화전이라 하였다. 신라가 고구려를 칠 때 한강 수위가 얕은 이 곳으로 건너갔는데, 고구려군을 물리친 후 김유신 장군이 주민들에게 잘 대해 주었기 때문에 김유신 장군을 주신으로 모시게 되었다고 한다. 매년 음력 정월 초하루가 되면 주민들은 김유신 장군의 위업을 기리고 마을의 평안을 기원하는 제사를 지내고 있다. 명화전의 창건 연대는 정확하지 않으나 옛터는 현 사당에서 남쪽으로 오십 보 떨어진 강가에 있었다. 1941년 일제가 철도를 복선화함에 따라 명화전 터가 철도 부지로 편입되어 사당이 헐리게 되자 현 위치에 옮겨 지었다.

보광동 부군당을 보고 나서 다시 언덕을 내려와 고층 아파트 단지를 끼고 북쪽으로 오르면 보광동 사거리가 나타납니다. 삼성운수가 1972년에 이곳에 차고를 두는 등 여러 버스의 종점으로 기능했으며, 종점 숯불갈비와 같은 가게는 보광동 사거리가 서울 사대문 밖 버스 종점이던 시절의 역사를 전하는 도시 화석입니다. 한편 보광동 사거리 종점에서 동북쪽으로 보이는 언덕은 1959년 사라호 당시의 이재민이 정착한 마을입니다. 2003년의 태풍 매미 이전에 가장 큰 피해를 입힌 태풍으로 기억되는 시리호의 피해를 입은 이재민들이 정착한 마을은 이

(위) 서빙고동 부군당.　　　　　　　　(아래) 김유신을 모시는 보광동 부군당.

곳 보광동 이외에 부산 사하 동매 마을, 철원 마현 1리 등 전국에 있습니다.[6]

이곳에서 장문로를 따라 동쪽으로 가다가 장문로 49길을 오르면 보광동 상이용사 주택 단지가 나타납니다. 1955년부터 지어졌고 1958년부터 입주가 시작된 상이용사 주택은, 1960년대 이전의 주택이 거의 없는 보광동 지역의 귀중한 보물이라 하겠습니다. 〈상이용사 주택의 건설 배경은 한국 전쟁 후 상이용사들의 주거 안정을 위해서였다. 그러나 해방 전의 전재민 주택과 마찬가지로 건설이 용이하지 않았다. 건축 자재가 부족해 집은 겨우 벽체와 지붕만 갖춰진 상태로 완성되었다. 상이용사 주택의 건설이 시작된 것은 1955년이었으며, 입주가 시작된 것은 1958년 10월이었다〉.[7] 그런데 상이용사 주택이 만들어질 당시의 보광동은 식민지 시대에 조성된 이태원 공동묘지 이래의 상태가 이어지고 있었습니다. 그래서 상이용사 주택 주변은 모두 묘지였고, 남산의 여우가 무덤을 파헤쳐서 시체를 먹었다는 생생한 증언들이 전해집니다.

상이용사 주택에서 동남쪽으로 80미터 거리, 걸어서 1분 거리에는 작은한강 부군당이 있습니다. 언덕 아래 한남대로 건너 동쪽 큰한강 부군당과 한 쌍을 이룹니다. 이름 그대로 작은한강 부군당 쪽이 작은 마을이었지만, 큰한강 부군당을 모시던 마을은 현재 한남동 유엔 빌리지 아래에 초라하게 남아 있을 뿐이고, 작은한강 부군당 근처가 비교적 큰 마을의 형태를 남기고 있습니다.

작은한강 부군당에서 한남 맨숀을 바라보며 평지로 내려와 지하도를 통해 한강 고수부지로 나가면 한강 서낭당이 나타납니다. 최근에는 민비 서낭·민비 선황 등으로 불리는데, 관련 뉴스는 검색되지 않지만 무당분들의 블로그에는 자주 보이는 떠오르는 샤머니즘 명소입니

한남대교에서 동쪽을 바라보다.

(위) 1950년대에 조성된 보광동 상이용사 주택.   (아래) 한남동 작은한강 부군당.

다. 1882년에 명성황후 민 씨가 임오군란 당시 이 부근에서 배 타고 한강을 건넜기 때문에 이런 이름이 붙었다는 주장도 있지만, 근거는 없습니다. 〈의례의 규모가 작을 때는 무당 자신의 신당에서 간단히 치르는 경우도 있으며, 실제로 한남동의 하이페리온 앞에 자리한《한강 서낭당》에서 굿을 열기도 한다.《한강 서낭당》이라 불리는 곳은 본래 단오 때 그네를 매서 타던 곳이다. 이곳에서 굿을 열거나 간단한 치성을 드리는 것은 이전에는 없던 일이었다. 지금은 굿을 여는 장소로 변해 하루에 여러 차례 이곳을 찾은 무당들에 의해 간단한 의례들이 열리곤 한다.〉[8] 제가 답사할 때마다 실제로 무당분들이 계셨고, 부정을 몰아내기 위해 주변에는 소금도 뿌려져 있었습니다. 또 주변 아파트 주민들과의 공존을 위해 〈징·북소리 조용히 치세요〉라는 경고문도 붙어 있었습니다.

    한강 서낭당을 보고 나서 경의중앙선 한남역으로 나오면 한남동 현대 시장을 중심으로 한 오래된 거리가 나타납니다. 이곳은 속칭 〈한남동 개골목〉이라 했는데, 제2장에서 언급했듯이 이 일대에 단국대학교가 있던 시절의 우스갯소리입니다. 저도 반포에 살 적에는 친구들과 술 마시러 한남대교 건너 이곳까지 오고는 했습니다. 단국대학교는 경기도로 이전했지만, 복사집 단국사와 〈단국대학교 앞 보도육교〉 명판이 그 시절을 전하는 도시 화석으로서 남아 있습니다. 한남대로와 한남대교 건너 큰한강 부군당을 본 뒤, 매봉산을 끼고 아래쪽으로 돌면 옥수-금호-응봉-행당-왕십리로 갈 수 있고, 위쪽으로 돌면 약수-신당으로 갈 수 있습니다. 옥수 방면 코스도 흥미롭지만, 우리는 약수-신당으로 향하겠습니다.

대서울의 과거·현재·미래

〈대서울의 과거·현재·미래〉에서 가볼 지역들

13
약수에서 길음까지: 집단 주택의 박물관

서울 지하철 6호선 버티고개역에서 내려 신당동 달동네에 오르면 동북쪽을 향해 탁 트인 경관을 볼 수 있습니다. 여기부터 서울의 동북쪽 끝 도봉구까지의 사이에는 물론 공업 지역도 있고 상업 지역도 있지만, 저에게는 이 공간이 광활하게 펼쳐진 주거 지역으로 느껴집니다.

20세기 전기부터 이곳에는 중산층 조선인을 위한 개량 한옥과 일본인을 위한 일식 주택이 많이 지어졌습니다. 개량 한옥이란 〈1930~1960년대 도시 지역에 건축된 전통 한옥의 구조와 재료를 개량(단순화)한 중소 규모 주택으로서 일정한 수준의 경제력을 지닌 조선인(한국인)의 대표적인 주거 유형 중 하나〉[1]로서, 정세권의 건양사와 김동수의 공영사, 마종유의 마공무소, 오영섭의 오공무소, 이민구의 조선 공영 주식회사 등이 오늘날의 강북 지역에 이들 개량 한옥 단지를 대량으로 건설했습니다.[2] 또한, 이곳은 19세기 말부터 남산 북쪽 기슭에 정착한 일본인들이 점차 세력을 넓히면서 새로이 개척한 정착지로서, 이들을 위한 일식 가옥과 1920년대 이후 유행한 〈문화 주택〉도 많이 지어졌습니다. 개량 한옥은 의정부 월남촌에서 보듯이 1970년대까지 지속적으로 지어졌고, 일식 가옥풍의 집 짓기 기법도 1950년대까지 이어졌으며, 문화 주택은 식민지 시대 이후 미국 서부 양식과 융합되어

(위) 약수역 부근 신당동 달동네의 저녁 풍경.　(아래) 신당동 달동네의 재개발을 둘러싼 벽보 전쟁.

많은 한국인들이 〈불란서집〉이라 부른 양옥으로 계승됩니다.[3] 뒤이어 빌라촌이 들어서고, 이 구역의 중간중간에 있던 공장들도 대개 고층 아파트 단지로 바뀝니다.

　신당동에는 식민지 시대 일본인이 거주했던 일식 가옥, 해방 및 6·25 전쟁 이후 난민들이 거주하기 위해 지은 불량 주택, 그리고 20세기 후반의 빌라와 고층 아파트 단지가 뒤섞여 있어서, 높은 곳에서 다산로 쪽 계곡을 내려다보면 마치 건물의 박물관을 관람하는 것 같은 느낌을 받습니다. 아직 달동네로 남아 있는 신당동 지역에는 〈당연하게도〉 재개발을 둘러싼 분쟁이 있어서, 답사하던 중에 재개발에 반대하는 벽보를 보았습니다. 21세기 초 서울의 갈등 상황을 증언하는 자료로서 그 내용을 옮깁니다.

신당 9구역 용적율 174% 최고 고도 지구 사업성 없다

서울시 타 재개발 구역 용적율이 230% 이상인데도 원주민들 90여%가 헐값에 수용당하여 쫓겨나고, 나머지 10여%가 빚을 지고 입주하여 힘들어하고 있습니다. 우리 지역은 서울시에서 승인 받은 용적률이 174.23%고, 또한 최고 고도 지구로 층수 7층으로 제한됩니다. 이러한 재개발 지옥을 벗어나, 내 재산을 지키는 방법은 오직 정비 구역 등의 해제 동의서 내는 것입니다.
　　　신당 9구역 도시 재생 추진본부

　달동네에서 약수역 사거리로 내려오면 동북쪽 언덕 위로 약수동 국민 주택 단지가 보입니다. 이승만 정권 시기에 지어진 이들 집단 거주 단지는 재건 주택, 부흥 주택, 희망 주택, 국민 주택 등으로 불리며 전국적으로 지어졌습니다. 서울에서는 특히 이 동북부 지역에서 많이

(위) 이승만 정권 때 조성된 약수동 국민 주택
단지.

(아래) 박정희 전 대통령이 5·16 군사 정변을
일으키기 전에 살았던 〈신당동 문화 주택〉.

확인되는데, 청량리나 황학동 부흥 주택처럼 평지에 지어진 경우도 있지만, 약수동·정릉·홍은동 국민 주택처럼 언덕 꼭대기에 지어진 경우도 많습니다. 이렇게 언덕 꼭대기에 자리한 국민 주택 단지를 걷다 보면, 기존에 존재하던 마을의 위쪽 산비탈에 새로이 조성된 집단 주택단지에 입주해서 살아 온 주민분들의 고생이 이만저만 아니었겠구나 생각이 들고, 폭발적으로 증가하는 인구를 정착시키기 위해 이승만 정권이 어떻게든 집단 주택 단지를 만들려고 애썼다는 생각도 듭니다.

약수동 국민 주택 단지에서 내려와 북쪽으로 향하면 청구로·청구로 1길·청구로 3가길 사이에 일식 가옥 밀집 지역이 나타납니다. 그럭저럭 괜찮은 일식 가옥도 보여서, 식민지 시대에는 비교적 생활 수준이 낮지 않은 지역이었겠구나 하는 느낌을 받습니다. 제 느낌에는 이 지역과 여의대방로 45길·47길·47가길 사이의 옛 번대방정 서북쪽 지역(현재의 영등포구 신길동 동쪽)이 비슷한 풍경을 만들고 있습니다.

이곳을 지나 좀 더 북쪽으로 가면 바둑판 모양으로 정리된 구획이 나타나고, 그중 한 곳에 박정희 가옥이라 불리는 신당동 문화 주택이 나타납니다. 이곳은 박정희 대통령이 5·16 군사 정변을 일으키기 전까지 살았던 곳임과 동시에, 신당동 지역에 많이 건설된 〈문화 주택〉 가운데 현재까지 남아 있는 유일한 건물이기도 합니다. 현장의 안내자분께 여쭤 보니, 방문하는 분들의 대부분은 이곳을 〈박정희 가옥〉으로서 찾아오고, 건축학과 등 일부 분들만이 이곳을 〈신당동 문화 주택〉으로서 찾아온다고 합니다. 건물 안에 있는 설명을 인용합니다.

1920년대부터 서울의 주택난을 해결하기 위해 도성 외곽 지역에 문화 주택 단지의 개발이 시작되었다. 〈문화 주택〉이란 서양식 주거 문화를 지향하며 새롭게 유행한 가옥으로서 복도와 응접실, 식당 등 재래 주택에서는 볼 수 없던 구조와 난방, 수도 등 근대적인 설비를 갖춘 개량 주택이었다. 문화 주택은 당시 부유층에게 문화 생활을 영위하는 데 이상적인 가옥으로 인식되었다. 지금의 장충동과 신당동 일대에도 조선 도시경영 주식회사에 의해 1932년, 1934년, 1938년 3차례에 걸쳐 격자형 도로를 갖춘 〈문화 주택〉 단지가 들어섰다. 이 가옥은 신당동에 유일하게 남은 문화 주택이다.

신당동 문화 주택을 나와서 다시 북쪽으로 가면 서울 중앙 시장이 나타납니다. 그 이름에서 알 수 있듯이, 이곳은 식민지 시대 일본인들의 거점 중 하나였습니다. 한국의 도시에서 중구·중앙동 등의 이름이 붙은 지역은 식민지 시기에 일본인들이 집중적으로 거주한 지역입니다. 현재는 2층짜리 연립 주택으로 지어진 신당동(또는 황학동) 국민 주택 단지가 시장의 핵심 지역으로 이용되고 있습니다. 황학동 국민 주택 단지에서 청계천을 향해 좀 더 북쪽으로 올라가다 보면 식민지 시기에 지어진 일식 가옥과 개량 한옥이 나타납니다. 미루어 보건대, 식민지 시기부터 이미 이 지역은 주거 지역으로 조성되어 있었고, 6·25 전쟁을 거치며 폐허가 된 부분을 정비해서 국민 주택 단지를 지은 것이 아닌가 추측할 수 있습니다.

청계천 건너 북쪽으로 가면 예전에 동대문부터 뚝섬·광진교까지 운행하던 기동차(경성궤도·서울궤도) 철로의 흔적을 따라 조성된 복닥복닥한 지역이 나타납니다. 그 가운데 청계 7가 영도교 북쪽 동일 상가 아파트의 북쪽에 개량 한옥 골목이 존재하고 있어서 이색적입니다.

청계 7가에서 동쪽으로 가면 개량 한옥과 일식 가옥이 혼재되어 있던 용두동이 나타나고, 서쪽으로 가면 주로 일식 가옥이 밀집되어 있는 광희동·쌍문동·무학동으로 이어집니다. 용두동에서는 이들 20세기 전기의 주택을 소공장으로 많이 이용했는데, 최근 용두동에서 재개발이 진행되면서 거의 다 철거되었습니다. 광희동·쌍문동·무학동에는 20세기 전기의 건물이 상대적으로 많이 남아 있지만, 퇴계로 5가 교차로 동남쪽의 쌍림동 지역에서 최근 진행되고 있는 재건축 움직임에서 보듯이, 이 지역도 천천히 그러나 확실히 변화의 궤도에 올라섰습니다. 을지로 지역의 재개발 움직임이 최근 세운 상가를 중심으로 한 을지로 3가에 도달했고, 이러한 경향은 결국 을지로 6가·동대문까지 미칠 것입니다. 하지만 중림동과 함께 서울 시내에서 보기 드물게 다다미 가게가 남아 있는 광희동·쌍문동·무학동은 당분간 20세기 전기의 모습을 유지할 것으로 예상됩니다.

　여기서 다시 북쪽으로 향하면, 청계천 주변의 섬유 산업과 배후 지역으로서 기능하고 있는 창신동이 나타납니다. 식민지 시대에 채석장이 있던 창신동은 남현동 채석장, 길음동 채석장, 면목동 채석장(현재의 용마 폭포공원) 등과 함께 광업·공업 도시로서의 서울의 성격을 보여 주는 곳입니다. 창신동 채석장에서 채굴된 돌은 조선 은행·경성역·경성부청·조선 총독부 등을 짓는 데 쓰였고, 1995년에 해체된 조선 총독부 건물의 돌 일부는 현재 천안 독립기념관의 〈조선 총독부 철거부재 전시 공원〉에 놓여 있습니다. 2019년 광복절에 천안에 이 〈서울돌〉을 광화문으로 가져오겠다는 서울시의 발표가 있어서[4] 서둘러 독립기념관에 다녀왔습니다. 김영삼 대통령 시절에 조선 총독부·중앙청 건물이 철거되어 독립기념관에 옮겨진 것도 역사의 한 모습이기 때문에 그 모습이 사라지기 전에 사진에 담아 두고 싶었습니다. 현장에 가서 받은 인상은 이 〈전시 공원〉이 1860년에 서양 군대가 파괴한 베이징의 원명원(圓明園)과 비슷하게 조성되었다는 느낌이 있습니다. 정나

(위) 황학동 국민 주택 북쪽의 개량 한옥 단지.   (아래) 봉누농에 남아 있는 일식 주택.

라가 서양 문명에 대한 존경심으로 만든 공원을 서양 군대가 파괴한 폐
허의 모습이 그대로 전시되어 있는 현장이 원명원이라면, 조선 총독부
로서 기능한 기간이 1926~1945년의 20년인데 반해 재조선 미육군
사령부 군정청·제헌국회·정부 청사·국립 중앙 박물관으로서 기능한
기간이 1945~1995년의 51년으로 2.5배에 달하는 현대 한국 역사상
의 중요 건물을 철거해서 새로운 폐허를 만들어 놓은 현장이 〈전시 공
원〉이라는 점에서 두 공간은 성격이 비슷합니다.

　　최근 창신동은 봉제 골목으로 세간의 주목을 받고 있고, 도시 재생
사업의 일환으로 세워진 이음피움 봉제 박물관도 규모에 비해 충실해
서 답사할 때마다 참가자분들을 꼭 이곳으로 모셔 가고 있습니다. 솔직
히 말해서 현재 전국적으로 이루어지는 도시 재생 사업이 기존의 재개
발과 어떻게 다른지 잘 알 수 없는 경우가 많고, 관청에서 박물관 등을
만들면 겉모습은 크지만 내용물은 부실한 경우가 적지 않은데, 이곳 창
신동 이음피움 봉제 박물관은 다른 곳들과는 달리 내실이 단단하다는
인상을 줍니다. 창신동의 봉제 장인들에 대한 존경의 느낌을 잘 담은
공간입니다.

　　창신동에는 채석장 흔적과 봉제 공장 거리 이외에도 흥미로운 답
사 포인트가 있습니다. 그 가운데 하나는, 서울 미래 유산인 봉제 골목
입구 부근에 서 있는 건물입니다. 예전에는 〈현지 슈퍼〉라는 이름의 슈
퍼마켓이었던 것으로 보이며 슈퍼마켓 간판도 남아 있는데, 현재는 전
태일 재단에서 사용하고 있는 것으로 보입니다. 청계천에서 창신동으
로 봉제 산업이 옮겨 온 과정을 보여 주는 상징적인 변화로 생각됩니다.
또 한 곳은 인상적인 건물이 서 있는 채석장 터 부근 삼거리입니다. 이
곳에는 윤진 복덕방이라는 간판과 윤진 공인중개사가 공존하고 있어
서, 〈복덕방〉이라는 이름이 〈공인중개사〉로 변화한 과정을 볼 수 있습

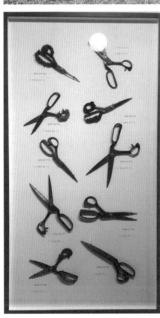

(위) 창신동 채석장에서 채취한 돌로 만든 옛 조선 총독부 중앙청 건물. 1995년에 해체하고 남은 일부 돌이 천안의 독립기념관에 전시되어 있습니다.

(아래) 창신동 이음피움 봉제 박물관에 전시되어 있는, 봉제 장인분들이 실제로 이용하던 가위.

니다. 또 윤진 공인중개사 옆에는 박정희 정권 시기 서울의 도시 화석인 〈새마을 수퍼〉라는 슈퍼마켓도 있습니다.

창신동에서 서쪽으로 가면 서울 성곽이 나타납니다. 어떤 책을 읽다가 〈한양 도성은 오늘도 변함없이 거대 도시 서울을 품고 있다〉라는 구절을 접하고 당황한 적이 있습니다. 서울 한양 도성이 중요한 문화재인 것은 분명하지만, 오늘날 한양 도성은 〈변함없이 거대 도시 서울을 품고 있〉지 않기 때문입니다. 1천만의 인구가 거주하는 서울시와 서울시 주변의 〈서울 세력권〉을 포함하는 대서울 속에서 한양 도성은 극히 좁은 구역만을 담고 있습니다. 이런 유의 주장은 한양 도성 밖으로 거대하게 성장한 현대 서울과 대한민국을 조선 시대의 눈으로 〈통치는〉 시대착오적인 판단입니다.

한양 도성의 가치를 과도하게 강조하려는 일각의 움직임에 대한 저의 위화감은 군사학적인 관점에서도 비롯됩니다. 성을 쌓는 가장 중요한 목적은 방어입니다. 사람들은 유사시에 한양 도성이 군사적인 목적을 발휘하기를 기대했으나, 그러한 기대에도 불구하고 한양 도성은 번번이 본래의 방어 기능을 달성하지 못했습니다. 『징비록』에서 류성룡이 생생하게 묘사하고 있듯이, 일본군의 침략에 맞서기 위해 한양 도성을 군사적인 방어선으로 이용하려 한 그의 뜻은 이루어지지 못했습니다. 남아 있는 한양 사람을 총동원해도 다 막을 수 없을 정도로 한양 도성이 넓었기 때문입니다. 〈성안의 백성들과 공노비, 사노비, 서리, 내의원·전의감·혜민서 관리들을 뽑아 성벽을 나누어 지키게 했지만, 지켜야 할 성첩은 3만여 개인데 성을 지킬 인구는 겨우 7천 명이었을 뿐 아니라 모두 오합지졸이어서 성벽을 넘어 달아날 생각만 했다.〉

그러므로 한양 도성이 〈현존하는 전 세계의 도성 중 가장 규모가 크다〉는 것은 결코 자랑할 일이 아닙니다. 임진왜란 때에도 방어에 적

서울 성곽에서 동북부를 바라보다.

합한 견고한 산성 대신 평지의 널찍한 읍성을 지키려다가 일본군에 패한 사례가 적지 않습니다.

물론 한양 도성이 방어를 위해서만이 아니라 한양이라는 행정 구역을 나타내기 위해서도 존재한 것은 사실입니다. 『조선왕조실록』 중 『태조실록』에 보이는 〈성곽은 안팎을 엄하게 하고 나라를 굳게 지키려는 것이다〉라는 구절은, 한양 도성의 목적이 행정 구역 표시와 방어의 두 가지임을 선언합니다. 이 말에 의거해서 생각한다면, 한양 도성은 조선이라는 나라의 피지배자들에게 지배 집단의 권능을 보이는 데에는 성공했지만, 성이 방어를 위해 존재한다는 가장 중요한 목적을 달성하는 데에는 실패했습니다. 한양 도성은 임진왜란이라는 국제 전쟁뿐 아니라, 이괄 및 능양군(인조)의 봉기 때에도 뚫렸습니다. 마찬가지로 성을 쌓느라 사람들을 고생시켰지만, 1868년의 메이지 유신이라는 결정적인 순간에는 도쿠가와 정권을 지키지 못한 일본 도쿄의 에도성 역시 저는 높이 평가하지 않습니다. 한양 도성이나 에도성의 이러한 실패와는 대조적으로, 남한산성은 병자호란이라는 국제 전쟁에서 조선 지배층을 군사적으로 지켜 냈습니다. 병자호란에서 조선이 패한 것은 후금 측의 압도적인 무력 때문이었고, 그럼에도 불구하고 조선 측은 천연두라는 질병의 유행을 잘 이용해서 왕권의 이익을 최대한 지켜 냈습니다. 이에 대해서는 최근 출판된 만주학 연구자 구범진 선생의 『병자호란, 홍타이지의 전쟁』(까치, 2019)에 잘 설명되어 있습니다.

이처럼 국내외의 여러 성곽과 비교할 때 조선 시대의 한양 도성은 그 한계가 명확합니다. 이러한 한양 도성을 세계 10위권의 국가로 성장한 현대 한국의 수도인 서울의 상징이라고 주장하는 것은, 조선 왕조와는 질적으로 달라진 대한민국을 있는 그대로 받아들이지 못하는 심리입니다. 여전히 19세기 소선 왕소 시대의 관섬으로 한국과 세계를 바라보려는 시대착오적인 행동입니다. 급변하는 현실을 있는 그대로 받아들이지 못하고, 자신이 바라는 방식으로 세상이 돌아가기를 바라는 시대착오적인 판단이 조선 왕조를 망하게 했습니다.

창신동에서 서울 성곽을 넘어 서쪽으로 가면 최근 〈벽화 마을〉로 유명해지고 또 주민과 관광객 사이에 갈등도 빚어지고 있는[5] 이화동 국민 주택 단지가 나타납니다. 이 지역에 대해서는 함태호 선생과 안창모 선생의 연구가 참고가 됩니다.[6] 지난 수십 년간 언덕 위에 자리 잡고 조용히 지내던 주민들이, 벽화가 그려진 뒤 관광객들이 너무 많이 찾아오자 벽화를 지운 사건도 있었습니다만, 이렇게 외부인들이 마을에 벽화를 그려서 주민들의 반감을 사는 일을 답사하면서 많이 봅니다. 또, 외부 단체가 한번 들러서 벽화를 그린 뒤에 사후 처리를 하지 않아서 벽화의 칠이 벗겨지고 흉측해진 상태로 방치된 모습도 자주 봅니다. 이렇게 자신들의 봉사심만 충족하고 지역 주민들의 입장을 고려하지 않는 벽화를 그리는 것을 저는 찬성하지 않는 입장입니다. 일부 지역에서는 벽화 대신 타일로 그림을 만드는 경우도 있는데, 이건 오랫동안 그 상태가 유지되어서 괜찮더군요. 물론 주민들이 찬성을 하고, 주민들의 일상에 불편이 가지 않을 정도로 관광객이 적게 온다는 전제로 말이지요.

이화동 국민 주택 단지에서 북쪽으로 대학로를 통과하면 식민지 시대에 교외 주택 지역으로 개발된 돈암동이 나타납니다. 돈암동은 〈식민지 시기 구획 정리 공사를 시작하여 택지 개발, 분양, 주택 건축까지 완료된 유일한 사례〉[7]이며, 식민지 시기 당시의 개발 양상은 「돈암 토지구획 정리계획 평면도」를 통해 알 수 있습니다. 상도동, 번대방정 (대방동과 신길동), 영등포 등과 마찬가지로, 이곳도 식민지 시기의 토지구획 정리계획 평면도를 들고 답사하면서 당시의 공간 구조가 잘 남아 있음을 확인할 수 있었습니다.

　돈암동 지역을 개발한 실무자들은 이곳을 〈한 발 바깥으로 나가면 도로에 면하고 집 안으로 들어서면 본래 산이 지닌 모습을 정원을 통하여 만끽할 수 있고, 밖을 바라보면 이웃들은 녹지에 둘러싸여 있고 거주자가 안주할 수 있는 지역〉[8]으로 개발한다는 목표를 세웠습니다. 애초의 목적은 개량 한옥과 일식 가옥을 함께 지어서 조선인과 일본인이 공존한다는 것이었지만, 실제로는 주로 개량 한옥이 지어졌습니다. 이곳은 사대문 안보다 개발 속도가 느리다 보니 여전히 개량 한옥이 많이 남아 있어서, 개량 한옥 단지로 유명한 북촌이나 서촌보다 규모나 보존 상태가 더 좋습니다. 이런 곳이 한옥 단지로 널리 알려지지 않는 것은, 여기가 북촌이나 서촌처럼 사대문 안에 있지 않기 때문이라고 생각합니다.

　돈암동이라고 하면 시내 방향에서 미아리 고개를 넘어가기 전에 있는 점집촌이 유명한데, 이들 점술가들이 주로 거주하는 곳도 개량 한옥입니다. 이곳에 점집촌이 생긴 것은 불과 50여 년 전입니다. 한 잡지에는 이 점집촌의 유래가 소개되어 있습니다. 〈미아리에 점성촌이 들어선 것은 1966년 시각 장애 역술인 이도병(64) 씨가 이곳에서 복술업을 시작하면서부터다. 본래 서울에는 남산 기슭인 중구 양동 판잣집에 맹인 역술인들이 모여 살았는데 이 동네가 재개발되면서 철거를 피할 수 없게 되자 남산에 살던 이도병 씨는 집값이 싸고 전차 종점이 가까워 교통이 편리한 미아리로 옮겨 왔다.〉[9] 전차가 미아리 고개 서남쪽에 종점을 두던 시절의 이야기입니다.

　점집촌에서 단장의 미아리 고개를 넘으면 길음동·정릉이 나타납니다. 20세기 중기까지 미아리 고개 넘어서는 길음동 채석장과 미아리 공동묘지가 있고, 그 주변으로 마을이 형성되었습니다. 힘든 삶을 살다 보니 자연히 주민늘 성정이 거세져서, 택시 기사들이 이 지역까지는 잘

(위) 돈암동 개량 한옥의 현재.　　　　　　　(아래) 이승만 정권 때 조성된 성릉 부흥 주택.

오지 않으려 했답니다. 그래서 여기 살던 분들은 서울 사대문 안에서
택시를 탈 때 우선 돈암동까지만 가자고 하고, 돈암동에 오면 그제야
〈조금만 더 가서 미아리 고개 넘어 세워 달라〉고 말씀하셨답니다. 이 지
역에서 어린 시절을 보낸 분이 들려주신 흥미로운 이야기여서 소개해
봅니다.

　　미아리 고개 넘어서 서북쪽으로 가면 솔샘로 4길과 솔샘로 6길 사
이로 1950년대에 조성된 정릉 부흥 주택이 나타납니다. 『고대신문』에
따르면 이 지역은 〈정든 마을〉이라 불렸다고 하며, 개발 당시의 경관이
급속히 바뀌고 있다는 이야기가 실려 있습니다. 실제로 답사를 해보니,
확실히 기사 내용처럼 빌라가 곳곳에 들어서 있기는 합니다만, 아직은
부흥 주택이 몇 곳 남아 있어서 1950년대의 이곳 경관을 상상할 수 있
게 해주었습니다.

　　과거 정든 마을은 한옥, 1957년에 지어진 부흥 주택, 90년대에 지
어진 연립 주택 같은 저층 주택이 많은 전형적인 옛날 마을이었다.
현재 정든 마을엔 1층이 필로티(주차장)인 신축 빌라가 들어서고
있다. 오희남 씨는 성북구에서 사업을 시작한 시점부터 오래된 건
물이 팔리고 빌라가 들어서기 시작했다고 말했다. 2층 부흥 주택
이 연속된 골목엔 5층 이상 신축 빌라 2곳이 삐죽 솟아올라 있었
다. 신축 빌라 하나가 들어서기 위해 부흥 주택 네 채 정도가 헐렸
다. 23동 있던 한옥도 5동으로 줄었다.[10]

　　정릉 부흥 주택에서 내부순환로 쪽으로 조금 걸어 내려오면 정릉
로 19길과 21길 사이로 동방 주택 단지라는 이름의 개량 한옥 단지가
나타납니다. 서울 역사 박물관에서 출판된 『길음동』(2010)에 따르면

(위) 길음 역세권 골목.

(가운데) 길음동의 길음 백호 주택 주변에 자리한 방앗간과 그 뒤의 고층 아파트 단지.

(아래) 동방 주택 단지라 불리는 개량 한옥 단지의 정문 장식.

〈동방 주택은 1962년경 삼성 생명의 전신인 동방 생명보험 직원용 주택으로 지어진 주택〉이라고 합니다. 정릉 일대가 서울 사대문 안 도심의 외곽에 자리한 한적한 주거 지역으로 기능하던 시절을 상상케 합니다. 내부순환로 옆에서 차분히 옛 모습을 남기고 있는 것이 인상적인 곳입니다.

이곳에서 정릉천을 따라 조금 더 동쪽으로 내려오면, 길음 시장 옆으로 길음 역세권이라 불리는 삼각형의 개량 한옥촌이 나타납니다. 구역의 형태도 인상적이고, 골목으로 들어가면 더욱 인상적인 곳입니다. 선거 때마다 이 지역을 재개발하겠다는 공약이 나왔고, 최근 재개발 계획이 확정된 것 같으니, 아직 시간이 조금 남아 있을 때 서둘러 답사할 필요가 있겠습니다.[11] 또 이곳에서 삼양로를 따라 조금 걸어 오르면 삼양로 9길 · 9가길을 중심으로 하는 길음동 1178번지에는 길음동 소리 마을이라 불리는 길음 백호 주택이 있는데, 이곳은 〈경제 개발 5개년 계획 당시에 과도한 인구 밀집으로 인하여 공동묘지를 이장 후 조성〉된 곳입니다.[12] 길음역 주변의 개량 한옥들과 함께 답사하면 좋겠습니다.

이곳에서 동북쪽으로 가면 흥미로운 답사지인 길음 2동 · 송천동(옛 미아 5동 · 8동) 지역이 나타납니다만, 일단은 동남쪽의 속칭 〈미아리 텍사스〉라 불리는 하월곡동 성매매 집결지로 향합니다. 이 일대에는 예전에 미군 기지가 있었다고 하며, 기지와 함께 기지촌의 일부로서 성매매 집결지가 생겨났다고 합니다.[13] 이곳 역시 돈암동 · 안암동 등과 마찬가지로 개량 한옥 단지가 조성되어 있어서, 최근 영업을 중지하고 철거를 시작한 천호동의 성매매 집결지와 마찬가지로 조만간 성매매 집결지로서의 기능이 정지된 뒤에 차분히 답사하고 싶습니다.

하월곡동 성매매 집결지에서 종암로를 따라 남쪽으로 내려가면 종암로 6길 · 8길 주변으로 여넓 채의 상가 건물이 나타납니다. 현재는

(위) 하월곡동 성매매 집결지.

(아래) 옛 종암동 건어물 도매 시장, 현 고려 시장 상가.

고려 시장 상가의 도시 화석인 〈고려 상회〉.

고려 시장 상가라 불리는 이곳은 원래 종암동 건어물 도매 시장이었다고 합니다. 뿌리깊은나무의『한국의 발견: 서울』성북구 편「산을 잃은 비둘기」에서는 이 도매 시장이 1977년에 개업했다가 1981년에 폐업했다고 적은 뒤에, 이 시장이 폐한 것은 성북구가 부도심으로서 기능하지 않고 주거 지역으로서만 의미를 갖는 곳임을 보여 주는 사건이라고 설명합니다.

> 도매 시장으로는 성북구의 유일한 시장이었던〈종암동 건어물 도매 시장〉이 1977년 2월에 문을 열었으나 네 해 반 만인 지난 1981년 6월에 서울시청에서 내린 행정 명령에 따라 문을 닫고야 말았다. 도매 시장이 가진 기능을 제대로 하기는커녕 일반 시장으로조차 구실을 못 할 만큼 이름뿐인 도매 시장이었기 때문이었다. 이것은 서울의 도매 시장 하나가 문을 열고 닫는 단순한 문제를 떠나서 또 어느 단체나 개인이 벌인 사업의 성공과 실패의 차원을 떠나서 성북구 쪽에서 볼 때에는 유일하게 부도심 기능을 가졌던 도매 시장의 경영에 실패했음을 뜻한다. 그것은 뒤집어 말하면 성북구는 도매 시장과 같은 부도심 기능을 갖는 시설이 들어서서 성공할 만한 터가 못 된다는 뜻이기도 하다. 성북구가 도심에 가까운 곳임에도 불구하고 주거 기능으로만 오래 머물러 있으리라고 내다보는 것도 바로 그 때문이다.

이 책에서는 성북구가〈도심에 가까운 곳임에도 불구하고 주거 기능으로만 오래 머물러 있으리라〉고 예상합니다만, 이러한 예상은 비단 성북구뿐 아니라 서울시의 동북 지역 전체에 해당하는 것이 아닐까 싶습니다. 공장들이 빠져나간 자리에는 아파트 단지들이 세워지고, 대서

울의 다른 지역처럼 거대한 상업 시설이나 IT·BT 산업 단지가 형성되
지도 않고, 서울의 다른 지역과는 지리적으로 다소 동떨어져 있는 것이
이 지역의 특색이라 하겠습니다. 현재 고려 시장 상가에는 고려 상회라
는 이름의 슈퍼마켓이 있는데, 〈양곡 소매업 제250호〉및 〈쌀 / 소금〉
등의 간판으로 보아 그 연혁이 상당할 것으로 추정됩니다. 이 역시 종
암동 건어물 도매 시장 및 고려 시장 상가의 역사를 오늘에 전하는 도
시 화석일 터입니다.

　　고려 시장 상가에서 내부순환로를 건너 동남쪽으로 가면 청량리
6주택 재개발 지구로 지정되어 있는 청량리 부흥 주택이 나타납니다.
〈1950년대 서울의 대표적인 연립 주택〉[14]인 이곳 청량리 부흥 주택은
1957년 1월에 이승만 대통령도 시찰할 정도로 정부의 관심을 받았고,
오늘날에도 〈빌라 한 채 들어서지 않아 초기 주거지 구조가 온전히 보
존돼 있어 단지 내의 개별 부흥 주택에서 50년간의 한국 주택 문화 변
화상을 연구할 수 있는〉 곳입니다.[15] 단지 안에 자리한 근대화 수퍼와
무궁화 슈퍼는 해방·내전·분단이라는 역사적 경험을 거치며 탄생한
이 지역의 역사를 상징하는 도시 화석이라 하겠습니다.

　　청량리 부흥 주택에서 동남쪽으로 조금 더 가면 청량리역과 속칭
〈청량리 588〉이라 불리던 성매매 집결지가 나타납니다. 이곳은 최근
철거가 완료되었는데, 저는 운 좋게 주민분들이 빠져나간 직후 2017년
7월에 이곳을 답사할 수 있었습니다. 당시에는 아직 건물이 일부 남아
있어서 둘러보고 있었는데, 어떤 분이 다가오더니 정체를 묻더군요. 그
래서 답사하는 사람들이라고 사실대로 밝혔더니, 그분은 처음의 적대
적이던 태도를 바꾸어 우호적인 자세로 〈나는 이 건물의 소유주인데,
관심이 있으면 건물 내부를 둘러보게 해주겠다〉고 제안하시더군요. 아
마도 이 지역이 재개발된 뒤에 새로운 지역 명소로 부각되기 위해 지희

이승만 정권 때 조성된 청량리 부흥 주택 단지 내의
〈근대화 수퍼〉와 〈무궁화 슈퍼〉.

(위) 청량리역 서남쪽 성매매 집결지의 마지막
흔적.

(아래) 청량리 성매매 집결지 초입에 자리한 미니
수퍼의 변화. 2017년 7월과 2018년 12월.

같은 답사자들의 SNS 활동이 도움이 된다고 판단하신 듯했습니다. 덕분에 여러 명의 남녀로 구성된 저희 답사팀은 생전 들어갈 일 없는 성매매 집결지 건물 안을 구석구석 답사할 수 있었습니다. 기이한 체험이었습니다.

청량리 성매매 집결지에 인접해서 세워져 있다가 올해 은평구로 이전하는 가톨릭대학교 성바오로 병원[16] 부근에는 〈미니 수퍼〉와 〈이모네 생선구이〉라는 가게가 입점해 있던 인상적인 건물이 있는데, 저는 운 좋게 이 건물에 펜스가 쳐지기 직전과 직후에 사진을 찍을 수 있었습니다. 청량리 성매매 집결지의 초입에 서 있던 이 건물의 소멸은 이 지역의 운명을 대변하는 듯했습니다.

청량리역과 서울시립대학교 사이에 자리한 전농동에는 답사 포인트가 세 곳 있습니다. 한 곳은 식민지 시기에 조성된 철도 관사촌입니다. 현재 이 지역에는 〈七五(75번)〉이라는 나무 번호표를 붙인 당시의 철도 관사 건물이 한 채 남아 있습니다. 어떤 건물에 이 나무 번호표가 붙어 있는지 찾아보시는 것도 재미있으실 터입니다. 또 한 곳은 서울시립대학교의 전신인 경성공립농업학교의 관사입니다. 관사 건물 주변에는 〈현대 마트〉 〈현대 분식〉 〈현대 세탁〉과 같이 〈현대〉라는 단어가 들어간 가게가 많은데, 이러한 이름의 가게는 20세기 중반에 새로이 조성된 집단 주택 지역이나 저소득층이 거주하는 지역에서 많이 보이는 경향이 있는 듯합니다.

전농동의 마지막 답사 포인트는 전농동 부군당(일명 부강전)입니다. 이 책의 곳곳에서 말씀드렸듯이 부군당이 있다는 것은 조선 시대 후기에 그 지역이 하운(河運)이 번성한 지역이었음을 보여 줍니다. 짐작건대 부군당 옆을 흐르는 중랑천을 이용해서 상업 자본을 축적한 중산 세급이 이곳 전농동 부군당에 대한 신앙을 확립시켰을 듯합니다. 청량리역 동남쪽, 중랑천과 청계천 사이에 낀 지역에 자리하는 답십리 도당(일명 장령당)과 함께 전농동 부군당은 이 지역이 조선 시대부터 식민지 시대를 거쳐 21세기에 이르기까지 변함없이 상업으로 번성했음을 보여 주는 도시 화석이라고 하겠습니다.

관사(官舍)들의 일련 번호가 남아 있는 건물.
위부터 전농동 청량리역 관사, 의왕 의왕역 부곡
관사, 대전 소제동 대전역 관사.

14
길음에서 도봉까지:
묘지·철거민·공장·고층 아파트 단지

서울 지하철 4호선 길음역에 내리면 고층 아파트 단지와 함께 방석집·맥양집·꽃마차 등으로 불리는 소규모 유흥업소들이 눈에 띕니다. 지난 2018년 1월에 답사했을 때만 해도 그저 〈방석집이 많구나〉 하는 생각을 하며 무심히 지나쳤는데, 5월에 다시 들르니 그 유흥업소들의 간판을 딱 가리는 위치에 《불법 유해업소 퇴출》주민과 함께 만들어 갑니다〉라는 플래카드가 성북·종암 경찰서, 성북구청·성북구 보건소, 서울특별시 성북 강북 교육지원청의 공동 명의로 걸려 있었습니다. 참 절묘한 위치에 잘도 걸어 놓았다는 생각이 들어서 관련 기사를 찾아보니, 삼각산의 양지바른 남쪽이라고 해서 삼양로 거리라 불리는 이곳에서 〈불법 맥양집〉들의 영업을 끝내기 위해 관청은 5월 25일부터 이런 작전을 펼쳤고, 실제로 효과가 있다고 합니다.[1] 업주 측은 〈7년째 가게를 하면서 수차례 단속을 당하면서도 지금까지 잘 버텼는데 이렇게까지 생존에 위협을 받은 건 이번이 처음 (……) 간혹 오는 손님들도 제발 저 현수막 좀 떼면 안 되겠느냐고 화를 낸다〉고 증언하고, 관청 쪽에서는 〈불법 맥양집을 대상으로 경찰과 합동 단속을 수시로 벌여도 해결하지 못했던 일을 현수막 26개가 해낼 줄은 우리도 예상하지 못했다. (……) 불법 영업이 완전히 사라질 때까지 현수막을 유지할 계획〉이라

길음역 주변의 방석집 간판을 가리고 있는 〈불법
유해 업소 퇴출〉 플래카드와 폐업 유도에 성공한
가게들의 명단.

고 밝히고 있다네요.

　이렇게 관청과 유흥업소 업주들 사이에 전쟁이 벌어지고 있는 길음역에서 동북쪽으로는 길음동과 미아동이 넓게 펼쳐집니다. 예전에는 이곳에 미아리 공동묘지가 있었는데, 1959년에 이곳의 무덤들이 경기도 광주군 언주면 반포리에 있는 서울시 지정 공동묘지로 옮겨지면서 택지가 조성되고 서울 시내에서 발생한 철거민과 이재민들이 지속적으로 이곳에 모여들었다고 합니다. 반포의 서울시 지정 공동묘지라고 하는 것은 어쩌면 현재의 강남 고속버스 터미널 동쪽에 위치한 옛 반포 주공 3단지 자리에 있던 모래산이라는 야산을 가리키는 것일지도 모르겠습니다. 이곳에는 원래 게루지 마을이 있었고, 천주교인의 공동묘지로 이용되었다고 합니다.[2]

　미아리는 구로동과 번동과 함께 1957년부터 쫓겨난 사람들이 한데 모여 살기 시작한 원조 달동네였다. (……) 이듬해에 도동, 쌍림동, 효창 공원 일대에 있던 판잣집 철거민 정착을 필두로 하여 서울에서 미아리로 유입되는 인구가 해마다 급증하게 되었다. (……) 〈삼양동 달동네〉로 알려진 미아 1·2·6·7동은 1959~1962년 사이 서울 도심의 철거민·수재민 4,000여 가구의 집단 이주촌으로 형성되기 시작했는데, 정부는 이들을 수용하기 위해 국공유지에 천막촌을 급히 가설하였다. 이후 후암동, 신설동, 남창동, 양동, 도동, 이촌동, 왕십리, 한남동 주민들이 모여들면서 형성된 동네였다. 이후에도 1962년 숭인동 화재민, 1966년 남산동 화재민 이주, 1967년 청량리에서 이주해 온 도시 빈민의 마지막 보금자리였다.[3]

길음 재정비 촉진 구역의 풍경. 사진 속의 건물은
그 후 철거되었습니다.

　한편, 『경향신문』 1972년 5월 19일 「귀농 바람에 밀리는 서울의 판잣집」이라는 특집 기사를 보면, 이 신문사가 자체 조사한 결과 〈집을 짓고 철거당한 적이 있는가? 단속받은 사실은?〉을 물은 설문에서 54퍼센트가 철거 또는 적발되거나 계고장을 받은 것으로 나타났는데, 특히 서울 전체에서 삼양동 일대에 살고 있는 빈민이 가장 많은 철거 경험을 가지고 있었다고 합니다. 〈성북구 삼양동의 세칭 판자촌 주민은 10번에서 15번까지 철거당했던 집이 무려 67%나 되었고 16번에서 19번까지 철거됐던 집도 35%나 된다는 놀라운 사실이다. 나머지도 모두 철거당했던 경험이 있는 집들로 삼양동의 응답자 129명 모두가 철거됐었다는 대답을 했다. 이보다는 적지만 영등포구청 관내가 철거 또는 적발 경험 1번이 가장 많았고 2번 3번의 순이었던 데 비해 홍제동, 창신동, 미아 6동은 거의 철거된 일이 없었다는 응답이어서 대조적이었다. 이 사실은 삼양동이 철거 주민들의 집단 이주지였음을 보여 주는 것〉이라고 지적합니다. 이렇게 한번 철거 경험을 한 저소득층이 그 후에도 계속 열악한 거주지로 쫓겨 다니며 철거와 재정착을 되풀이하는 일은 21세기 들어서도 바뀌지 않고 있습니다. 예컨대, 용산 참사 직후에 출간된 『여기 사람이 있다: 대한민국 개발 잔혹사, 철거민의 삶』(삶이보이는창, 2009)에는 그러한 사례가 숱하게 실려 있습니다.

　이처럼 미아리 공동묘지에서 빈민촌을 거쳐 형성된 이 지역에서는 다양한 주거 형태와 도시 공간을 엿볼 수 있습니다. 저는 주로 길음 재정비 촉진 지구에 해당하는 길음 2동의 고층 아파트 단지 건설 현장 주변 지역 및 미아 재정비 촉진 지구에 해당하는 송천동(옛 미아 5동과 미아 8동) 지역을 집중적으로 답사했습니다. 길음 재정비 촉진 지구에서는 몇몇 구역의 철거와 함께 고층 아파트 단지 건설이 진행 중이었는데, 그간 이 지역의 동쪽에 해당하는 삼양로 2길과 동소문로 사이에 자

길을동 개량 하옥촌 인근에서 영업하던 유서 깊은
불고기집 〈옥돌집〉.

길음동 개량 한옥촌 인구에서 영업하던 〈김기네 이발〉. 현재는 폐업했습니다.

리한 개량 한옥 단지가 몇 년째 폐허에 가까운 상태로 남아 있는 것이 인상적이었습니다.

이 개량 한옥 단지에는 특징적인 건물이 두 개 있습니다. 옥돌집이라는 고깃집과 그 옆의 〈김가네 이발〉입니다. 〈김가네 이발〉은 개량 한옥에 이발소가 들어선 모습이 인상적일 뿐입니다만, 옥돌집에는 이 지역의 역사가 얽혀 있는 듯합니다. 이 옥돌집은 원래 지하철 4호선 미아 사거리역 부근에 있던 미아리 대지 극장 근처에서 개업했다고 하는데, 이 지역에는 도축장이 있었습니다. 1948년에 신옥돌 선생이 개업한 옥돌집은 이 도축장에서 고기를 가져와 판매했다는 것이지요. 그 후 숭인 초등학교 주변에서 영업하다가 이곳으로 옮겨 온 곳인데, 이곳 역시 재개발 예정지에 포함되면서 현재는 폐업한 것 같습니다. 영업하던 당시에는 〈100년을 꿈꾸는 노포 ─ 한국 최고의 불고기집〉이라는 캐치프레이즈를 내걸었지만, 최근 을지로에서 보듯이 한국의 재건축·재개발은 호환 마마보다 무서워서 그 지역의 역사도, 사람도 무자비하게 내몹니다.

옥돌집이 고기를 받아 온 도축장은 미아 사거리에서 장위동으로 향하는 방면에 있었다고 하고, 도축장에서 나오는 뼈를 끓여서 아교를 만드는 공장, 소·돼지 가죽을 이용하는 피혁 공장, 소의 뿔·발톱 등으로 단추를 만드는 공장 등이 식민지 시대에 있었다고 합니다. 서울에서 부평을 거쳐 인천에 이르는 경인 공업 벨트의 주력 산업이 중공업이었던데 비하면 소박하다는 느낌이 들지만, 이 지역의 산업에 대한 지역주민들의 자부심은 그 어떤 공업 지역에도 밀리지 않는 듯합니다. 하기는, 자기 지역에 공장이 있었다는 것을 자랑하는 자체가 요즘 한국에서는 보기 쉽지 않은 일입니다. 아래는 서울 역사 박물관에서 출판한 『길음동』에 실려 있는 지역 주민의 인터뷰 내용입니다. 〈우리나라의 산업의 상징이 월곡동〉이라면서 여러 공장들을 거론하는 가운데 공동묘지까지 언급하는 게 요즘 사람들의 감각과는 달라서 이색적으로 느껴집니다.

> 우리나라의 산업의 상징이 월곡동이요. 무슨 소리냐면. 여기가 아무것도 아닌 것 같으면서도. 이 중소기업으로서 대기업으로 이름날린 자리가 여기요. 칠성 사이다 있었지. 금강 피혁 있었지. 대한 조선 또 나갔지. 대한 조선이 여기 있었다고. 그리고 여기 대도 염직이라고. 대표적인 우리나라의 표백 있잖아. 누런 광목천을 하얗게 만드는 거. 천 만드는 거. 대도 염직이 있었거든. 여기가 중소기업의 산지요. 우리나라의 도살장이 있었고. 여기에. 창문여고 있는 자리가 돌산 있는 자리였었어. 채석장. 그렇게 여기서 개발들을 한 거야. 가장 핵심은 월곡동에 우리나라의 가장 중요한 중소기업이 발판을 다졌다는 거. 그게 가장 핵심이야. 그리고 시립 공동묘지 있었다는 거. 그리고 공설 시장이 제일 먼저 인가가 되었고. 거기가 우리나라 공설 시장 1호여. 나라에서 시에서 지정해 준 시장. 여기는 서울시 시립 묘지. 그때 그거 생기는 바람에 숱한 사람들이 그거 먹고 살았어요. 비석도 만들어서 나르고 그렇게 된 거지. (송호석, 남, 1932년생, 2009. 3. 3)

옥돌집이 있던 자리에서 북쪽으로 올라가면 송천동으로 이어집니다. 이곳 역시 개량 한옥에서부터 불량 주택·빌라는 물론 고층 아파트 단지에 이르기까지 현대 한국에서 나타난 거의 모든 형태의 주거 형태를 확인할 수 있는 주거의 박물관입니다. 그런데 이곳에서도 여지없이 재개발을 둘러싼 갈등이 확인됩니다. 앞에서 인용한 1972년 5월 19일

(위) 봉제 공장이 들어서 있는 송천동 개량 한옥
외벽의 재개발 관련 벽보.

(아래) 송천동 재개발을 둘러싸고 벌어지고 있는
벽보 전쟁. 재개발은 핵이나 지진보다도 무섭다고
칩니디.

자 『경향신문』 기사에서 거의 철거된 경험이 없는 분들이 살고 있다고 언급되는 미아 6동은 현재 삼각산동이라고 불리는데, 이 삼각산동은 현재 거의 모두 고층 아파트 단지로 재개발되었습니다. 이 삼각산동의 고층 아파트 단지를 올려보면서 송천동 주민분들은 서로 다른 생각을 하시는 것 같습니다. 저는 이 지역에 땅 한 조각 가진 것 없는 제3자로서 이 지역을 답사하면서 재개발 찬성 측과 반대 측의 벽보를 찬찬히 살펴보았는데, 그 가운데 하나가 제 시선을 사로잡았습니다. 2016년에 제작된 것으로 보이는 이 벽보의 아랫부분은 2017년 4월 29일의 〈미아 3재정비 촉진 구역 임시총회 개최〉 벽보에 가려 있어서 그 내용을 알 수 없지만, 첫머리에는 이런 대목이 적혀 있었습니다.

> 김○○이 쌓아 올린 공포의 탑(재개발)이 무너지고, 재개발의 잔치 빚은 늘어만 가는 위중한 이때 우리 조합의 대의원들은 지금 북한의 핵이나 경주 지역의 지진을 두려워할 때가 아니다. 자신 발등의 불부터 꺼야 한다.

이 벽보에서 말하는 〈북한의 핵〉은 북한이 2016년 9월 9일에 풍계리에서 수행한 5차 핵실험을 말하는 것 같고, 경주 지진은 2016년 9월 12일에 일어난 리히터 규모 5.8의 지진을 가리키는 것이겠습니다. 두 사건 모두 한국 사회에 큰 충격을 준 사건이고, 특히 북한 핵실험은 그 후 오바마·트럼프의 미국 정부가 북한에 대한 제재를 강화하는 계기가 되었습니다. 그런데 이 벽보에서는 이 두 사건보다 재개발 조합장 문제를 해결하는 것이 더 중요하다고 말하고 있는 것입니다. 한국 시민이 북한의 위협을 두려워하지 않는 것을 외국인들이 이상하게 여긴다는 말을 흔히 듣습니다만,[4] 그러한 한국 시민의 심리를 이렇게까지 적

광운대역에서 동쪽으로 이어지던 경춘선의 폐선
구간.

나라하게 드러내 보여 주는 벽보를 발견하게 되어 감탄했습니다.

　미아 사거리역 부근 송천동의 개량 한옥 단지에서 동쪽으로 옛 도축장 지역을 지나면 장위동이 나타납니다. 옛 미아·길음·월곡동과 마찬가지로 이곳 장위동도 소규모 공장의 밀집 지대이지만, 최근 재개발이 진행되면서 지난 2018년 5월 23일에는 봉제 공장을 운영하던 김현식 선생이 〈재개발 개새끼들 날강도 도둑놈들 개새끼들 어떻합니까 어떻합니까〉라는 유서를 남기고 자살하기도 했습니다. 한국에서는 재건축·재개발 사업이 추진되면서 너무 많은 사람들이 사망하거나 재산상의 큰 손실을 입습니다. 이런 방식이 현대 한국 초기도 아니고 21세기에도 계속되고 있는 것은 국가가 조정자 역할을 하지 못하기 때문이라는, 국가가 할 일을 민간의 자율 조정 기능에 떠넘기고 뒷짐 지고 있기 때문이라는 생각을, 대서울을 답사하면서 갖게 되었습니다.

　장위동 동쪽에는 광운대역이 있습니다. 1937년에 개설된 사철(私鐵) 경춘선은 지하철 1호선 제기역 북쪽의 한솔 동의보감 건물(서울 동대문구 왕산로 109) 자리에 있던 옛 성동역에서 이곳까지 놓여 있었습니다. 성동역에서 출발한 열차는 서울사대부고 옆의 고상전 정류소, 월곡 정류소를 거쳐 현재의 광운대역인 연촌역까지 이어졌습니다. 월곡-연촌 구간은 장위동의 남쪽인 석관동을 지났는데, 새석관 시장에서 남쪽으로 곡선을 그리며 휘었다가 석관 지구대 교차로에서 다시 북쪽으로 곡선을 그리며 휘어 광운대역으로 들어가는 철로의 흔적이 지금도 뚜렷이 도로가 되어 남아 있습니다.

　1939년에 영업을 시작한 연촌역은 1963년에 성북역으로 이름을 바꾸었다가, 이 역이 속한 구의 이름이 성북구에서 노원구로 바뀌면서 혼동을 피하기 위해 2013년에 광운대역으로 다시 이름을 바꾸었습니다. 식민지 시대에는 사철이던 경춘선이 청량리역을 이용하지 못하게

철거를 앞눈 새석관 시상.

조안산에 버려져 있는 석물(石物).

노원구 중계동 백사 마을.

했기 때문에 성동역을 이용했던 것이지만, 해방 후인 1946년에 경춘선이 국유화되면서 결국 1971년에 이 성동역–성북역 구간은 폐지되고 국철 철로를 함께 이용하게 됩니다. 뒤이어 성북역–화랑대 구간도 2010년에 폐지되어 경춘선 숲길로 조성되었습니다. 광운대역에서 경춘 철도를 지나 육군 사관학교 앞의 화랑대역까지 이어지는 구간에는 철로가 남아 있지만, 육군 사관학교부터는 철로도 걷히고 일반 도로가 되어 있더군요. 이 구간에 자리한 새마을·담터·봉대미 마을에는 〈LH 토지 수용 절대 반대 / 도시 재생 사업 적극 찬성!〉이라는 플래카드가 곳곳에 걸려 있었습니다. 도시 재생 사업이 결과적으로 재개발과 큰 차이가 없다는 사실이 확인된 현재, 지역 주민분들께서는 어떤 생각을 하고 계실지, 그리고 경춘선이 지나지 않게 된 이 지역은 미래에 어떤 모습을 띠게 될지 궁금합니다.

광운대역에서 1호선 열차로 한 정거장 북쪽에는 월곡역이 있고, 그 왼쪽에는 초안산이 있습니다. 이곳은 16~20세기에 걸쳐 조성된 1천여 기의 무덤과 석물(石物)이 있고, 특히 이말산과 함께 내시들의 무덤이 확인된 것으로 잘 알려져 있습니다.[5] 이말산은 비교적 등산로가 잘 정비된 반면 군사 지역에는 접근이 금지되어 있는데, 초안산의 경우에는 등산로가 정비되지 않은 구역에 분묘들이 넓게 퍼져 있는 반면 접근이 금지된 지역은 거의 없어서 답사하는 즐거움은 이쪽이 더 낫습니다. 혼자서는 위험할 수도 있으니 여러 명이 팀을 이루어 방문하실 것을 권합니다.

초안산에서 중랑천 건너 동쪽은 고층 아파트 단지로 가득한 노원구 하계동·중계동·상계동 지역입니다. 이 지역에는 〈한글 비석길〉이라는 도로명이 자주 보이는데, 이는 하계동에 자리한 〈한글 고비〉에서 비롯한 것입니다. 이분건이 부모님의 무덤을 이곳에 옮겨 쓰면서

1536년에 세우고 한글로 무덤 훼손을 금지하는 문구를 새긴 이 비석은, 현재 발견된 가장 오래된 한글 비석임과 동시에 한자로 적힌 문장을 읽지 못하는 당시의 평민들도 한글로 적힌 한국어는 읽을 줄 알았음을 보여 주는 귀중한 유물입니다.

한글 고비가 있는 산을 동쪽으로 넘어가면 서울시 최후의 최대 규모 빈민촌이라 일컬어지는 백사 마을이 있습니다. 조은 선생과 함께 사당동 빈민촌을 연구한 바 있는 조옥라 선생의 「백사 마을의 공동체 문화: 도시 빈민의 골목 문화」(『비교문화연구』 21-1, 2015)는 사당동 지역에 대한 조사 경험을 바탕으로 백사 마을의 성격을 분석한 논문이어서 좋은 참고가 됩니다. 백사 마을이 어떤 구조이고 어떻게 해서 만들어졌는지를 설명하는 부분을 인용합니다.

백사 마을은 마을 입구에 자리 잡은 버스 정류장을 중심으로 방사선 형태로 골목들이 언덕을 따라 자리 잡고 있다. 고도에 따라 수직적으로 집이 들어서고 수평적으로는 좁은 골목으로 연결되어 있다. 마을 주민에게 마을은 자신이 살고 있는 구역 그리고 마을 입구에 자리 잡고 있는 작은 가게들을 의미한다.

서울시 도심부에서 집단적으로 강제 철거되어 이주된 주민들은 지역별로 몰려 집을 지어간 것으로 보인다. 1967년 용산, 이문동, 석관동, 남대문 등의 지역에서 강제로 트럭에 실려 온 초기 정착민은 트럭에서 내린 산자락에서 출신 지역별로 천막 하나에 4가구씩 살게 되었다고 한다. 용산구 신계동 미나리깡에서 철거되어 온 사람들은 현재 6통에, 이후 4통과 5통에는 서대문과 이문동에서 철거되어 온 사람들이 처음 살게 되었다고 한다. 그러나 모두 한 트럭에 실려 온 것이 아니라 다양한 방식으로 철거, 이주했기 때문에 여러 동네에서 온 사람들이 섞여 있기도 했다.

　이처럼 서울 각지의 철거민들이 모인 백사 마을에 대해, 주변 지역의 주민들이 어떤 감정을 품고 있는지 우연히 알게 되었습니다. 초안산을 답사하고 내려와서 택시를 타고 다음 답사 장소로 이동하는 중에 택시 기사분과 말씀을 나누게 되었는데, 이분은 노원구에 고층 아파트 단지가 지어지기 전부터 살던 토박이고, 가족과 친척들은 노원구에 지어지는 아파트에 모두 분양을 받아 들어갔다고 하시더군요. 이야기를 나누다가 화제가 백사 마을로 옮겨 가자, 그분은 흥분하면서 〈그런 흉한 지역은 빨리 밀어내야 한다〉고 말씀하시더군요. 앞뒤 얘기를 가만히 들어 보니, 백사 마을은 노원의 토박이가 아니라 다른 지역 철거민들이 옮겨 와서 생긴 마을이니 이질적인 존재라는 뉘앙스였습니다. 이처럼 농촌 시절부터 살아 온 서울 외곽 지역의 토박이와 서울 도심에서 옮겨진 철거민이 서로 융합되지 못하는 현상은 비단 이곳 노원구 백사 마을에서만 확인되는 것이 아닙니다.

　노원구의 빈민촌이라고 하면 1988년 서울 올림픽을 앞두고 무력 진압되어 철거당한 상계동 철거민들을 떠올리지 않을 수 없습니다. 이분들의 운명에 대해서는 「상계동 올림픽」(1988)이라고 하는 기념비적인 다큐멘터리가 제작되었습니다. 그런데 이분들과 직접 관련되어 있지는 않겠지만 여전히 상계동에는 소규모의 빈민촌이 남아 있어서, 가난의 공간은 쉽게 없어지지 않는다는 사실을 새삼 느꼈습니다.

　이처럼 노원구의 중랑구 동쪽 부분에는 중계동 백사 마을과 상계동 빈민촌 등이 아직 남아 있기는 하지만, 그 나머지 지역에는 대부분 고층 아파트 단지가 넓게 분포하고 있습니다. 이들 아파트 단지 가운데 일부는 앞서 소개한 택시 기사분과 같이 토박이들이 소유한 논밭을 수

창동리 비석(왼쪽)과 공덕리 금표.

용해서 건설되었겠지만, 또 일부는 이 지역에 많이 존재하던 공장들의 부지를 재개발한 것입니다. 〈1963년부터 준공업 지구로 지정되어 중랑천 변을 따라 삼영 모방, 삼풍 제지, 삼화 페인트 등 여러 공장이 들어선〉[6] 노원구와 도봉구의 아침 풍경은 다음과 같았다고 합니다.

> 새벽녘부터 아침나절까지 이곳의 버스 정거장은 큼직한 보퉁이를 든 사람들로 썩 붐빈다. 그 보퉁이 속에는 〈공장〉에서 밤새 만든 〈제품〉들이 들어 있다. 쉐터, 양말, 장갑과 같은 편직물을 비롯하여 휴지, 과자, 갖가지 부속품, 악세사리, 장난감 같은 것들이 그 제품들이다. 그것들은 이곳의 뿌리 없는 사람들의 입에 풀칠을 하게 해주는 중요한 생계의 방편이다. (……) 큰 공장은 큰 공장대로 이곳 주민들에게 원자재와 기계를 제공해 주고 품을 사는데 그들 쪽에서 보면 서울에서 이곳의 주택들보다 좋은 하청 공장은 드물다. 〈돈 벌면 나가 버릴〉 사람들이 모여 산다는 이 〈커다란 공장〉엔 돈을 벌어서 나간 사람의 자리를 새 영세민이 옮겨와 메운다.[7]

이처럼 1960년대에 서울 동북부의 공장 지대였던 노원구와 도봉구에서는, 1970년대에 이 지역이 준공업 지역에서 해제되면서 공장들이 서울 교외로 이동하고 남은 부지에 1990년대부터 고층 아파트 단지가 조성되어 오늘날에 이릅니다. 여러 자료를 종합하면, 삼화 페인트 부지가 창동 대우 아파트, 삼양 라면 부지가 도봉 한신 아파트, 삼영 모방 공업 부지가 동아 에코빌 아파트, 미원 부지가 도봉구청·방학 삼성 래미안 아파트·대상 타운 현대 아파트·ESA 아파트, 샘표 식품 부지가 창동 태영 데시앙 아파트, 삼풍 제지 부지가 북한산 아이파크 아파트로 재개빌되었다고 합니다.

서울 지하철 1호선과 4호선이 만나는 창동역에서 서북쪽으로 북한산 아이파크 아파트로 향하는 중간, 창동초등학교 동남쪽의 해동로 16길과 노해로 63가길이 교차하는 지점에는 창동리 비석이 세워져 있습니다. 이곳에 창고가 있어서 이곳을 창동리라 불렀음을 알려 주는 이 비석은, 그사이 상전벽해하여 농촌 시절의 흔적을 거의 찾을 수 없는 이 지역에서는 귀중한 유물이라 하겠습니다. 또한 흥선 대원군 이하응 별장 주변에 세워져 있던 공덕동의 〈공덕리 금표〉 비석과 함께 〈리(里)〉가 표기된 서울시 안의 드문 표지석 유물로도 재미있습니다. 한편 이 창동리 비석이 서 있는 사거리에는 양주축협 창동역 지점이 있는데, 의정부역 서쪽 의정부 2동에 본점을 둔 양주축협의 지점이 이곳 창동역 부근에 있는 것은, 이곳이 옛 양주군의 영역이었기 때문입니다. 옛 양주군은 현재의 양주시를 비롯해서 남양주시, 의정부시, 동두천시, 구리시, 도봉구, 노원구, 중랑구, 광진구를 포괄했습니다. 1963년 서울시의 대확장 때 창동은 양주군에서 서울시로 소속이 바뀌었지만, 50여 년 전의 행정 구역은 여전히 이런 식으로 흔적을 남기고 있습니다.

창동역에서 1호선 열차를 타고 두 정거장 북쪽으로 가면 도봉역이 있습니다. 도봉역 2번 출구에서 도봉로를 건너 서쪽으로 가면 인도 한편에 〈미 육군 대장 월튼 해리스 워커 전사지 / 전사일 1950. 12. 23〉이라고 새겨진 비석이 서 있습니다. 6·25 전쟁 초기에 남한을 최대로 밀어붙이던 북한군의 기세를 꺾은 다부동 전투의 주역인 워커 장군이 1950년 12월 23일에 이곳에서 교통사고로 사망한 것을 추모하는 비석입니다. 이 비석을 세우는 데 진력한 김이진 선생에 따르면, 정확한 사고 장소는 도봉구 도봉 1동 596-5번지라고 합니다.[8] 한국 곳곳에는 워커 장군을 기리는 시설이 있는데, 저는 그 가운데 이 전사지 비석, 워커 장군의 이름을 딴 워커힐 호텔 한편에 세워진 〈워커 장군 추모비〉,

그리고 대구의 미군 부대 〈캠프 워커〉를 답사했습니다.

워커 장군 전사지 비석을 보고 철도로 한 정거장 더 북쪽으로 가면 서울시 도봉구와 의정부시 경계에 자리한 도봉산역이 있습니다. 두 행정 구역이 맞닿은 이 지점에서는 경계적 성격의 시설들이 여럿 확인됩니다. 우선, 서울시에 소속된 시설 가운데에는 특수학교인 서울인강학교, 도봉산역 광역 환승 센터(도봉구 도봉동), 도봉 재활용품 음식물 중간 처리장, 평화 문화 진지가 경계 바로 남쪽에 자리하고 있습니다.

평화 문화 진지는 북한군의 탱크가 서울시 내로 진입하는 것을 막기 위한 장애물을 시민 아파트의 형태로 지었던 곳입니다. 대서울의 서북쪽에서 북한군의 탱크를 막기 위해 일산 신도시를 건설했다는 소문[9]과 함께 서울시 북부가 지니는 군사적인 성격을 대표하는 유적으로서 고찰할 가치가 있습니다. 이런 군사적 용도의 시설은 그 설치 목적 등을 명확히 밝히는 문건을 찾는 것이 어렵지만, 한강 남쪽을 지키기 위한 조준 사격 시설을 설치한 압구정 현대 아파트·한양 아파트처럼 후대의 조사를 통해 군사적 용도가 밝혀지는 경우도 있습니다. 평화 문화 진지에는 이 시설의 연혁을 밝히는 안내판이 있었습니다.

> 대전차 방호 시설이 있던 이 자리는 1950년 육이오 전쟁이 시작되자마자 북한군이 파죽지세로 남하하던 곳이다. 당시 북한군은 압도적 우위에 있던 탱크를 앞세우고 동두천, 포천, 의정부를 휩쓸고 단기간에 서울을 점령했다. 이 때문에 국군은 북한군의 재침에 대비해 이곳 도봉동 6-5 일대에 대전차 방호 시설을 지었다. 군사적 목적으로 조성된 대전차 방호 시설은 흥미롭게도 시민 아파트라는 주거 공간의 외피를 썼다. 유사시 신속하게 대처하기 위해 군인들이 거주하면서 군사 시설을 민간 시설로 위장하려는 숨은 뜻이

(위) 워커힐 호텔의 워커 장군 추모비.　　　　(아래) 도봉구 평화 문화 진지.

있었다. 도봉구 최초의 시민 아파트였던 대전차 방호 시설의 주거 공간은 노후화로 2004년 안전 진단 E등급을 받아 철거되었고, 군사 시설에 해당하는 1층은 상징적인 의미로 남아 있었다.

다음으로, 서울과 의정부의 경계에는 다른 행정 구역 간의 경계에서도 흔히 볼 수 있는 각종 자원 처리 공장 즉, 고물상들이 다수 확인됩니다. 미국의 사회학자로서 〈시카고 학파〉의 중요한 인물인 로버트 파크(Robert E. Park, 1864~1944)는 시카고의 도축장에 주목하여 도시를 연구했는데, 저는 고물상의 입지에 주목하면 대서울과 한국의 도시들이 갖는 특성이 드러난다고 생각하고 있습니다.

또한, 서울 YMCA 다락원 캠프장(의정부시 호원동), 서울 공구 철물(의정부시 호원동), 서울 일 잘하는 닥트 공사(의정부시 호원동), 서울 국방 아카데미 센터(의정부시 호원동), 서울 빌딩(의정부시 호원동), 서울 부동산 공인중개사 사무소(의정부시 호원동), 서울 승마 클럽(의정부시 장암동)처럼 서울이라는 이름을 붙이고 있지만 의정부시에 자리한 시설들도 많습니다. 이는 서울 마포구 상암동에 있는 DMC(디지털 미디어 시티)라는 이름을 붙인 고양시 향동의 아파트 단지와도 마찬가지의 현상입니다.[10] 이런 시설들 가운데 새 서울 중앙 교회(의정부시 호원동)는 서울시 외곽의 대서울이라는 의식을 〈새 서울〉이라는 단어로 표현한 것으로 보여서 〈서울〉 지명을 쓴 그 밖의 시설들과는 구분해서 생각할 여지가 있습니다. 즉, 자신들의 시설이 〈서울〉의 지리적 확장이라는 것을 명확히 의식하고 있다는 것이지요.

마지막으로, 서울 교통 공사 도봉 차량 사업소가 의정부시 장암동에 있는 것은 서울시의 시설을 의정부시에 떠넘긴 형태로 볼 수 있습니다. 아마도 이런 이유에서 서울 지하철 7호선의 북쪽 마지막 역을 서울시 도봉구의 도봉역으로 삼는 대신, 의정부시 장암동에 장암역을 설치해서 의정부 시민을 배려한 것이겠습니다. 비슷한 사례로 서울 교통 공사 천왕 차량 사업소가 있지만, 천왕 차량 사업소는 서울시 구로구 천왕동과 광명시 옥길동에 걸쳐 있기 때문에 약간 차이가 있습니다. 행정 구역들이 만나는 경계 지역은 살피면 살필수록 참 오묘한 느낌을 줍니다.

15
의정부: 변화하는 정체성

서울 지하철 1호선을 타고 도봉산역에서 망월역으로 올라가는 길에는 서울시와 의정부시의 경계에 설정된 개발 제한 구역이 놓여 있습니다. 한국의 많은 개발 제한 구역이 그렇듯이, 두 도시 사이에는 버스 차고지, 특수학교, 재활용 처리 시설, 불량 주택 지구, 비닐하우스, 군부대(미군 부대 캠프 잭슨)[1] 등이 몰려 있습니다. 〈서울 도봉구와 맞닿아 있는 경기도 의정부시 호원동. 아이러니하게도 서울과 가장 가까운 곳인 이곳이 의정부에서 가장 낙후된 지역이다. 미군 주둔으로 인해 60여 년간 각종 개발 규제를 받아 왔기 때문이다.〉[2]

망월사역을 지나 다시 회룡역·의정부역으로 올라가는 도중에는 외미 마을, 신흥로 166번길과 168번길 사이의 철길변 마을, 6·25 전쟁 당시 황해도 연백 출신의 피난민들이 모여 살던 연백촌과 베트남 전쟁에 나가 돈을 벌어 온 사람들이 개량 한옥을 지어 형성된 월남촌 등이 있습니다. 의정부의 기본적인 성격이 근현대에 형성된 군사 도시임을 연백촌과 월남촌으로부터 느낄 수 있습니다.

방금 말씀드린 것처럼 의정부는 무엇보다 군사 도시로서의 성격이 강합니다. 그런 한편으로 의정부시의 일부에서는 조선 시대와 관련이 깊은 역사 도시라는 성격을 강조하는 경향이 확인되어서 흥미롭습

(위) 의성무시와 서불시의 경계 시역 경판.　　　　(아래) 의성부 외비 바을.

(위) 의정부 칠길변 마을.　　　　　　　　　(아래) 의정부 월남촌.

니다. 이처럼 잘 융합되지 않는 의정부시의 두 가지 이미지에 대해, 『한국의 발견』에서는 다음과 같이 소개합니다.

> 오십 년대 후반부터 갑작스레 커진 의정부는 따라서 이 나라 안에 흔하게 깔린 〈전통의 도시〉, 〈문화의 도시〉에는 못 낀다. 그러나 그 전통의 흔적이 전혀 없는 것은 아니어서 예전에 석천이라 불린 장암동에는 서계 박세당이 늘그막을 보낸 집이 남아 있다. (……) 의정부시는 이곳에 사는 사람들의 말마따나 위락 도시이고 소비 도시이다. (……) 의정부시가 이런 모습을 가지게 된 것은 이곳에 육이오 전쟁이 끝난 뒤에 미군 부대가 들어앉은 군사 지역이었기 때문이다. 우리의 눈에 비친 의정부시의 인상도 그때부터 이루어진 것이라고 볼 수 있겠다.[3]

조선 후기 송시열과 대립하여 사문난적이라는 비판을 받은 박세당의 흔적이 남아 있기는 하지만, 의정부는 현대의 군사 도시로서 성장하고 군사 도시적 성격을 강하게 지닌 곳이라는 관점을 이 글에서 확인할 수 있습니다. 그런데 의정부는 단순한 군사 도시가 아니라, 대서울의 북쪽 경계에서 북한의 침공을 저지하는 미군 부대에 따라 형성된 기지촌으로서의 성격을 띠고 있습니다. 그리고 기지촌이라고 하면 〈기지촌 여성〉, 〈양색시〉, 〈양공주〉 등으로 불려 온 미군 위안부들의 존재가 떠오릅니다. 『한국의 발견』은 계속해서 다음과 같이 적고 있습니다.

> 한강 북부에 자리 잡은 다른 기지촌과 마찬가지로 이곳에도 미군 부대가 들어와 머물게 되자 덩달아 기지촌이 생겼고, 둘레의 동두천시, 인천군, 포천군에 주둔히는 미군들까지 이곳으로 몰려들

어 의정부는 그때부터 이미 위락 도시의 모습을 갖추기 시작했다.
(……) 1980년 말까지도 시 중심지인 가능동이나 변두리인 송산
동과 자금동에는 시 안에 남은 얼마 안 되는 미군과 가까운 동두천
에 주둔한 제2사단을 바라고 사는 양색시가 팔백 명쯤 있었다. 바
로 이 가능동에 구한말에 대원군의 별장이 있었으니, 그는 나랏일
을 보다가 머리 아픈 일이 생기면 이곳으로 와 쉬어 갔다고 한다.
양이 곧 서양 오랑캐가 싫어 쇄국을 고집했던 그의 뜻을 생각해 보
면, 그가 어쩌면 그 일로 골머리를 앓다가 찾아왔을지도 모르는 이
땅이 기지촌이 되어 버린 사실은 우리 역사가 얼마만큼 크게 바뀌
어 왔는지를 보여 준다.[4]

  위의 글에서는 가능동이 미군 기지의 주둔지인 한편으로 흥선 대
원군 이하응의 별장인 직곡 산장(直谷山莊)이 있던 곳이라고 적고 있습
니다. 이러한 이중성 때문에, 가능동에 주둔한 미 제1군단 미 36공병단
이 1971년에 놓아 준 의정부 최초의 아스팔트 도로에는 〈롸우니로〉라
는 이름이 붙었고, 가능동 미군 캠프 레드클라우드 앞 가능 삼거리에서
동남쪽으로 뻗어나가는 길에는 〈흥선로〉라는 이름이 붙어 있습니다.
〈흥선로〉와 〈가능동〉의 서남쪽에는 〈흥선동〉이라는 행정 구역 명칭도
붙어 있습니다. 그리고, 〈롸우니로〉라는 이름은 〈가능로〉로 바뀌었습
니다. 군사 도시로서의 성격을 최대한 지우고, 대원군이라는 조선 시대
후기 정치가의 존재를 부각시킴으로써 의정부를 조선 시대에서 비롯
된 유구한 역사의 도시라고 강조하고 싶어 하는 심리가 읽혀집니다.
  〈롸우니로〉의 유래에 대해서는 『경인일보』 2012년 6월 13일 자
「길에서 뿌리를 찾다·13 의정부 1호 아스팔트 도로 〈롸우니로〉」에 자
세히 밝혀져 있습니다. 경성과 인천을 합친 경인이라는 지명을 이름으

(위) 의정부 최초의 아스팔트 도로인 〈롸우니로〉 준공 기념비.

(아래) 의정부역 근처에 미군 기지가 있었음을 선하는 기념물과 옛 기시의 회벽 틸부.

로 쓰는 신문에서 의정부 지역의 길까지 다루는 데에서 경인 메갈로폴리스의 범위를 짐작할 수 있습니다. 가능 공원에는 1971년 6월 24일에 당시 의정부 시장이 세운 〈롸우니로〉 개통 기념비가 건재합니다.

이 도로를 롸우니로로 명명하여 오늘 개통함
우리 의정부 시민은 이 도로의 완공을 가능케 한 미 제1군단(집단)장(1970~1971) 미 육군중장 에드워드 엘 롸우니 및 미 36공병단 장병의 노력에 감사한다.

이처럼 미군이 주둔하면서 시가지로서의 형태를 갖추기 시작한 〈홍선로〉와 옛 〈롸우니로〉 일대는 여전히 미군 기지촌으로서의 성격을 띠고 있습니다. 한편 〈종로 금은방〉과 〈서울 임치과〉와 〈마포 숯불 돼지 갈비〉, 그리고 〈영어〉가 아닌 〈미국어 교습 번역〉 가게가 입주해 있는 건물이 이 일대의 복잡한 사정을 잘 보여 주는 듯해서 저에게는 특히 인상적이었습니다.

의정부에서 〈홍선〉이라는 이름이 붙은 곳은 이곳 홍선동과 홍선로 뿐이 아닙니다. 미군 캠프 과라디아 부지에는 의정부 경전철 〈홍선역〉이 있고, 1978년 11월에 준공된 의정부역 북쪽의 지하차도에는 〈홍선 지하도〉라는 이름이 붙어 있습니다. 대원군의 별장인 직곡 산장이 있었다고 알려진 가능동 702번지에는 관련 유적이 없고, 별장 건물의 사진도 남아 있지 않은 것 같습니다. 서울에 있던 홍선 대원군의 또 다른 별장인 아소당(我笑堂)으로부터 120보 안으로는 들어오지 말라는 경고문인 〈공덕리 금표(孔德里禁標)〉가 공덕역 2·3번 출구 근처에 남아 있는 것과는 대조적으로, 직곡 산장의 흔적은 현재 확인되지 않고 있는 듯합니다.

〈공덕리 금표〉같이 대원군의 별장이 있었음을 보여 주는 당시의 비석 정도는 있어야 별장을 복원하든 표지석을 세우든 할 수 있으리라는 게 제 생각입니다만, 그러한 물적 증거가 없는 의정부에서 홍선동·홍선로·홍선역·홍선 지하도와 같이 홍선 대원군을 강조하는 모습은 저에게 낯설게 여겨집니다. 캠프 레드클라우드 앞에 홍선로, 캠프 과라디아 자리에 홍선역, 의정부역 동쪽의 캠프 홀링워터 북쪽에 홍선 지하도라는 이름을 붙인 데에서, 저는 홍선 대원군으로 미군 기지의 이미지를 희석시키려는 의정부시의 의도를 읽습니다. 홍선 지하도의 준공 연도가 1978년이니, 의정부시가 홍선 대원군을 현창함으로써 군사 도시로서의 이미지를 약화시키고 역사 도시로서의 이미지를 강화하려고 한 시도가 늦어도 이즈음에는 시작되었음을 짐작할 수 있습니다.

홍선 대원군과 함께 의정부시에서 조선 시대와의 역사적 관련성을 강조하기 위해 중시하는 또 하나의 인물은 조선 왕조를 연 태조 이성계입니다. 의정부역 동쪽 캠프 홀링워터 자리에서 평화로 건너 있는 의정부역 동부교차로에서 의정부 행복로로 들어가는 초입에는 2009년에 태조 동상이 세워졌습니다. 동상 아래에는 의정부 시장 명의로 다음과 같은 건립 취지문이 적혀 있습니다. 의정부 경전철 의정부 중앙역 부대찌개거리 부근의 관광 안내소에도 이와 마찬가지의 주장이 담긴 패널이 설치되어 있었습니다.

지금의 의정부시 지명은 조선 왕조를 창건한 태조 이성계와 깊은 연관이 있다. 1403년(태종3년) 태조 이성계가 함흥에서 한양으로 환궁하다가 전좌 마을(현재의 호원동)에서 잠시 머물고 있을 때, 조정의 대신들이 찾아와 국정을 논의한 데서 현 지명이 유래한다.

그러나 일반적으로 학계에서는 지금의 의정부시에 관청으로서의 의정부가 소유한 토지가 있어서 이곳을 의정부라고 불렀다고 설명합니다.

의정부둔: 시에 대한 기존의 지명 유래인 〈태조환궁설화〉는 역사적 실제로서는 관련이 없으며, 지명은 〈둔야(屯夜)〉와 관련하여 발생하였다고 한다. 곧 이 지역에 의정부(議政府) 소속의 〈의정부둔(議政府屯)〉이 설치되어 있었고, 이로부터 유래하여 〈의정부〉라는 지명이 발생하였다고 한다. 김정호가 만든 「대동여지도」에도 〈의정부(議政府)〉가 아닌 〈의정부(意情埠)〉로 표기하여 이를 의미상 명백히 구분하였다.[5]

안양시 서남부에는 충훈부(忠勳府)라는 지명이 있는데, 나라에 공을 세운 공신과 그 자손들을 관리하던 중앙 관청인 충훈부의 토지가 이 지역에 있었기에 발생한 것으로 여겨집니다. 마찬가지로 의정부라는 지명도 중앙 관청인 의정부가 소유한 토지가 이곳에 있었기에 발생한 것으로 생각하는 것이 자연스러울 터입니다. 그래서 『의정부시사 제2권: 매성, 양주, 의정부로의 변천』을 찾아보니, 기본적으로 의정부라는 지명과 이성계를 연결시키지는 않지만, 그 서술 방식에서는 지역민들의 감정을 건드리지 않으려는 배려가 읽혔습니다.

의정부 둔토가 있던 곳 어딘가에 의정부점이 생겼고 그것은 곧 의정부점이 있던 그 좁은 지역을 가리키는 이름이 되었다. 반면 의정부 둔토는 여러 곳에 넓게 흩어져 있었다. 그 토지를 경작하던 농민들에게는 태소·태종과 관련된 역사적 사실, 그것과 교묘하게 얽

의정부 주교좌 성당과 머릿돌.

혀 있는 설화가 여러 세대에 걸쳐 공통의 기억으로 남아 있었다. 의정부 둔토가 있던 지역을 아우르는 지명이 필요하게 되었을 때 주민들은 자연스럽게 역사적 사실과 설화를 집단 기억으로 떠올렸다. 그것이 그 지역을 조선 왕조 최고위 관청의 이름을 가진 땅으로 만들었던 것이다.

　저로서는 의정부시가 조선 왕조의 왕족들을 시의 인물로 현창하는 것도 좋지만, 1953년 8월 29일에 준공된 의정부 주교좌 성당이나, 1960년대 초에 캠프 홀링워터 맞은편에 세워진 주한 미군 한국인 노동조합 KSC 지부 건물 등을 시의 상징적인 건물로서 부각시킬 필요도 있지 않나 생각합니다. 미군의 도움을 받아 지은 의정부 주교좌 성당은 1950년대에 널리 조성된 소박하면서도 웅장한 석조 건물의 대표적인 예이며, KSC 노동회관은 현대 한국 노동운동의 초기 활동 양상을 보여 주는 뜻깊은 건물입니다. 경기 건축 포털에서도 KSC 노동회관에 대해 〈우리나라 노동조합 역사에서는 물론, 지역사에서 지닌 의의 또한 큰 건물이다〉라고 평가하고 있는 등, 이 건물은 대서울은 물론 현대 한국 역사 차원에서 더욱 주목할 가치가 있습니다. 서울 종로 3가의 낙원 상가 아파트 내벽에는 아파트 건설 당시 무명의 노동자가 그린 두 점의 대형 부조가 남아 있습니다. 의정부의 KSC 노동 회관 부조와 서울의 낙원 상가 아파트 부조는 현대 한국 초기 노동자들의 힘과 꿈을 대변하는 멋진 작품들입니다.

　KSC 노동회관을 지은 주한미군 한국인 노동조합과 마찬가지로 미군을 상대로 활동했지만, 당시에는 천대받았고 지금은 잊힌 존재가 이른바 〈양공주〉라 불린 미군 위안부 여성들입니다. 이들 〈양공주〉를 제가 〈미군 위안부〉라고 부르는 것은 다음과 같은 연구자분들의 견해

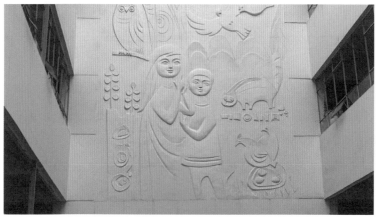

의정부역 인근의 주한 미군 한국인 노동조합 KSC
지부 거물 부조와 종로 3가 낙원 삼가 아파트
내벽의 부조.

에 따른 것입니다. 〈미군 위안부〉 여성들 가운데 자신의 고통스러운 과거를 최초로 공개적으로 밝힌 김정자 선생은 다음과 같이 증언합니다.

> 니네들이 좋아서 기지촌 생활을 했는데 뭐가 불만이냐는 그런 질문을 참 많이 들어요. (……) 억울해 죽겠어요. 저 같이 거기 인신매매되어 간 사람이 너무 많아요. 직업소개소에서 식모 자리 알아봐 준다고 해 따라가고, 밥 준다고 따라가고 해서 가보니 기지촌인 경우가 너무 많았어요. 미군 위안부로 살 줄 알았다면 누가 거기 따라갔겠어요. 일본인 위안부도 인신매매되어 간 사람이 많다고 들었어요. 일본군 위안부는 피해자로 인정하는데 왜 미군 위안부 피해자들은 국가가 눈감고 있는 건가요. 당한 사람은 있는데 왜 책임지는 사람이 없냐고요. 당신 딸들이 붙잡혀 간 거라면 가만히 있겠어요? 언니들이 늙고 병들어 죽어 가고 있어요. 국가를 상대로 소송을 준비하다가 벌써 세 분이나 돌아가셨어요. 저는 사과를 원해요. 늙고 병든 우리 몸뚱어리를 국가에서 책임져 주기를 바라요. 그게 국가가 해야 할 일이라고 믿어요. 하늘에 있는 우리 기지촌 언니들을 위해서 제가 이렇게 나섰어요. 누군가는 증언을 해야 할 것 같아서 이렇게 용기를 냈어요. 사람들이 우리의 이야기에 귀 기울여 주면 좋겠어요.[6]

또한, 그 자신이 국가 권력에 의한 성고문 피해자인 권인숙 선생은 김정자 선생의 증언이 갖는 중대한 가치에 대해〈군 위안부를 도입한 일본 군부를 비판해 왔지만 그 제도는 그대로 이어져 한국 정부와 미군에 의해서 유지되어 왔다. 김정자 씨가 풀어놓은 미군 위안부의 첫 목소리는 일본군 위안부였던 정신대 할머니들의 목소리와 결이 같다. 다만 정신대

(위) 군산의 기지촌 〈옥구 아메리칸타운〉 인근의
옛 성병 검사소.

(아래) 동두천 소요산 인근의 낙검자 수용소, 일명
〈언덕 위의 하얀 집〉, 〈몽키 하우스〉.

할머니들은 온 사회가 포용하고 있지만 미군 위안부는 이제 존재조차 집단기억 속에서 가물가물하게 되어 가고 있다〉[7] 라고 평가합니다.

김정자 선생은 결코 예외적인 사례가 아니었습니다. 6·25 전쟁 때 고아가 되어 인천 부평의 미군 기지 애스컴시티에서 일하게 된 어떤 여성은 다음과 같이 토로합니다.

> 나는 정신대 문제가 텔레비전에 나올 때마다 가슴속에서 피를 토해요. 일제 때 강제로 혹은 돈 번다고 정신대로 끌려간 사람들만 불쌍하고, 미군에게 돈을 벌게끔 강제당한 우리는 손가락질당해요. 나도 정신대라고 생각해요.[8]

김정자 선생의 증언을 담은 책이 나온 뒤, 김정자 선생을 포함한 〈미군 위안부〉 경험자 수십 명은 한국 정부에 대해 손해배상을 청구했습니다. 이때 그들은 〈우리가 괜히 나섰다가 일본 우익들만 좋은 일 시키는 거 아닐까?〉 하고 걱정했다고 합니다.[9] 실제로 일각에서는 〈고통받는 이웃으로서 기지촌 할머니들을 지원하는 것을 반대하지 않지만, 조례에 나타난《미군 위안부》라는 명칭을 사용하는 것만큼은 절대 받아들일 수 없다. (……) 일본군 위안부가 위안부지, 왜 미군을 상대한 당신들이 위안부냐〉라는 주장을 하기도 합니다.[10] 위에서 소개한 권인숙 선생의 말대로, 한국 사회는 일본을 비난할 계제가 되는 일본군 위안부 문제에 대해서는 국가적으로 분노하지만, 한국 정부·한국인·한국 사회가 묻어 버렸던 사건을 다시 파헤쳐서 우리 스스로를 자아비판해야 하는 한국군·미군 위안부 문제에 대해서는 침묵하고 있습니다. 이러한 집단 침묵, 집단 망각에 맞서서 김정자 선생 등은 손해배상 소송을 시작했고, 현재 2심까지 이들이 승소한 상태

입니다.[11]

기지촌이 운영되던 당시, 이들은 각 기지촌에 설치된 보건소에서 강제적으로 성병 검사를 받았습니다.[12] 성병에 걸렸음이 확인되면 동두천에 있는 〈낙검자 수용소〉 일명 〈언덕 위의 하얀 집〉으로 강제로 보내져서 병이 나을 때까지 페니실린 주사를 맞았는데, 페니실린 쇼크로 사망하는 여성들이 속출했습니다. 김정자 선생은 이곳의 참상을 다음과 같이 증언합니다. 〈걸루 끌려가면 거기서 인제 놔주지, 주사를. 페니실린 맞고 죽는 사람도 있구, 부작용이 나서. (주사를 맞고 나면) 걸음을 못 걸어. 이 다리가 끊어져 나가는 것 같애. 그걸 이틀에 한 번씩 맞혀줘. 그런데 그거를 맞은 사람은 다른 주사가 안 받어. 젤 쎈 거라, 페니실린이. 부작용이 나서 죽지.〉[13] 수감자의 탈출을 막기 위해 창문에 설치한 창살을 붙잡고 있는 이들 여성들을 원숭이에 비유해서 일각에서는 이 낙검자 수용소를 〈몽키 하우스〉라 부르기도 했다고 합니다. 이 건물은 폐가인 상태로 현재까지 소요산 입구에 남아 있습니다.

의정부의 경우, 이들 〈미군 위안부〉들이 가장 큰 고초를 겪은 곳이 속칭 〈빼벌〉, 〈빼뻘〉, 〈뻿벌〉이라 불리는 의정부 고산동 캠프 스탠리 인근 기지촌이었습니다. 2000년 3월 11일에 이곳에서 미군 위안부로 근무하던 서정만 선생이 자신의 방에서 신원 미상의 미군에 의해 살해되었습니다. 당시 의정부 경찰서 유재철 형사계장 등이 미군 측에 용의자를 검거하는 데 협조해 달라고 거듭 요청했지만, 미군 측은 끝내 이러한 요청을 받아들이지 않고 용의자를 미국으로 송환해 버렸습니다. 그로부터 12년이 지난 2012년에 유재철 선생은 의정부 경찰서장이 되어, 다시 한번 이 살인 사건을 해결하기 위해 노력하겠다는 인터뷰를 하기도 했습니다.[14]

최근 한국 내의 미군들이 평택으로 재배치되면서, 이곳 빼뻘에서도 미군 기지 이전 후의 미래를 둘러싸고 토지 소유주인 모 문중과 의정부시, 그리고 세입자들 간에 갈등이 빚어지고 있습니다.[15] 지난 2018년 3월에 이 지역을 답사하다가 다음과 같은 항의문을 확인했습니다. 이 항의문 속에서 여전히 마을 쪽방에 살고 있는 미군 위안부분들에 대한 언급, 배려는 찾아보기 어려웠습니다.

> 이제는 마을 주민 우리 스스로 문제 해결을 위해 일어나야 할 때입니다. 2018년 이제 1년밖에 남지를 않았습니다. 주한 미군 평택 이전이라는 정부 정책으로 미군의 수는 급격히 감소하고, 그에 따라 갈수록 마을의 경기는 어려워져 가고, 수선 하나 할 수 없는 집은 황폐화되어 가고, 임료 고지서는 계속 오르고, 말은 이웃이라고는 하나 4년 동안 진행한 토지매매에 있어서 그 어느 하나 양보 없는 말뿐인 종중의 태도에 더 이상 참기 힘든 상황에 다다른 것 같습니다. 동두천은 시와 의회가 하나가 되어 정부로부터 많은 지원을 받아내고 있지만 저희 마을은 무료 진료 외에는 그 어느 것 하나 달라진 것이 없습니다. 왜일까요? 저희 마을의 문제는 종중이나 의정부시가 아닌 우리 스스로 해결해야 하는 상황인 것입니다. 이제 우리 스스로 마을 문제 해결을 위해 함께 나설 때입니다. 마을 주민 모두 하나가 되어 문제 해결을 위해 이제 일어서야 할 때입니다. 우리는 모두 같은 운명 공동체입니다. 마을 문제 해결을 위해 우리 주민 모두가 하나가 되어 살기 좋은 행복한 마을을 위해 함께 나갑시다.
>   질긴 놈이 이긴다. 이기는 길은 우리 모두가 문제 해결을 위해 일어나야 합니다.
>   빼벌발전협의회

의정부의 고산리 기지촌, 속칭 빼뻘에 있는 옛 성병
검사소.

이 지역은 기본적으로 개발 제한 구역인 데다가 미군 기지 건너편에는 의정부 교도소까지 있어서 의정부시 안에서 특히 개발이 늦어진 곳이었습니다. 그러다 보니 이번 기회에 이 지역을 재개발하고자 하는 의정부시와 해당 문중의 의지가 강한 것은 당연합니다만, 그 와중에 세입자분들은 오랫동안 살던 이곳을 떠나야 하는 처지가 되었습니다. 한국 곳곳에서 재개발·재건축이 진행되면서 세입자들이 쫓겨나는 것은 어디나 마찬가지겠습니다만, 이 지역의 세입자 가운데에는 평생 〈미군 위안부〉로서 고생한 여성분들이 포함되어 있다는 사실이 더욱 안타까운 점입니다. 〈우리가 무슨 돈이 있다고 병든 몸 이끌고 어디로 가라는 건지. 얼마 남지 않은 인생이 걱정이야. 이제 쫓겨나면 일가친척 하나 없는 우리는 어디로 가야 할지 아무런 방법도 없어.〉[16] 이제 의정부에서 미군 위안부 여성들은 더 이상 일하고 있지 않지만, 성매매 집결지는 의정부역 서쪽 등 아직 몇 곳이 남아 있습니다. 이들 지역은 과연 언제까지 도시의 배후 지역에 잔존할 것인지, 또 의정부역과 회룡역 사이의 외미 마을·철길변 마을 및 미군 기지·철도역 인근의 불량 주택 지구는 장차 어떤 변화를 겪을 것인지 주목됩니다. 마찬가지로, 미군이 주둔하던 군사 도시로서의 의정부의 현재와, 조선 왕조의 태조·흥선 대원군이 활동했다고 주장되는 역사 도시로서의 의정부의 미래가 과연 어떻게 갈등하고 조정될 것인지 주목할 필요가 있습니다.

16
남양주: 천부교·원진 레이온·마석, 그리고 다산 신도시

남양주시는 앞 절에서 살펴본 의정부·동두천시와 함께 그 대부분이 옛 양주군에 속했습니다. 『한국의 발견: 경기도』의 「동두천시와 양주군과 남양주군」 항목에서는 이들 4개 지역에 대해 다음과 같이 설명합니다.

옛 양주군 땅이라 함은 지금의 양주군과 남양주군 말고도 의정부 시와 동두천시까지를 다 아우르는데, 의정부시나 동두천시를 빼버 리더라도 그 〈넉넉한 느낌〉에는 그다지 변화가 없다. 그것은 의정부 시나 동두천시는 육이오 전쟁 전까지는 한갓 땅덩어리로서의 뜻 말고는 달리 중요한 뜻이 없던 곳이기 때문이다. 옛 양주군은 위로 파주군과 연천군을 이고 서울의 북쪽에서 동쪽으로 길게 뻗어 있었 는데, 1963년 정월에 그 한가운데의 땅인 의정부읍이 시로 승격되 고, 1980년 4월에는 다시 의정부시의 동남부 땅이 남양주군이 되 어 제금을 났으며 이어서 1981년 7월에 북쪽 끝의 동두천읍이 또 시로 승격되는 바람에 모두 네 조각으로 갈리고 말았다. (……)
　　양주군으로서는 남양주군이 떨어져 나간 거야 어쩔 수 없다 하더라도 살림의 삼분의 일을 기대고 있던 동두천이 제금을 난 것 은 마치 노른자위를 잃은 것과 같은 손실이 아닐 수 없다.[1]

위의 글에서는 의정부와 동두천에 대해 다소 냉담한 감정이 느껴지는데, 이는 어쩌면 뿌리깊은나무 출판사가 활동하던 시기 한국의 시민들이 농업에 대해 품고 있던 애정과 미군 기지촌에 대한 복잡한 심정이 이런 식으로 표현된 것일지도 모르겠습니다. 이와 관련해서, 의정부를 답사하던 중에 의정부역 인근에서 〈양주골 식당〉이라는 가게를 보았습니다. 의정부가 양주군에서 갈라져 나온 게 1963년인데, 그로부터 33년 뒤인 1996년에 개업한 식당이 여전히 〈양주〉라는 지명에 애착을 보인 것이 흥미로웠고, 〈양주골〉이라는 단어에서 의정부가 농촌 양주군에 속해 있던 시절에 대한 애틋함이 의정부 지역에 여전히 남아 있는 것이 아닌가 하는 추측을 했습니다.

위에서 인용한 『한국의 발견』 해설에서는 남양주가 농촌의 성격을 남기고 있음을 강조하는 느낌을 받습니다. 한편 오늘날 부동산에 관심을 가진 분들께는 남양주시 곳곳에서 이루어지고 있는 대규모의 고층 아파트 단지 건설 그리고 제3기 신도시 부지로 지목된 왕숙 지구의 미래가 주목될 터입니다. 제 경우에는 남양주시 곳곳에 존재했고 여전히 일부 존재하는 공업 시설에 관심이 있습니다.

남양주시에 존재했던 가장 큰 공장이라고 하면, 화신 그룹의 박흥식 씨가 일본의 도레이에서 중고 기계를 사와서 1964년에 남양주시 도농리에 설립한 원진 레이온일 터입니다. 이 원진 레이온은 한국에서 최초로 직업병 문제를 공론화시킨 곳으로 잘 알려져 있습니다. 원진 레이온 공장 부지는 현재 고층 아파트 단지로 재개발되었고, 원진 레이온에서 직업병을 얻은 분들을 치료하는 것은 물론 그 밖의 산업 재해 질환자분들을 치료하기 위해 구리시에 원진 녹색 병원, 서울시 면목동에 녹색 병원이 세워졌습니다.

면목동의 녹색 병원은 유명한 YH 사건의 무대가 된 YH무역 공장 부지이지요. 1979년 8월 급작스러운 회사 폐업에 반대한 YH무역의 여성 노동자들이 공덕동에 있던 신민당사를 점거했고, 이 사건으로부터 박정희의 유신 정권은 붕괴되기 시작했습니다. 한편, 일본 도레이에서 한국 원진 레이온으로 수입되었던 기계는 다시 중국으로 옮겨졌는데,[2] 한 기사에 따르면 이 기계가 최근 북한으로 넘어갔다고 합니다.[3] 이 기사의 말미에서 안종주 전국 석면 환경 연합회 회장은 〈한국은 빠른 속도로 후진국에서 개발도상국으로, 다시 선진국 대열에 들어섰지만 국가 윤리 측면에선 과거 선진국들이 저지른 잘못을 시차를 두고 답습하고 있다. (……) 한국이 그런 국가 가운데 하나라는 사실을 부끄러워해야 한다〉고 말합니다. 한국, 일본, 중국, 북한은 서로 정치적으로 적대하고 있지만, 노동자들의 목숨에 냉담한 것은 네 나라의 지배 집단이 공유하는 특성입니다.

　남양주에 원진 레이온을 세운 박흥식 씨는 오늘날의 서울 강남을 이야기할 때에도 빼놓지 않고 언급되는 사람입니다. 그가 1960년대 중반에 영등포 동쪽 지역 개발을 제안한 〈남서울 개발 계획〉 때문이지요. 이 계획은 실현되지는 않았고, 손정목 선생은 전설적인 책 『서울 도시 계획 이야기』 제1권에서, 이 계획이 시행되었더라도 결국은 실패해서 그 부채를 서울시가 떠안았을 것이라고 예측합니다. 그런데 박흥식 씨가 이 남서울 계획을 주장한 전후 시기에 세운 원진 레이온과 이 공장에서 발생한 직업병 문제에 대해서는 『서울 도시 계획 이야기』에 거의 언급이 없습니다. 손정목 선생이 서울시 바깥의 문제에 대해서는 무관심했다고 할까요. 하지만 저는 행정 구역으로서의 서울시에만 집중해서는 서울시에서 일어나는 일을 이해할 수 없다고 생각합니다. 저로서는 박흥식 씨가 대서울의 확장이랄까, 당시 일반적으로 서울로 간주되던 외곽 지역에 주목해서 사업을 전개하고 그로부터 이익을 얻으려는

(위) 워진 레이온 사건 이후 설립된 구리시 원진   (아래) 첨부교(전도관) 제2신앙촌이 있었던
녹색 병원.   남양주시 덕소를 흐르는 한강.

관점을 가지고 서울시 동북쪽의 남양주와 동남부의 영동, 지금의 강남 지역에 주목한 것이라고 이해합니다.

이와 마찬가지 움직임이 박태선 씨의 천부교에서도 보입니다. 서울–부천–부평–인천으로 이어지는 경인 메갈로폴리스의 남쪽 외곽인 부천시 남부의 소사에 제1신앙촌을 세운 천부교는, 지금의 남양주시 한강가 덕소역–도심역 중간에 덕소 제2신앙촌을 지었습니다. 그 이유에 대해서는 소사 지역에 수자원과 교통 시스템이 부족해서 대규모 공업 시설을 유치하기에 적합하지 않았기 때문으로 추측합니다.[4] 그리하여 덕소에 건설된 제2신앙촌에서는 제철 산업까지 운영되었고, 이는 새마을 운동의 모델 가운데 하나로 주장되기도 합니다.[5] 천부교 박태선 교주의 어록에는 신앙촌 건설에 대한 언급이 보이는데, 외국 원조를 받지 않고 산업 단지를 이루어 냈음을 강조하는 대목이 인상적입니다. 이 책 안에서 거듭 강조하는 바입니다만, 저는 가톨릭·프로테스탄트·불교·천부교 등 그 어떤 종교의 신자도 아닙니다. 그저, 현대 한국의 역사와 대서울의 형성 과정을 이해하기 위해 반드시 짚고 넘어가야 할 요소들 가운데 군사·문중·한센인 정착촌 등과 함께 천부교 신앙촌이 있기 때문에 아래의 구절을 인용하는 것일 뿐입니다. 김건우 선생은 역작 『대한민국의 설계자들』(느티나무책방, 2017)에서 평안도 출신의 월남민들이 6·25 전쟁 이후 한국의 중추에서 어떤 활동을 벌였는지를 잘 보여 주고 있습니다. 그런데 평안도 출신으로서 한국에서 활발한 활동을 한 사람들 가운데 이 책에는 평안북도 출신의 박태선 씨가 빠져 있습니다. 박태선 씨는 현재 한국 기독교에서 이단으로 지목된 사람입니다만, 박태선 씨가 아래에 인용한 글에서처럼 국가 경제 부흥을 주장한 배경에는 『대한민국의 설계자들』에 언급되는 장준하, 함석헌 등과 마찬가지로 그 역시 평안도에서 태어난 이른바 〈서북 출신〉이었다는 사실에 주목할 필요가 있습니다.

1957년 내가 신앙촌을 건설하기 시작할 당시, 우리나라는 빈곤에 허덕이며 다른 나라의 구제만을 바라고 있을 때였다. 농촌에서는 1년 양식을 채우지 못해 풀뿌리를 캐어서 보릿고개를 견뎌 나가는 정도였다. 그때 우리나라 사람들에게 외국의 원조가 끊어지면 살수 있겠나 하고 질문하면 대답을 하지 못하였다. 어디를 가든 건설적인 말은 들을 수가 없었고 한숨과 절망뿐이었다. 나는 외국에 구걸하고 동냥하는 썩은 정신을 버리고 다시는 원조를 받지 않도록 10배, 20배 노력해야 한다고 하였다. 빈곤한 경제 상황에서 신앙인들이 단결하고 연구하고 노력하며 경제 재건의 선봉에 서야 한다고 한 것이다. 나는 밤잠을 자지 않고 노력하여 신앙촌을 건설하였다. 외국의 원조나 그 누구의 도움 없이 신앙촌을 건설했고, 신앙인들이 경제적으로 자립할 수 있도록 했다. 내가 핍박을 받아 옥중에 들어가기 전까지 만 3년 동안 전국적으로 전도관 교인이 100만을 헤아리게 되었고, 그 시기에 만여 명이 거주하는 소사 신앙촌을 건설하였다. 또한 옥중에서 나오자마자 4개월 만에 덕소 신앙촌을 건설했으며, 기장 신앙촌은 수출을 계획하여 생산 시설을 소사 신앙촌과 덕소 신앙촌보다 큰 규모로 건설하였다.[6]

박정희 정권은 한일 국교 정상화에 따른 일본 측의 〈독립 축하금〉과 베트남 전쟁 참전에 따른 미국 측의 원조금 등을 적극적으로 활용해서 경제 성장을 추진했으므로 신앙촌의 방식과는 다르지만, 한때 한국 유수의 재벌로 거론될 정도[7]로 활발한 산업 활동을 전개한 천부교의 신앙촌이 박정희 대통령에게 깊은 인상을 남겼으리라는 것은 능히 주측할 수 있을 터입니다. 다만 최태민 씨가 기존에 자신이 주장하던 영세교라는 신종교를 버리고 1975년에 목사 안수를 받은 뒤 4월 29일에 대한 구국 선교단을 만들고, 박태선 씨의 아들이 포함된 재벌가 2세 일곱 명이 일으킨 스캔들인 〈7공자 사건〉에 대한 보도가 나온 직후인 6월 21일에 열린 대한 구국 십자군 창군식에서 〈▲선량한 교인을 우롱하는 전도관 등 사이비 종교 일소, ▲퇴폐 풍조 일소, ▲사회 부조리 제거〉[8]를 주장한 데에서 알 수 있듯이, 전도관-천부교는 결국 한국 사회의 주류에 편입하는 데에는 실패했습니다. 박태선 씨의 성공과 실패를 관찰한 최태민 씨는 영세교와 같은 독자적인 종교의 교주가 되기보다는 기성 프로테스탄트 교단 안에서 활동하는 방법을 택했고, 그가 설립한 대한 구국 선교단은 새마을 운동의 정신 운동 버전이라고 할 새마음 봉사단으로 이어집니다.

　『한국의 발견: 경기도』 양주군 편에서는 〈앞에서 보아 온 근교 농업과 낙농업을 빼면 양주 지역에는 크게 두드러지는 산업 활동이 없다. 그러나 한때는 이곳에도 공업 단지라고 부를 만한 곳이 있었다. 1962년에 지금의 남양주군 와부읍 덕소리에 들어섰던 박장로교의 《제2신앙촌》이 그것이다〉라고 하여 그 존재에 주목했습니다. 그 후 덕소 신앙촌의 공장은 대규모의 고층 아파트 단지로 바뀝니다. 제1신앙촌이 있던 소사가 아직 신앙촌 당시의 구조와 경관을 남기고 있는 것과 대조적입니다. 이는 덕소 제2신앙촌이 중공업 위주로 산업을 의도했기 때문에 공장 부지가 커서 아파트 단지로 변신하기 쉬웠기 때문입니다. 덕소 교회에서 덕소역으로 가는 길에는 여전히 신앙촌 상회가 운영 중이어서 당시 이 지역의 경관을 상상하게 해줍니다. 또한 이 일대에는 〈아직도 전세 사시나요? 서울에서 멀지 않아요~〉, 〈서울 강남이 20분이면 연결되는 천혜의 교통 요지〉라는 아파트 분양 광고가 보여서, 남양주

남양주시의 경의중앙선 덕소역 인근 재개발 예정
지역.

시 역시 대서울의 일부로 편입되고 있음을 확인했습니다. 현재 덕소역 주변에서는 재개발·재건축 움직임이 활발합니다.

한편, 옛 원진 레이온 공장 부지에 들어선 고층 아파트 단지에 답사 갔을 때, 그 동쪽 지역이 휑한 것을 보고 웬일인가 싶었습니다. 부동산에 둔감한 저는 몰랐지만, 그곳은 〈다산지금〉이라 불리는 신도시 개발 지역이더군요. 여기 보이는 〈다산〉이란 남양주시 조안면 능내리에 살던 다산 정약용을 가리킵니다. 다산 신도시가 개발 중인 이 지역은 행정동 명칭도 〈다산동〉으로 정했다고 합니다.

그런데 이 다산 신도시와 다산동을 생각할 때마다 저는 조금 이상한 느낌이 듭니다. 다산동·다산 신도시와 조안면의 다산 정약용 유적지는 각각 남양주시의 서쪽 끝과 동쪽 끝에 있고, 조안면은 조선 시대에 남양주시 대부분의 전신(前身)에 해당하는 양주군이 아니라 광주군에 속한 지역이었습니다. 1906년에야 광주군에서 양주군으로 편입되었지요. 게다가 조안면은 한강 상류에 속하다 보니 개발 제한 구역으로 지정되어 있어서 신도시가 들어올 수 없습니다. 여러 가지로 아이러니한 상황입니다. 일부 기사에서도 이 문제를 언급하고 있는데,[9] 다산 정약용과 다산 신도시의 관련에 대해서는 저 말고도 궁금해하는 분이 많은 듯합니다.

또 하나의 관심은 다산 신도시 탄생 배경이다. 다산 신도시는 어떻게 정약용의 호인 다산이라는 이름을 쓰게 된 것일까. 정약용의 생가는 남양주시 조안면 능내리에 있다. 남한강과 북한강이 만나는 수려한 자연환경, 두물머리와 가까운 곳이다. 다산 신도시와는 지리적으로 거리가 있다. (……) 경기 도시 공사에 따르면 다산 신도시의 이름에 〈다산〉이라는 단어가 들어간 것은 정약용의 호인 다

(위) 남양주의 경춘선 평내호평역 인근 한센인
정착촌 〈협동 농장〉.

(아래 왼쪽) 서울 잠실 석촌 호수가에 자리한
삼전도비와, 그 뒤의 칠지도 관련 팸플릿함.

(아래 오른쪽) 흡연을 금지하는 정약용.

산과 관련이 있다. 현재 다산 신도시는 행정 구역상 남양주시 다산 동이다. 다산동이라는 지명이 원래부터 있었던 것은 아니다. 도농, 가운동, 지금동으로 불렸던 곳이 다산동으로 바뀌었다. 다산 신도 시 입주가 시작된 직후인 지난해 12월 18일 현재의 다산동이라는 이름이 만들어졌다.

　남양주시와 다산 정약용의 관계에 대해서는 또 한 가지 흥미로운 점이 있습니다. 마석 가구 단지에 답사 갔을 때 그곳의 화장실에서 이 런 경고문과 함께, 흡연을 금지하는 정약용의 모습을 보았습니다. 〈금 연 구역 / 흡연 시 국민 건강 증진법에 의거 10만 원의 과태료가 부과됩 니다 / 남양주시 보건소〉. 그런데 정작 정약용은 흡연을 사랑하는 것으 로 유명한 인물이었지요. 한문학자 안대회 선생은 『담바고 문화사』에 서 정조와 정약용이 담배를 매우 사랑한 사람들이었다고 밝히고 있습 니다. 저는 남양주시와 다산 정약용의 관계를, 석촌 호수에 서 있는 청 태종 공덕비(일명 삼전도비)라는 이른바 〈국치〉의 상징 옆에 백제가 일 본에 보낸 칠지도에 대한 팸플릿을 둔 사례와 함께, 행정 구역이 확립 되고 나서 그 행정 구역의 이미지가 원래의 역사적 맥락과는 무관하게 어떻게 새롭게 만들어지는가를 잘 보여 주는 흥미로운 사례라고 생각 하고 있습니다. 현재의 행정 구역 안에 무언가 유명한 시설이나 인물이 있었다면, 다소 맥락에 맞지 않더라도 적극적으로 끌어들여서 자기 행 정 구역의 대표 이미지로 내세우는 것이지요.
　제가 금연을 주장하는 애연가 정약용의 포스터를 본 것은 마석 가 구 단지였습니다. 『한국의 발견: 경기도』 양주군 편은 덕소 신앙촌 이외 에 〈양주 지역에는 크게 두드러지는 산업 활동이 없다〉고 기록하지만, 사실 이 책이 출간될 당시 남양주에는 원진 레이온과 함께 한센인 정착촌인 성생 농장(마석 가구 공단)과 평내호평역 동남쪽 협동 농장이라는 두 곳의 공단이 있었습니다. 뿌리깊은나무 측에서 이들 공단의 존재를 알지 못한 것인지, 아니면 일부러 회피한 것인지 잘 알 수 없습니다. 『남양주뉴스』 2009년 6월 10일 자에 두 곳의 탄생과 현황이 잘 정리되어 있습니다.[10]

> 협동 농장은 약 10만m² 규모에 한센병 환자 수가 27세대 57명인 것으로 파악되고 있다. 35년여 전 정부에서 정책적으로 한센인들을 이주시키고 축산업과 농사를 지어 생계를 유지하도록 했으나 이후 도로 건설 및 도시 개발에 따른 주변 환경의 변화로 축사, 계사 등 건축물을 임의로 용도 변경, 신·증축 후 제조 공장으로 활용되고 있다. 예전에는 140여 개 공장이 있었으나 최근에는 78개 공장만 남아 있으며, 건물들이 1/2 이상 비어 있는 것으로 확인됐다. 지난 1963년 대한성공회가 입주하면서 한센인 재활 농장으로 형성된 성생 농장은 가축을 사육하며 생계를 유지하던 것에서 1987년 김옥숙 여사(노태우 전 대통령) 방문 시 한센인 노령화에 따른 가축 사육 곤란을 이유로 공장 임대 전환이 건의되면서 공장들이 입주하기 시작했다. 약 49.5만m² 규모로 104세대 125명의 한센병 환자가 있다.

모 문중의 묘지가 있는 문중 땅에 자리한 협동 농장은, 한센인 정착촌에서 경공업 단지를 거쳐 아파트 단지로 재개발되는 한센인 정착촌의 일반적인 발전 단계를 거칠 것으로 예상됩니다. 경의중앙선 평내호평역 인근에서 최근 재개발이 활발하게 이루어지고 있다 보니 그 영향을 받게 될 터입니다.

한편 마석 가구 단지는 이와는 다른 경로를 걷고 있습니다. 한센인 정착촌에서 가구 공장 등의 경공업 단지로 바뀐 것까지는 같지만, 이 지역은 고층 아파트 단지로 재개발될 요인이 아직 크지 않기 때문에, 가구 단지를 유지하면서 외국인 노동자를 고용하는 방식으로 업태를 유지하고 있습니다. 마석 가구 단지에서 인상적이었던 일이 있습니다. 잠실에서 버스를 타고 가고 있었는데, 마석 가구 단지 정류장을 하나 앞두고 갑자기 버스 안내판에서 여러 개의 외국어로 적힌 불법 체류 경고문이 뜨더군요. 마석 가구 단지가 현재 외국인 노동자들의 힘으로 운영되고 있음을, 그리고 그분들의 고용 조건이 결코 우호적이지 않음을 피부로 느끼게 해주었습니다. 공단 입구에도 외국어로 경고문이 걸려 있었습니다. 〈마석 가구 공단 이주 노동자 마을의 세밀한 관찰기〉라는 부제가 붙은 『우린 잘 있어요, 마석』(클, 2013)은 마석 가구 단지의 이러한 상황을 잘 알려 주는 책입니다.

두 한센인 정착촌 모두 마을의 정신적 지주로 기능했을 교회 건물이 일반 공장에 매각되었고, 정착촌의 또 하나의 중심으로 기능했을 피부과 관련 시설도 사라졌습니다. 성생 농장의 마석 교회는 현재 가구 공장으로 바뀌었지만, 아직 머릿돌은 남아 있어서 이 지역의 초기 역사를 상상할 수 있습니다. 한편 협동 농장의 정신적 지주였을 백봉 교회는 여전히 건재했지만, 최초의 교회 건물이었던 것으로 보이는 단층 건물은 모 회사에 매각되었는지 머릿돌이 있는 정문 부근으로의 접근이 불가능했습니다. 물론 두 곳 모두 최초의 교회 건물이 여전히 남아 있어 보기에 좋았습니다. 한편, 협동 농장에서는 특히 당구장 간판이 인상적이었습니다. 안양시와 군포시의 경계를 이루는 구군포교 남쪽의 군포시 공장 지역에서도 보았지만 이렇게 역사가 있는 공단 지역에서는 당구장이 성업하던 것 같습니다.

마석 가구 단지 한가운데 자리한 옛 마석 교회와
머릿돌. 교회는 가구 회사에 매각된 것 같지만 교회
머릿돌이 남아 있어서 이 지역의 역사를 증언하고
있었습니다.

마석 가구 단지는 의왕과 더불어 대서울의 외곽에서 최대 규모의 가구 단지로 입지를 굳히고 있고, 협동 농장은 평내호평역 주변에 여러 곳의 아파트 단지가 들어서면서 개발 압력을 받고 있으며, 덕소 제2신앙촌은 완전히 아파트 단지로 변모했습니다. 여기에 최근 남양주시 진건읍 신월리 일대가 3기 신도시 왕숙 1지구로 지목된 데에서 알 수 있듯이, 용인과 함께 남양주는 서울시의 인구를 분산시킬 수 있는 대서울의 동쪽 외곽 거주 지역으로서 천천히 그러나 확실하게 그 모습을 바꾸는 중입니다.

저는 양주시·남양주시·의정부시·동두천시의 범(汎)양주권에 거주한 적은 없지만, 이들 도시를 답사하면서 특히 남양주시에 대해 혼란스러운 이미지를 품게 되었습니다. 계곡 하나하나마다 서로 성격이 다른 작은 중심들이 존재하는 이 남양주시를 하나의 단일한 행정 단위로서 이해하기가 쉽지 않다는 것이었죠. 조광한 남양주 시장도 지적하듯이 〈남양주는 농촌에서부터 고층 아파트까지 생활권도 문화도 다른〉 것이 현실이고,[11] 기본적으로는 남양주시 거의 대부분은 용인과 마찬가지로 서울시의 베드타운으로 기능하고 있습니다. 이에 대해 남양주시 내부에서는 서울시의 베드타운에 머물지 말고 독자적인 도시로서 재탄생하고자 하는 열망이 있는 것으로 보입니다.

남양주는 그간 넓은 개발 제한 구역 등 중첩된 규제에도 불구하고 오히려 결정적으로 서울과 멀지 않다는 지리적 이점 때문인지 계속된 대규모 택지 개발의 영향으로 인구 66만 명 규모의 대도시로 가파른 성장세를 보였다. 지금도 도시 기본 계획상 오는 2020년이면 100만 명에 육박하는 거대 도시로 성장 가능성이 점쳐지고 있다. 그러니 남양주 인시시 시민들이 경제적인 생활이나 형편을 놓고 스스로 만족할 만큼 넉넉한 상황은 아니다. 이런 가운데 남양주시가 올 들어 유난스러울 정도로 〈자족 도시 건설〉을 전면에 내걸어 그 배경이나 귀추에 관심이 모아지고 있다.[12]

이러한 바람이 성과를 거두어 남양주시가 내부적으로 통합되고 수원·안산·화성·안성·원주 등과 같이 외부적으로 대서울과 구분되는 독자적인 권역으로서 자립하게 될지, 아니면 대서울의 동쪽 끝에 위치하는 서울시의 베드타운으로서의 성격이 고착화될지 그 여부가 주목됩니다.

17
강남 답사 전략:
농촌 강남, 영동 개발, 군사 도시

들어가며

저는 잠실과 반포에서 10대와 20대를 보냈습니다. 그러다 보니 이 지역을 고향이라고 생각하고 또 답사도 자주 합니다. 이런 말씀을 드리면 〈강남은 전부 아파트 단지로 바뀌었는데, 이게 무슨 고향이고 또 무슨 답사할 것이 있는가?〉라는 반응이 돌아오고는 합니다. 저는 이런 반응이 선입견에서 나왔다고 생각합니다. 우선, 흔히 서초구·강남구·송파구를 묶어서 강남 3구라고 하고 성남 분당·판교와 용인 수지, 수원 광교와 화성 동탄까지 말하자면 〈확장 강남〉이라고 부르기도 합니다만, 이들 지역에서 아파트 단지가 차지하는 비율은 절반을 넘지 않습니다. 확장 강남에서는 여전히 자연 부락과 단독 주택과 빌라가 거주 형태의 다수를 차지하고 있고, 그 사이사이로는 석기 시대부터 백제, 조선 시대를 거쳐 식민지 시대와 강남 개발 초기까지의 중첩되는 역사를 전하는 흔적들이 많이 남아 있습니다. 한편, 농촌이나 지방 도시에서 강남으로 이주해 아파트 단지에 거주하게 된 세대로부터 태어난 2세대는 강남의 아파트 단지 그 자체를 고향의 풍경으로 느낍니다. 들판이 펼쳐지고 뒷산이 있는 시골만이 고향은 아니라는 말씀이지요.

그래서 저는 강남을 답사할 때 두 가지 점에 주목하자는 말씀을 드리고는 합니다. 한 가지는 강남에 쌓인 시층을 읽자는 것입니다. 또 한 가지는, 특히 강남이 서울시의 주변부인 농촌에서 사대문 안·영등포와 함께 3대 중심지로 떠오르는 과정을 보여 주는 흔적들이 훌륭한 답사 포인트가 된다는 것입니다.

오늘날 강남을 걸으면, 크게 세 가지 시층의 흔적이 확인됩니다.

첫 번째는 농촌 시절 강남의 모습을 전하는 개포동·대치동·잠원동 등의 구마을과 서울의 경계지로서의 강남에 형성된 빈민촌들입니다.

두 번째는 영등포 동쪽으로서의 강남이 처음으로 도시화되기 시작한 영동 개발 시기에 지어진 단독 주택과 주공·시영 아파트, 그리고 시영 주택 등입니다. 이들 주택은 빌라로 바뀌어 사라졌거나, 상점으로 개조되어 그 모습을 남기고 있습니다. 특히 저는 상점으로 쓰이고 있는 단독 주택을 볼 때마다, 강남이 얼마나 급속하게 상업 지역으로 그 성격이 바뀌었는지 절감합니다.

세 번째는 단독 주택·시영 주택이나 주공·시영 아파트보다 조금 늦게 지어지기 시작했고, 지금은 주류가 된 고층 아파트 단지와 주상 복합·고층 빌딩입니다. 이들 건물군은 그 자체로 훌륭한 답사 대상이 됩니다.

어떤 사람들은 강남에 서 있는 수십 층짜리 건물을 보면 불쾌하고 끔찍하다는 반응을 보이기도 합니다. 하지만, 대서울은 메갈로폴리스입니다. 메갈로폴리스에는 고층 빌딩이 존재하는 게 당연합니다. 넓은 들판이 바라보이는 키 낮은 전원주택에서 살고 싶은 분들은 대서울 바깥의 지방 도시에서 사시면 됩니다. 여기서 거론하지는 않겠지만, 이런 분들의 바람을 충족시킬 수 있는 몇몇 훌륭한 대서울 바깥의 도시들이 있습니다. 이런 분들이 굳이 대서울 안에 살면서 고층 빌딩이 올라가는 것에 거부감을 보이면, 지방 도시는 지방 도시대로 인구가 줄어들어서 고민하고, 대서울은 대서울대로 메갈로폴리스로서의 모습을 갖추지 못해서 문제를 일으키게 됩니다. 저는 대서울 특히 강남 지역의 건축물 고도를 제한하는 각종 규정을 철폐해서, 싱가포르나 뉴욕처럼 고층 빌딩으로 가득한 메갈로폴리스로서의 모습을 강남에서 볼 수 있기를 진심으로 바라고 있습니다. 『도시의 승리』(해냄, 2011)의 저자 에드워드 글레이저 선생이 말하는 집중된 도시의 힘이 발휘될 수 있는 곳이 바로 강남입니다. 그러한 바람을 안고, 아래에서는 강남을 답사하기 위한 제 나름의 매뉴얼을 제시하고자 합니다.

농촌 강남 시기

확장 강남이 아닌 서울시 강남 3구에서 확인되는 가장 오래된 역사 시대의 흔적은 잠실과 청담동 일대에서 확인되는 백제 시대의 유적입니다. 그러나 고구려의 압박을 받은 백제가 475년에 강남 지역을 떠나면서 이 지역의 도시 기능은 정지됩니다. 오늘날의 강남 3구에 해당하는 지역이 모두 서울시에 편입된 것이 1963년, 영동 1지구 사업의 시행령이 발표된 것이 1967년, 제3한강교 즉 한남대교가 개통된 것이 1969년, 경부고속도로가 개통된 것이 1970년이니, 백제가 멸망한 뒤로 영동 개발이 시작되기까지는 거의 1,500년이 걸렸습니다. 따라서 강남의 역사를 생각할 때 백제라는 국가의 수도였다는 사실은 물론 중요하지만 백제와 강남은 직접적으로 관련이 없습니다. 그런 인식이 있다 보니 20세기 후반에 강남을 개발한 사람들이 한성 백제의 중요한 성이던 삼성동 토성은 흔적만 남기고 파괴하고, 몽촌 토성도 역사적인 성격을 크게 훼손해서 테마파크를 만들어 버렸으며, 풍납 토성은 유적지로 인정하지도 않았던 것일 터입니다.

오늘날의 강남과 직접적으로 관련을 맺는 역사 시대는 조선 시대입니다. 조선 시대는 크게 두 가지 측면에서 오늘날의 강남의 형태를 만듭니다. 한 가지는 각종 문중이 소유한 토지입니다. 방배동의 효령대군 이보 묘역 일대의 문중 땅, 그리고 서초동 법조 타운 일대에 있던 해주 정씨 문중 땅 등이 이에 해당합니다. 또 한 가지는 강남이 농촌이던 시절의 마을과 길입니다. 이들 마을과 길은 영동 개발 때 대부분 사라졌지만 몇몇 구간에서는 여전히 그 흔적이 확인됩니다.

오늘날의 강남 3구 지역은 1963년에 서울시에 편입되기 전에 시흥군과 광주군에 속해 있었고, 특히 대부분의 지역은 광주군이었습니다. 그러나 광주군은 1963~1973년에 걸쳐 오늘날의 강남 3구와 〈확장 강남〉이 될 지역을 서울시와 성남시에 내줍니다. 그래서 광주군 대왕면 · 낙생면 · 돌마면이 성남시에 편입된 1973년으로부터 10여 년 뒤에 출판된 뿌리깊은나무 『한국의 발견: 경기도』 편에서는 〈땅이 넓다고 해서 한자의 《넓을 광》 자를 써서 광주라고 이름을 붙였다면 광주군은 이제 광주가 아니다〉라고 적고 있습니다.

광주군에서 서울시로 소속을 바꾼 강남 3구에서는 오늘날에도 농촌 시절의 흔적을 몇 가지 찾을 수 있습니다. 우선, 조선 시대에 강남 3구에서 누에를 길렀다는 역사를 전하는 것이 지금의 잠원동에 있는 〈잠실 뽕나무〉입니다. 오늘날 강남 3구에서는 뽕나무보다 배나무가 더 많이 보이는데, 이 지역이 서대문구의 서잠실, 송파구의 동잠실과 나란히 신잠실이었음을 보여 주는 거의 유일한 증거가 바로 이 〈잠실 뽕나무〉입니다. 그래서 이 나무에서 걸어서 5분 정도 떨어진 곳에 있는 서울 지하철 3호선 잠원역에는, 고층 아파트 단지와는 어울리지 않게 베틀이 놓여 있습니다.

또한, 잠원동과 삼성동에는 조선 시대 후기 서민 계급의 경세직 싱장을 보여 주는 부군당이 있었습니다. 잠원동 부군당과 삼성동의 물 건너 화주당입니다. 잠원동 부군당은 일찌감치 사라지고 당나무만 남 아 있으며, 삼성동의 물건너 화주당은 2017년에 사라졌습니다. 두 곳 의 부군당 가운데 특히 삼성동 물건너 화주당은 서울 지역의 무속인들 이 중요하게 여기는 큰 신이었고, 뚝섬 화주당, 충렬(忠烈) 화주당으로 도 불렸습니다. 강북에서 보기에는 한강 남쪽에 있어서 물건너 화주당 이라 불렸고, 넓은 의미의 옛 잠실 지역은 생활권이 뚝섬에 속해 있었 기 때문에 뚝섬 화주당이었으며, 남한산성을 짓다가 누명을 쓰고 억울 하게 죽은 충신을 모셨다고 해서 충렬 화주당이라 불린 것입니다. 강남 이 농촌이던 시절, 삼성동의 물건너 화주당과 삼성동 토성에서는 남쪽 으로 대모산과 저 멀리 남한산성까지 거칠 것 없이 탁 트여 보였을 터 입니다. 물건너 화주당은 이 지역 언덕 높이 세워져 한강을 내려보는 자리에 있다가, 1984년에 일대가 주택지로 개발되면서 빌라촌 한쪽으 로 옮겨져 현대식 건물로 그 모습을 바꾸고 이웃 주민들의 민원 때문에 굿 하면서 징도 치지 못하는 상태로 간신히 명맥만 유지하다가, 2년 전 인 2017년에는 그마저 철거되었습니다. 2017년 11월에 한남동 고수 부지 한편에 있는 민비서낭을 답사했을 때에도 〈징 북소리 조용히 치 세요〉라는 경고문이 붙어 있었습니다. 이러한 경고문에서 조선 시대의 서민 전통과 21세기 서울이 갈등하는 모습을 읽을 수 있습니다.

농촌 시절 강남이 겪은 가장 큰 재해는 1925년 을축년 대홍수였을 것입니다. 한강의 지류와 본류까지 바꾸어 놓을 정도로 큰 위력을 지녔 던 을축년 대홍수가 대서울의 모습을 오늘날과 같이 바꾸었다는 사실 은 『서울 선언』에서 자세히 적었으므로 여기서는 간단히 언급하고 넘 어가겠습니다. 오늘날의 서울 지하철 3호선 잠원역과 신사역 부근에 는, 홍수 피해를 입은 지역 주민에게 높은 곳의 토지와 집을 제공하고

(위) 잠원동의 〈잠실 뽕나무〉.　　　　　　(아래) 삼성동의 부군당 〈물건너 화주당〉이 있던
장소.

학교까지 지어 준 김주용 씨를 기념하는 비석이 있고, 김주용 씨가 흥하게 했다 하여 주흥동이라 이름 붙여진 마을과 흥동소학교라는 학교가 있었습니다. 주흥동이라는 이름은 주흥 어린이 공원에 남아 있고, 흥동소학교는 오늘날의 신동초등학교로 이어집니다. 한편 오늘날 프랑스인 거주지로 알려져 있는 서래 마을도 원래 한강 변에 있던 마을이 을축년 대홍수 이후 지금의 자리로 옮겨 와서 형성된 농촌 마을에서 비롯합니다. 또, 강남 3구는 아니지만 한강 변에 자리한 강동구 강일동의 가래여울 마을도 이때 지금의 자리로 옮겨 옵니다. 가래여울 마을 어귀의 마을 비석에는 〈을축년(1925) 대홍수에는 강변 마을 전체가 유실되어 지대가 높은 지금의 위치로 옮겨 왔으며, 지금도 가래여울의 옛 지명으로 불리고 있으며 인근 일대에 선동(船洞)이라는 옛 이름이 남아 있다〉고 적혀 있습니다. 강남의 동쪽 경계 지역이라고 할 가래여울 마을은 현재 군사 보호 구역이자 상수원 보호 시설로 지정되어 개발이 제한되고 있으며, 화훼 단지, 강동구가 지정한 도시 텃밭 지역, 버스 차고 등이 유치되어 있어서 서울시와 하남시 사이에 자리한 경계 지역으로서의 성격을 나타냅니다.

을축년 대홍수 이후인 1930년에는 지금의 잠원동 성당 옆에 건물이 하나 지어졌습니다. 강남 3구 지역에서 가장 오래된 것으로 알려진 건물이었지만,[1] 2011년에는 헐리고 주차장이 되었습니다. 또한 1946년부터 1984년 사이에는 잠원동 성당 옆에 가톨릭 계열의 고아원인 성심원이 있었으나, 반포 개발 때 밀려나 오늘날의 용인시 수지로 이전했습니다. 이렇게 주변 정황을 맞춰 가다 보면, 20세기 중기에 잠원동 성당을 중심으로 농촌 마을 반포가 한강 변에 자리하던 시절의 경관이 떠오릅니다.

서울의 주변 지역이던 반포에 가톨릭계 고아원이 있었다고 한다

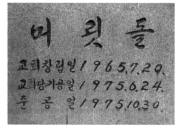

(위) 강동구의 자연 마을인 〈가래여울 마을〉에 있는 군사 보호 구역 안내 표지.

(가운데) 강남구와 서초구가 나뉘는 지점을 알리는 세곡천 변의 표지판.

(아래) 서초동 헌인 마을의 헌인 교회 머릿돌.

면, 영동 1지구 사업의 시행령이 발표된 1967년을 전후한 시기에는 오늘날의 서초구 내곡동 자리에 한센인 정착촌인 에틴저 마을이 건설됩니다. 염곡동·세곡동·자곡동·은곡 마을·내곡동 등의 지명이 보여 주듯이 양재와 성남을 잇는 골짜기인 이 지역은 오늘날에도 강남 3구의 남쪽 경계 지역으로서의 성격을 지니고 있는 외진 곳이고, 그렇다 보니 정보 기관·군사 공항과 같은 안보 시설도 자리하고 있습니다.[2] 또 한때는 의왕시와 남양주시를 잇는 수도권 남부순환철도가 이 골짜기를 지나 서울시 남부 경계를 따라 놓일 계획이 세워졌었는데, 만약 이 계획이 실현되었다면 강남의 모습은 지금과는 많이 달라졌을 터입니다. 이 지역을 걷다 보면 강남구와 서초구가 나뉘는 지점을 알리는 표지판이 세곡천 변 수풀 속에 세워져 있습니다. 〈이것도 강남인가!〉 하는 느낌을 주는 독특한 느낌의 공간이며 표지판입니다.

오늘날의 강남 3구가 여전히 서울시의 경계지로서의 성격을 띠고 있던 1960년대 중반에 지금의 헌인 가구 단지 지역에 한센인 정착촌인 헌인 마을이 만들어졌습니다. 이곳의 정신적 중심으로서 기능했을 헌인 교회에는 1965년에 교회를 창립했고 1975년에 교회당을 준공했다는 머릿돌이 붙어 있습니다. 그리고 교회 앞에는 〈뉴욕시의 저명한 변호사이며 한미 재단의 이사인 헤리엘 에틴져 씨가 사재를 희사한 기금으로 이 마을에 주택을 건립하여 기증〉하였음에 감사하여 이 마을을 〈에틴져 마을〉이라 부르기로 했다는 취지를 후세에 전하고자 정착민분들이 1967년에 세운 비석이 지금도 남아 있습니다. 한인 교회가 창립된 지 2년 뒤의 일이니, 우선 교회가 임시로 만들어진 뒤, 이를 중심으로 마을이 형성되다가 미국인 독지가의 도움으로 비로소 사람이 살 수 있게 정비된 것이지 싶습니다.

민주화운동기념사업회의 〈오픈 아카이브〉 웹 사이트에는 이 에

(위) 서초동 헌인 마을에서 북쪽으로 강남을
바라보다.

(아래) 서초동 헌인 마을의 탄생을 기념하는
〈에틴져 마을〉 비석.

튀겨 비석과 다섯 명의 아이들을 찍은 사진이 올라와 있습니다. 이 다섯 명의 아이는 이른바 〈대왕국교 미감아 사건〉의 당사자들로 생각됩니다. 〈대왕국교 미감아 사건〉이란, 헌인 마을에 정착한 한센병력자들의 미감아 즉 아직(未) 감염(感染)되지 않은 아이들이, 부모가 한센병력자라는 이유로 근처의 대왕국민학교로부터 등교를 거부당한 사건입니다. 〈에튀겨 마을〉 비석이 세워진 1967년의 일입니다. 한센병력자는 음성이기 때문에 한센병을 전염시키지 않고, 하물며 그들의 아이들은 한센병과 무관함에도 불구하고 그런 처우를 받은 것입니다. 당시 한국 정부는 이들을 건강인의 자녀와 분리시켜 교육시키는 것은 민주공화국의 이념에 어긋난다고 생각하여 홍종철 문교부 장관이 자신의 딸을 대왕국민학교로 전학시킬 정도로 강한 의지를 드러냈습니다. 전국의 의사들도 정부 방침에 찬성하는 성명을 내는 등 이러한 정책을 옹호했지만, 건강인인 학부모들이 자녀를 등교시키지 않는 등 저항을 계속한 결과, 다섯 명의 아이들은 마을 근처의 학교를 두고 한신대학교가 이들을 위해 수십 킬로미터 떨어진 곳에 설립한 한신국민학교를 다니게 되었습니다. 훗날 특수학교인 다니엘 학원이 헌인 마을에 입주하려 할 때, 마을 주민들은 본인들의 경험을 반추하며 학원이 들어오는 것을 허락했다고 합니다.[3]

비슷한 시기인 1960년에 미국 남부에서는 흑인 소녀 루비 브리지스Ruby Bridges가 흑백 분리 교육에 반대해서 백인 학교에 등교하는 사건이 있었습니다. 분리 교육을 금지하는 대법원 판결에 따라 미국 정부는 보안관들에게 지시해서 등하교하는 루비 브리지스를 보호하게 했습니다. 그리고 결국 루비 브리지스는 자신의 뜻을 관철했습니다. 분리 교육을 둘러싸고 비슷한 시기 미국과 한국에서 일어난 두 사안에 대해 두 나라의 정부가 보인 의지의 차이를 생각하면, 저는 박정희 정권이 정말로 국민을 억압하기만 하는 군사 독재 정권이었는지 회의하게 됩니다. 오히려 국민들의 눈치를 보면서 합리적인 정책까지도 관철시키지 못한 것이 박정희 정권이 아니었는가 하고 말이지요. 한국의 민주주의는 집 문 턱에서 멈춥니다.

오늘날 헌인 마을은 여타 한센인 정착촌과 마찬가지로 가구 단지를 거쳐 재개발이 예정되어 있습니다. 헌인 마을이 재개발되고 나면, 이 지역도 농촌 강남의 풍경에서 강남 3구의 전형적인 모습인 고층 아파트 단지로 그 모습을 바꾸게 되겠지요.

헌인 마을 이외에도 강남 3구의 경계 지역에는 빈민촌과 비닐하우스 농업 지대, 그리고 서울 요양원·강남 구립 행복 요양 병원 등 경계적 성격을 띤 시설들이 집중적으로 위치하고 있습니다. 1960년대에 청계천 등에서 철거 대상이 된 빈민들은 서울시 경계 남쪽 광주 대단지로 옮겨졌고, 21세기 초 청계천에서 철거된 상공인들은 서울 송파구와 옛 광주 대단지 사이의 경계 북쪽인 가든 파이브로 이주되었습니다. 가든 파이브 남쪽에는 서울 복합 물류 센터·송파 나눔 발전소·송파구 자원 순환 공원(폐기물 처리장)이 있고, 다시 그 남쪽의 복정역 부근 장지동에는 옛 광주 대단지를 떠올리게 하는 빈민촌이 여전히 남아 있습니다. 청계천 복원 공사가 진행 중이던 2004년 4월 28일, 청계천 4가의 공구 상가 이 모 사장님이 자살했습니다. 복원 사업을 진행하는 과정에서, 이곳에서 오랫동안 영업해 온 사람들에 대한 시의 배려가 없었던 것이 이유였습니다. 〈서울특별시 시장님. 천개천 상인을 도우소서…〉[4]라고 적힌 그의 유서는 한국 사회의 아래쪽에 있는 사람들에게 청계천 복원이 얼마나 큰 충격을 주었는지를 들려줍니다. 지금은 이런 목소리도 잊혀 버리고, 사람들은 복원이라는 이름으로 창조된 청계천 변을 무심히 걷어 다닙니다.

한편 송파구 동남쪽 마천·거여 지역에는 얼마 전까지 거대한 빈민촌이 있었습니다. 제가 2017년 11월 말에 이 지역을 답사했을 당시, 일부 구역에는 이미 펜스가 쳐 있었고 일부 구역에는 펜스를 치기 위한 철근이 설치되어 있었습니다. 철근만 설치되고 아직 펜스는 쳐 있지 않던 마천로44길 14의 새 서울 이발관 건물을 보면서, 이 지역에 살던 분들은 새 서울의 일원이 되고자 했지만, 일부 토지주·건물주를 제외한 나머지 분들은 아마도 이 지역에 재정착하지 못하고 다른 곳으로 옮겨 가신 것이구나 하는 생각을 했습니다.

강남구 경계에는 지금도 구룡 마을·달터 마을·재건 마을·수정 마을이라는 빈민촌이 있습니다. 구룡 마을이야 워낙에 규모가 크고, 타워 팰리스와 비닐하우스의 대조적인 풍경을 찍은 사진이 여러 매체에 실린 데다가 개발 방식을 둘러싸고 서울시와 강남구 사이에 갈등이 빚어지다 보니 일반에 잘 알려져 있으리라 생각합니다. 저는 옛 개포 주공 2단지(래미안 블레스티지) 뒤 개포동 구마을과 인접한 달터 마을에 관심이 많습니다. 강남에는 뽕나무보다 배나무가 더 많다는 말씀을 앞에서 드렸는데요, 지금 한창 공원화를 앞두고 주민분들과 행정 당국 간에 갈등이 빚어지고 있는 달터 마을에는 바로 얼마 전까지 배밭이 있었고, 인근 분당선 구룡역 5번 출구 옆에는 배 판매장이 있었습니다. 지금 5번 출구에 가면 작은 공터와 계단이 있고 그 뒤로 나무가 빼곡히 심어져 있는데, 제가 개포 주공 1단지를 떠난 2013년까지 그곳에는 배밭이 있었습니다. 작은 공터에는 배 판매장이 있었고, 계단은 배 판매장의 부속 시설이었습니다. 다음 지도 애플리케이션의 2008년 8월 로드 뷰에는, 배 판매장 앞 계단에 앉아 있는 노인이 찍혀 있습니다. 배나무와 배 판매장이 사라진 뒤에도 그 계단은 남아서, 강남에는 조선 시대에 뽕나무가 있었고 근현대에는 배나무가 있었다는 사실을 증명하는

얼마 전 철거된 송파구 마천·거여의 빈민촌(위)과
〈새서울 이발관〉.

개포동 구마을에 인접한 달터 마을(위)과 구룡
마을.

도시 화석이 되어 있습니다.

송파구의 경계 지역인 마천·거여의 끄트머리에 빈민촌이 있었고, 강남구의 경계 지역인 개포 주공 아파트 주위로 구룡 마을·달터 마을·재건 마을·수정 마을이 있다면, 서초구의 남쪽 경계 지역에는 성뒤 마을과 가칭 채석장 마을이 있습니다. 동작구에 속하는 이수역 서북쪽 갯마을과 정금 마을도, 동작구의 다른 지역과는 동작동 국립묘지에 의해 격리된 반면 서초구와는 동작대로를 마주하고 있다는 점에서 강남의 경계 지역에 자리한 빈민촌이라 할 수 있겠습니다.

특히 채석장 마을은 사당역에서 남태령역 사이의 남태령 고개에 남현동 채석장이 운영되면서 형성된 지역으로, 송파구의 마천·거여 불량 주택 지역, 강남구의 구룡 마을과 비견할 만한 규모입니다. 지금도 남아 있는 채석장 터의 절벽과 채석장 마을, 그리고 인근의 군부대가 이 지역에 경계적인 느낌을 주어서 그런 것인지, 채석장 터의 남쪽에 자리한 〈남태령 전원 마을〉의 입구에는 〈서초구 방배 2동〉이라는 글자가 크게 붙어 있습니다. 〈여기도 강남이다〉라는 존재 증명입니다.

영동 개발 시기

성뒤 마을이 자리한 옛 남태령 채석장은 1960~1970년대에 서울 거의 전역의 공사 현장에서 이용되는 석재를 공급할 정도로 규모가 컸습니다.[5] 창신동 채석장 및 길음동 채석장 등과 함께, 광업 도시·공업 도시로서의 서울시의 모습을 보여 주는 지역이라 하겠습니다. 현재 이 지역에서는 채석 작업은 이루어지지 않는 듯하지만, 여전히 중소 규모의 공장들은 가동 중입니다. 그리고 이 지역에 레미콘 공장이 들어서려는 움직임이 있는 것인지, 채석장 마을의 일부(옛 방배 2구역)를 재개발해서 세워진 고층 아파트 단지 벽에는 〈서초구의 레미콘 공장 새입시 서시를 응원합니다)라는 현수막이 걸려 있었습니다.

　　현재 강남 3구에서 레미콘 공장이 있는 곳은 송파구 풍납동의 삼표 레미콘뿐입니다. 서울시와 대서울을 포함하면 몇 곳 더 있지만, 강남 3구에 레미콘 공장이 있다는 것은 일반 시민들의 감각에는 선뜻 와닿지 않는 측면이 있습니다. 삼표 레미콘은 풍납 토성에서 한강 너머 멀지 않은 서울숲 인근에도 또 한 곳의 공장을 운영하고 있습니다. 현재 레미콘 업계에서 삼표가 1, 2위를 다투고 있는 것은 서울 한복판에서 공장을 운영하는 덕분입니다. 서울 곳곳에서 벌어지는 공사 현장에 시멘트를 안정적으로 공급할 수 있기 때문입니다.[6] 현재 이 두 곳의 공장을 다른 곳으로 옮기는 문제를 둘러싸고 삼표 레미콘 측과 각 행정기관 사이에서 소송과 협상이 진행 중입니다. 만약 두 곳의 공장이 모두 서울시 바깥으로 이전한다면, 영등포·신도림·을지로 등지의 공장들이 서울시 바깥으로 옮겨 가는 현상과 더불어 공업 도시로서의 서울의 성격을 약화시키게 될 것입니다. 이렇듯 강남에는 공업·광업 도시로서의 성격도 존재하지만 강남의 전체적인 개발 방향은 역시 사대문 안, 영등포와 함께 서울시의 3대 도심, 곧 3핵(三核)이 되는 것이었습니다. 그리고 이를 위해 공업·광업 지역으로서의 기능이 발전하는 것은 최대한 억제되었습니다.

　　강남이 3대 도심의 하나로서 기획된 것은 사실이지만, 손정목 선생이 『서울 도시 계획 이야기』에서 밝히고 있듯이 강남이 개발된 더욱 근본적인 목적은 북한의 공격에 대비해서 강북 인구를 강남으로 옮기는 것이었습니다. 즉 강남의 탄생은 안보적 목적에 따른 것이었습니다. 그리고 강남이 경제적 거점이자 인구 밀집 지역으로 개발된 뒤에도 강남 곳곳에는 안보 시설이 설치되었습니다. 산이나 높은 빌딩 위에 대공포대가 배치된 것은 한국에서 전체적으로 보이는 현상이지만, 성수대

(위) 사당역 사거리 남쪽, 남태령 고개의 채석장   (아래) 서울 성동구 성수동의 삼표 레미콘.
터.

(위) 압구정 현대 아파트의 벙커.　　　　　(아래) 서초구 방배동 성뒤 마을 뒷산의 벙커.

교를 바라보는 고층 아파트 단지의 특정 층에 사격수가 들어갈 수 있는 벙커가 설치되었다든지, 반포대교를 바라보는 지금의 서래 공원 자리에 벙커가 있었던 것은 명백히 6·25 전쟁 당시의 경험을 고려해서 북한군이 한강 다리를 건너 남하하는 것을 저지할 목적이었습니다. 또한 서울과 과천 중간에 위치한 수도 방위 사령부 인근의 성뒤 마을에 벙커를 배치한 것은, 강남이 무너질 경우 그 이남의 한국 영토를 지키기 위한 최전방으로서 기능케 하겠다는 목적일 터입니다. 한때, 강남구 곳곳에 〈안보 1번지 강남!〉이라는 캐치프레이즈와 함께 공사장 펜스에 대형 태극기가 그려지던 시기가 있었습니다. 이는 당시의 강남구청장이 지니고 있던 정치적 스탠스에서 비롯한 수사로 생각되지만, 강남구를 비롯한 강남 3구가 단순히 상업·주거 지구일 뿐 아니라 군사적 목적을 띠고 조성된 지역이라는 사실은 틀린 말이 아닙니다. 다만, 제가 어릴 때 보던 서래 공원의 벙커가 철거되어 공원이 되고, 서초역 부근에 있던 국군 정보 사령부가 안양·광명·서울의 경계 지역인 안양시 박달동으로 이전하는 등의 움직임은,[7] 강남이 상업·주거 지구여야 한다는 사회적 지향성이 안보적 필요를 압도한 결과라고 하겠습니다. 서초역 부근에 있던 국군 정보 사령부가 이전한 안양시 박달동에는 서울 관악구·동작구·영등포구·구로구·금천구 지역 예비군을 대상으로 하는 훈련장도 있습니다. 이러한 군사적 공간 배치는 대서울의 서남부와 안양이 예전에 시흥군이었던 데에서 비롯됩니다.

　국군 정보 사령부가 서초동에서 서울시 바깥으로 이전하고 서리풀 터널이 개통되면서, 서초동과 방배동에서는 상업·주거 시설 건설이 활발해지고 있습니다.[8] 신논현역 부근에 있던 사랑의 교회가 서초역 부근으로 이전한 것은 내부적 갈등에 의한 듯하고 내부 사정을 모르는 외부인이 이에 대해 언급하는 것이 적절하지 않을 것 같습니다만, 군사 시설이 사라진 서초동 지역이 앞으로 상업·주거 지구로서 더욱 발전하리라는 것을 상징하는 사건이라 할 수 있겠습니다. 강남 개발이 진행되는 전후로 비슷한 시기에 여러 프로테스탄트 교회들이 영등포, 여의도, 강남 일대에 신설되거나 강북에서 강남으로 이전했습니다. 외부인인 제가 보기에 오늘날 이들 교회가 성공하거나 쇠락하는 것은 이들이 20세기 후반에 어느 지역에서 활동했는가에 따른 바가 큰 것 같습니다. 마찬가지로 한강 남쪽의 어느 지역에 조상의 무덤이 있었는가에 따라, 이후 문중(門中)들의 운명도 갈라졌습니다.

　　이리하여 영동 지구 개발이 시작되었습니다. 영등포의 동쪽이라고 해서 영동이라고 불리던 영동 지구는 오늘날 강남이라고 불리게 되었지만, 아직 강남 3구에서는 영동이라는 단어가 붙은 시설을 흔히 찾아볼 수 있습니다. 영동대교, 영동대로, 논현동 영동 시장이 대표적이겠고요, 신사역 인근의 영동 빌딩, 한티역 부근의 영동 스낵카, 한티역 부근 도곡 시장의 영동 손떡집 등도 영동 개발 당시의 흔적이라 하겠습니다.

　　또한, 신논현역 서남쪽의 서울 서초구 사평대로 52길도 영동 개발 초기의 모습을 느낄 수 있는 구역입니다. 영동 빌라라는 이름의 다세대 주택과 영동 개발 초기인 1981년에 세워진 대경 빌딩, 그리고 역시 영동 개발 초기에 세워졌을 단독 주택 등이 길 양쪽에 세워져 있어서, 교보문고 빌딩으로 대표되는 신논현역 큰길가의 분위기와는 달리 고즈넉한 느낌입니다. 그러나 2019년 3월에 이 길을 다시 가보니, 길의 고즈넉한 분위기를 자아내던 단독 주택이 철거되고 재건축이 진행되고 있더군요. 영동 개발 초기의 흔적이 또 하나 사라졌습니다.

　　테헤란로 22길, 역삼로 15길, 역삼로 17길이 만나는 역삼역 서남쪽에는 영동 수퍼라는 슈퍼마켓이 있습니다. 지도 애플리케이션의 인

영동 개발 초기에 세워진 것으로 보이는 단독 주택.
현재는 철거되었습니다.

공위성 사진을 보다가 바둑판 모양의 강남 중간에 불규칙한 골목길이 나 있는 것을 발견했습니다. 사진의 골목길은 영동 개발 때 철거되지 않고 남은 농촌 시절 강남의 길일 테고, 이곳에 영동 개발 이전 또는 영동 개발 당시의 흔적이 있을 것이라고 짐작을 하고 갔더니 역시나 이 영동 수퍼라는 가게가 나오더군요. 역삼로 69길·역삼로 73길·도곡로 73길, 그리고 대치동 구마을 일대도 마찬가지로 위성 사진에서 〈강남답지 않은〉 불규칙한 골목이 확인되는 지역입니다. 이 또한 영동 개발 이전 강남의 흔적을 남기는 것으로 생각됩니다.

　대치동 구마을은 개포동 구마을과 함께 강남에서 〈구마을〉이라는 이름을 남기고 있는 두 군데의 지역 가운데 하나입니다. 제가 관찰하는 지난 1년 사이에 재개발이 빠르게 진행되고 있어서, 평화의 교회를 비롯하여 2018년에 대치동 구마을에서 본 경관들이 이 책이 출간된 2019년 중반 시점으로 상당히 사라진 상태입니다. 개포동 구마을은 대치동 구마을보다 이미 더 빠른 변화를 경험한 지역이지만, 그나마 남아 있던 〈구마을 기원〉 간판이 불과 4개월 만에 사라지는 등, 영동 개발 초기의 흔적이 빠른 속도로 사라지고 있습니다. 이밖에 잠원역 북쪽의 잠원동 나루 마을, 테헤란로 81길과 삼성로 100길이 만나는 코엑스 서쪽의 작은 블록에도 영동 개발 이전 또는 개발 직후에 조성된 것으로 보이는 마을과 건물이 남아 있습니다. 앞의 책 『서울 선언』에서 저는 서울의 변화 속도가 빠르기 때문에 서울 가이드북은 매년 새로 나와야 한다고 말씀드렸지만, 특히 매번 찾아갈 때마다 모습을 바꾸는 대치동과 개포동 구마을을 관찰하면서, 서울 가이드북은 매년이 아니라 매달 새로 나와야 한다는 생각을 하게 되었습니다.

　이렇게 강남에서는 영동 개발을 전후한 시기의 건물과 길과 구역이 드물지만 여전히 확인되고, 그다음 시기를 대표하는 주공 아파

(위) 평화의 교회. 현재는 철거되었습니다.　　　　(아래) 개포동 구마을 기원. 현재는 간판이 떨어져
　　　　　　　　　　　　　　　　　　　　　　　　나갔습니다.

(위) 상가로 개조된 옛 영동 지역의 단독 주택.

(아래) 강남역 사거리 인근 빌딩들의 머릿돌.

트·시영 아파트·시영 주택[9]과 같은 공영 건설, 그리고 우성 아파트, 무지개 아파트, 한신 아파트, 은마 아파트와 같은 민간 건설 아파트 단지는 아직 흔히 볼 수 있습니다. 강남 개발 초기에 조성된 이들 단지들이 최근 고층 아파트 단지로 재개발되고 있어서, 이들 아파트 단지에서(세입자로서이기는 하지만) 10대와 20대를 보낸 저로서는 아쉬움이 없지 않습니다. 하지만 최근 강남 지역에서는 이들 단지를 재개발할 때 아파트 단지 담장을 남기는 등의 배려를 하고 있고, 또 아파트 단지는 재건축되더라도 그에 부속해 있던 상가 건물은 남아 있는 등, 강남 개발 초기의 흔적은 여러 형태로 21세기에 전해지고 있습니다. 예를 들어 무지개 아파트 사거리의 시범 빌딩과 그 뒤편의 단독 주택, 그리고 1978년에 설립된 서초동 교회가 자리한 서운로 11길은, 21세기적인 고층 아파트 단지 한편에서 영동 개발 초기의 흔적을 전하는 구역으로서 당분간 존재할 것입니다.

방금 상가 건물에 대한 말씀을 드렸습니다만, 강남을 답사할 때 상가 건물 또는 현재 상가로 쓰이고 있는 단독 주택을 관찰하는 것도 좋습니다. 강남역 동북쪽에는 영동 개발 초기인 1970년대 지어진 빌딩들이 있습니다. 이들 건물들 가운데 몇몇에서는 머릿돌이 정중하게 보호받고 있는 모습을 확인할 수 있습니다. 이런 모습을 보면 이 건물에 대한 건물주의 애정을 느낄 수 있고, 영동 개발이라는 대서울 역사상의 큰 변곡점이 여전히 사람들의 머릿속과 마음속에 크게 자리 잡고 있다는 생각을 하게 됩니다. 한편 단독 주택으로 지어졌다가 그 후 헐리지 않고 그 모습 그대로 상가로 쓰이는 경우를 보면서는, 영동 개발 초기라는 그다지 멀지 않은 과거에 지어진 단독 주택이라고 해서 그냥 헐어버리고 고층 빌딩을 올리는 것이 아니라, 멀지 않은 과거이지만 강남의 초기 역사를 시키려는 사람들의 마음을 읽을 수 있습니다. 이러한 모습은 비단 강남뿐 아니라 대서울 전역에서 찾아볼 수 있지요. 모든 땅에 고층 아파트와 오피스텔과 다세대 주택을 세우는 것이 아니라, 그와는 조금 다른 형태의 건물들도 남기는 것이 메갈로폴리스 대서울에 다양한 성격의 시민들을 살 수 있게 하는 길이고, 그것이 대서울을 계속해서 생기 있는 도시로 만드는 방법일 터입니다.

강남을 바라보는 좀 더 넓고 깊은 시선

여기서는 강남 3구와 그 외곽 지역을 좀 더 넓고 깊게 바라볼 수 있는 몇 가지 포인트를 소개하려 합니다.

　우선, 지금의 강남 3구가 〈강남〉이라 불리고 지금과 같은 위상을 차지하기 전에, 또 다른 강남으로서 기능했던 영등포·천호동과 비교하여 강남 3구를 생각하는 것입니다. 식민지 시대인 1930년대에 넓은 의미의 영등포가 〈강남〉이라 불리며 대서울 내에서 최초의 한강 남쪽 도심지로서 기능을 시작했다는 사실은 잘 알려져 있습니다. 한편, 천호동은 20세기 전기부터 크게 성장한 동네로서, 영등포와 함께 오늘날의 강남 3구 대신 한강 남쪽의 도심이 될 가능성이 있었습니다. 천(千) 채의 가옥(戶)이 있다고 해서 천호동이라는 이름이 붙었다고 하는 지역으로, 한강대교와 함께 한강의 남북을 잇는 광진교가 놓였습니다. 동대문에서 출발해서 뚝섬·광장까지 이어지는 기동차(경성궤도, 서울궤도)도 최종적으로는 광진교를 넘어 천호동까지 이어질 계획이었다고 하는 설이 있는데, 만약 이 계획이 실현되었다면 전차가 연결된 영등포와 함께 천호동은 오늘날의 강남 3구 대신 서울의 3핵 가운데 하나가 되었거나 최소한 오늘날의 강남 3구를 포함해서 서울의 4핵으로 발전했을 가능성이 있습니다.

　천호동에서 서쪽으로 가면 풍납 토성과 몽촌 토성이 나옵니다. 여기서부터 봉은사-경기고등학교-청담 배수지 공원 사이의 구간에는 강남 지역의 시층(時層)이 가장 많이 쌓여 있습니다. 이 지역을 수도로 삼은 백제와 봉은사를 세운 신라, 1637~1638년의 병자호란에서 최종적으로 조선 측이 패했음을 선언하며 후금(後金) 측이 세우게 한 청 태조 공덕비(삼전도비), 1925년 을축년 대홍수와 전두환 정권 때 이루어진 한강 종합 개발을 상기시키는 잠실 근린공원의 잠실 새내 마을 기념비와 아시아 공원의 부리도 기념비, 박정희 정권 시절을 떠올리게 하는 잠실 새마을 시장과 잠실 주공 5단지의 새마을 회관, 박정희 정권이 준비하고 전두환 정권이 본격화했으며 노태우 정권 때 실시된 올림픽을 기념하는 올림픽 공원·오륜동·올림픽 선수 기자촌 아파트, 그리고 대서울의 중심이 강북에서 여의도를 거쳐 강남으로 옮겨 왔음을 선언하는 기념비로서의 제2롯데월드까지.

다음 포인트는 테헤란로입니다. 강남 3구의 한복판에 미국의 최대 적국인 이란의 수도 이름이 붙은 간선 도로가 있다는 사실은 참으로 많은 생각을 하게 합니다. 강남역 1번 출구를 올라와서 30초 정도 언덕을 걸어 오르면(강남에는 언덕이 참 많습니다!) 테헤란로라는 지명을 한글과 페르시아 문자로 새긴 기념비가 보입니다. 기념비에 새겨진 문구는 다음과 같습니다.

서울·테헤란 양 시와 양 시민의 영원한 우의를 다짐하면서 서울시에 테헤란로, 테헤란시에 서울로를 명명한다
1977. 6. 27
서울특별시장 구자춘
테헤란 시장 고람레자 닉페이

이란에서 이슬람 혁명이 일어나서 팔레비 왕정이 붕괴되었고, 이
란의 대학생들이 부패한 왕정을 비호하던 미국에 대한 반감에서 대사
관을 습격, 인질 사건을 벌인 것은 이 비석이 세워지고 나서 불과 2년
뒤인 1979년이었습니다. 그러니 2년만 더 있었다면 미국의 우방 국가
인 한국의 수도에 미국의 적국인 이란의 수도 이름이 붙은 길이 탄생하
지 않았을 터입니다.

　다음으로는 서울의 새로운 중심으로서 강남이 개발되면서 이곳
에 건설된 서울 고속버스 터미널과 서울 남부 터미널입니다. 1970년
11월에 당시 서울시장 양택식에 의해 발표된 〈남서울 개발 계획〉에 따
라 1975년에 서울 강남 고속버스 터미널이 건설되었습니다. 아직 서
울 지하철 2호선도 개통되지 않았고 지금과 마찬가지로 주변에는 여관
도 없던 시절에 이런 종합 터미널이 건설되어서 이용객들의 불편이 컸
습니다. 제가 서울 고속버스 터미널을 바라보는 포인트는 세 가지입니
다. 먼저 서울 고속버스 터미널은 개업 이후로 한동안 〈서울 고속버
스 터미날〉이라는 명칭을 쓰다가, 최근 외래어 표기법에 따라 〈서울
고속버스 터미널〉로 이름을 바꾸고 건물 외벽의 글자도 바꾸었습니
다. 그런데 세로로 〈서울 고속버스 터미날〉이라고 적힌 글자 아래에
차량이 들어갈 수 있는 지상 출입구가 세 곳 있습니다. 옥상에 올라가
면 이 입구와 연결되는 또 다른 입구가 있습니다. 제가 초등학교 6학년
때 이 건물의 3층인가 5층에서 버스를 타고 소백산에 간 적이 있는데,
이 지상과 옥상의 차량 입구는 한때 이용객들이 이 건물 안에서 차량에
탑승했음을 보여 주는 도시 화석입니다. 마지막으로 저는 서울 고속
버스 터미널 옥상에 있는 남자 화장실이 독특하다고 생각합니다. 철제
로 되어 있고 문짝의 위아래가 트여 있는데, 전해 듣기로는 성소수자들
의 접촉을 막기 위해 이처럼 일반적인 곳들과는 조금 다른 구조로 민들

(위) 천호동 동서울 시장에서 풍납 토성과 아차산 　　(아래) 테헤란로 준공 기념비.
방향을 바라보다.

었다고 합니다.

한편 우면산이 서울시의 남쪽 끝으로 생각되던 시절에 세워진 예술의 전당 근처 남부 시외 터미널은 1990년에 개업한 뒤로 이제껏 가건물을 쓰고 있는 것이 답사 포인트입니다. 결국은 정식으로 건물을 세우거나, 아니면 이제는 서울 강남의 번화가가 된 이곳을 떠나 외곽으로 이전하게 될 터이니, 서울 남부 터미널에 가시게 되면 이 가건물을 구석구석 살펴보셔도 좋겠습니다.

저와 함께 20여 년 동안 답사를 하고 있는 도시 답사가 이승연 선생은 지난 2004년과 2006년, 2007년에 세 번에 걸쳐 방금 말씀드린 서울 고속버스 터미널 옥상에서 동쪽으로 바라보이는 반포 주공 3단지를 촬영했습니다. 어떤 사람들은 강남에 아파트밖에 없어서 삭막하고 답사할 것이 없다고 말하지만, 이 세 장의 사진을 보면 아파트 단지 그 자체가 답사의 대상이자 감상의 대상이라는 것을 느끼게 됩니다.

반포를 답사하다

강남 답사 편의 마지막으로, 반포 지역을 예로 들어서 어떤 관점으로 강남을 걸으면 될지 소개하겠습니다.

반포 답사의 출발점은 방금 소개한 서울 고속버스 터미널입니다. 혜성처럼 떠올랐지만 지나치게 사세 확장을 꾀하고 횡령을 일삼은 끝에 도산한 율산 그룹에서 지은 서울 고속버스 터미널은 그 자체로 20세기 후반 대서울과 한국의 역사를 상징합니다. 사진가 전민조 선생이 개발 이전 영동 지역을 찍은 1978년 사진 「강남 고속버스 터미널」도 떠올려 보고, 경부선 빌딩과 호남선 빌딩을 비교하며 구석구석 살펴보아도 좋겠습니다. 터미널 주위에는 신반포·구반포 주공 아파트와 우성·한신 아파드가 빼곡히 자리하고 있습니다. 박정희 정권이 서민을

(위) 서울시 서초구 서울 고속버스 터미널.

(가운데) 서울 남부 시외 터미널.

(아래) 서울 고속버스 터미널 옥상 남자 화장실.

위한 아파트를 보급하고자 한 정책이 와우 아파트와 함께 붕괴된 뒤, 중상층을 위한 아파트 단지가 지어지기 시작합니다. 이촌·여의도 시범 아파트와 함께 그 시발점이 된 것이 반포 주공 아파트 단지입니다.

터미널 서남쪽에는 북한군이 한강 이남으로 진출하는 것을 막기 위한 벙커가 있던 자리에 서래 공원이 조성되어 있습니다. 강남 개발과 분단·6·25 전쟁 간의 관계를 상징하는 공간이지만, 현재 이곳에는 그러한 역사를 보여 주는 것이 없는 듯합니다. 서래 공원이라는 이름의 유래가 된 서래 마을은 1925년 을축년 대홍수 때 한강 남쪽 주민들이 피난 와서 만들어진 마을입니다. 그 후 프랑스인 마을이 되어, 한때는 영어 없이 한국어와 프랑스어로만 적힌 마을버스 정거장 간판이 서 있기도 했습니다. 그런데 서래 마을의 모 아파트 단지에는 1995년에 붕괴된 삼풍 백화점에서 기부한 쓰레기통이 남아 있습니다. 『서울 선언』에서도 언급했듯이, 현재 삼풍 백화점 자리에서는 관련 흔적이 철저히 지워져 있습니다. 그런데 그곳으로부터 계곡 하나 건너 서쪽 한편에 그 도시 화석이 남아 있는 것이죠. 삼풍 백화점 자리에는 현재 모 고층 아파트 단지가 들어서 있습니다.

서래 마을의 남쪽에 있는 국립 중앙 도서관 자리인 반포동 산94의 1번지는 원래 20세기 후반의 신종교인 박태선 씨의 전도관이 매입했던 것으로 알려져 있습니다.[10] 하지만 교단 내부의 사정에 의해 결국 소사·덕소·기장 신앙촌과 같은 대규모 종교·공장 시설이 들어서지는 않았다고 합니다. 만약 천부교 측이 남양주 덕소나 부산 기장 대신에 이곳에 제2신앙촌을 만들었다면, 오늘날 강남의 모습은 매우 달라졌을 것입니다. 신앙촌 대신 이곳에 들어선 것은 국립 중앙 도서관입니다. 1988년 서래 마을 산꼭대기에 들어선 이 기관은, 과천 서울 대공원 산기슭에 자리한 국립 현대 미술관, 반포대로 남쪽 끝 우면산 북쪽에 자

서울 고속버스 터미널에서 촬영한 반포 주공
3단지. 2004년(위)과 2006년(아래). ⓒ이능번.

리한 예술의 전당 등과 함께, 공공 문화 시설을 귀찮은 존재로 취급한 20세기 후반 한국 지배 집단의 인식을 보여 줍니다.

국립 중앙 도서관에서 서초동 법조 타운으로 넘어가는 지점에는, 이곳이 한때 〈마뉘꿀 고개〉라 불렸다는 유래담과 함께 누에다리가 조성되어 있습니다. 강남 지역은 흔히 뽕밭이라는 이미지가 강하지만, 이 지역은 워낙 장마·태풍 때마다 물 피해가 심해서, 이미 조선 후기에는 뽕밭이 사라져 버린 것으로 알려져 있습니다. 그럼에도 이 누에다리, 잠원역, 잠실 등지에서는 이 수백 년 전의 뽕밭 이미지를 활용해서 이미지 메이킹을 하려는 경향이 확인됩니다. 스토리텔링의 원천을 삼국 시대나 고려, 또는 근현대가 아닌 조선에서 주로 찾는 것이 현대 한국 시민의 상상력의 한계입니다.

계곡 남쪽 저지대로 이동하면 서초동 법조 타운과 옛 정보사 터, 그리고 서초역 서남쪽에 최근 들어선 사랑의 교회가 보입니다. 사랑의 교회는 한국 대형 교회와 대서울의 경관 형성에 대한 이야기를 할 때 사례로 들 만합니다. 사랑의 교회 동쪽에는 이 책 집필 당시 재판을 받고 있던 이명박 전 대통령과 관계된 영포 빌딩이 있습니다. 이곳에는 재단법인 청계도 입주해 있습니다.

영포 빌딩에서 좀 더 동쪽으로 교대역을 향해 가면, 이곳이 옛 해주 정씨의 땅이었음을 보여 주는 〈정곡(鄭谷)〉이라는 비석이 서 있습니다. 해주 정씨는 서울 동남부 수서 개발과 관련해 스캔들을 일으킨 한보 그룹 정태수 씨의 집안이고, 이곳 땅의 매각 대금과 한보 그룹의 활동 사이에 관계가 있다는 설도 있습니다.[11] 〈정곡〉에서 교대역의 동북쪽으로 다시 언덕을 오르면 1995년에 붕괴된 삼풍 백화점 자리에 선 고층 아파트 단지와, 한남동 유엔 빌리지와 함께 한때 외국인 집단 거주지였던 자리에 조성된 삼풍 아파트가 나타납니다. 삼풍 백화점 희생

서울 고속버스 터미널에서 촬영한 반포 주공
3단지. 2007년. ⓒ 이승연.

(위) 서초동 법조 타운의 옛 주인 해주 정씨
집안에서 세운 〈정곡(鄭谷)〉 비석.

(아래) 서래 마을의 한 아파트 단지에 남아 있는,
삼풍 백화점이 제공한 쓰레기통.

자 위령비는 엉뚱하게도 양재 시민의 숲 남쪽 끄트머리에 조성되어 있
습니다.

　이렇게 하여 강남 답사는 반포에서 수서와 양재로, 그리고 〈확장
강남〉인 분당·판교·수지·어정·동백·광교·기흥으로 이어지는 대서
울 답사로 확장됩니다. 소수자에 대한 차별과 하층 계급에 대한 배제,
실세 정권에 의한 정치적 탄압, 기성 종파와 신종교 간의 갈등, 농업과
상업과 주거지의 갈등……. 이 모든 갈등을 거치면서 넓어지고 깊어진
강남의 과거에 있었던 것과 현재 존재하는 것과 앞으로 나타날 것을,
반포 답사를 통해 확인할 수 있습니다.

18
성남: 광주 대단지, 분당, 판교
세 도시 이야기

잘 알려져 있듯이 성남이라는 도시는 크게 세 부분으로 이루어져 있습니다. 1960년대부터 서울시 곳곳의 철거민을 강제 이주시킨 광주 대단지가 성남시 동북부의 수정구·중원구가 되었습니다. 원래 이 지역은 1962~1985년 사이 남한산성 아래에 육군 교도소가 있었을 정도로 대서울의 경계 지역이었습니다. 이 시기에 군 생활을 한 분들께는 〈남한산성 간다〉라는 말이 친숙할 터입니다. 이 군사 교도소의 별칭이 희망대였는데, 별다른 특징이 없던 이 지역에서 희망대는 이 지역 전체를 가리키는 호칭으로 정착했습니다. 이즈음 형성되었을 희망 대공원 일대의 주택 지역도 최근 재개발이 확정되어 주민 이주가 거의 끝났습니다.

  1963년에 서울시가 대확장을 하고 지방으로부터의 유입 인구가 급증하면서, 정부와 서울시는 서울 도심의 빈민촌을 철거하여 서울시의 외곽 지역 및 주변 경기도 지역에 강제 이주시키는 정책을 실시합니다. 1969년에 이주가 시작되었고, 1971년에는 이 지역 인구가 15~17만 명에 이르렀습니다. 이에 따라 현재의 이마트 성남점 부근에 경기도 관할 성남 출장소가 설치되었고, 2009년까지 성남시청으로서 기능하게 됩니다. 오늘날에도 〈(구)시청. 신흥 1동 행정복지 센터〉라는

희망대 공원에서 바라본 성남 원도심, 옛 광주
대단지.

버스 정거장 이름이 광주 대단지 시절 이 지역의 역사를 증언하고 있습니다.

이마트 북쪽 태평동을 인공위성 사진으로 보면 네모반듯한 필지가 빼곡하게 배치되어 있음을 쉽게 확인할 수 있습니다. 인공위성 사진으로는 알 수 없지만, 실제로 이 지역에 가보면 꽤 높은 언덕이라는 사실을 알게 됩니다. 민둥산에 줄만 그어 놓고는 서울에서 빈민들을 트럭으로 실어다가 이곳에 떨구어 놓았다고 합니다. 당시의 토지 형태가 오늘날까지 이어지다 보니, 언덕배기에서 골목 아래를 내려다보면 상하(上下) 감각에 혼란이 생기는 경험을 하게 됩니다. 한때 온라인에서 화제가 된 〈성남 인셉션〉 체험입니다. 〈인셉션〉이라고 하니 듣기에는 좋지만, 골목이 좁아서 마을버스도 못 들어오는데 언덕이 높다 보니, 실제로 이곳에 거주하고 계신 분들은 수십 년 동안 큰 불편을 겪어 왔습니다.

성남 원도심의 골목을 걷다 보면 각종 인력 회사와 〈공판장〉처럼 오래된 마을에서 볼 수 있는 슈퍼마켓 간판, 〈영동〉이나 〈청담〉처럼 서울 강남을 연상시키는 지명이 붙은 광고판을 동시에 볼 수 있습니다. 오늘날 한국을 답사하다 보면 곳곳에서 서울 강남을 모델 삼아 재개발·재건축을 진행하는 모습을 보게 됩니다. 도시 형성기의 형태를 유지하며 살고자 하는 주민과, 재개발·뉴타운·도시 재생, 어떤 이름으로 불리든 결국은 현재의 도시 형태를 바꾸려는 주민들 간의 갈등이 성남 원도심에도 존재하고 있음을 이러한 간판을 통해 확인할 수 있습니다. 한때 대서울 외곽의 성매매 집결지로 기능하던 〈중동〉 지역도 고층 아파트 단지로 재개발이 확정되었습니다. 광주 대단지로 불렸던 성남 원도심은 이처럼 옛 모습을 지우고 새로운 형태를 갖추어 가고 있습니다. 현재 서울과 성남의 경계 지역에 자리한 복정역 서남쪽의 작은 빈민촌

성남 원도심, 옛 팽무 대판지의 전형적인 풍경.

은, 광주 대단지 시절의 마지막 도시 화석입니다.

도시 빈민들은 도시의 중심부에서 일용직을 얻는 경우가 많기 때문에 도심에 자리를 잡아야 합니다. 지난 2018년 11월 9일 종로 국일고시원에서 화재가 일어난 뒤 서울시가 시 외곽에 임시 정착지를 마련해서 생존자들에게 제공했지만 당사자들로부터 외면받은 일이 있습니다. 광주 대단지에서도 마찬가지 일이 있었습니다. 최초의 이주자들은 수개월 내에 다시 서울로 돌아갔고, 뒤에 남겨진 토지에 대해 복잡한 부동산 거래가 일어나면서 정부가 규제를 하려는 과정에서 1971년 7~8월 사이에 현대 한국 역사에서 보기 드문 시민 봉기가 일어났습니다. 박정희와 전두환의 군사 정권은 노동자·학생의 반정부 투쟁에는 강경하게 대응했지만, 광주 대단지 사건과 목동 투쟁이라는 일반 시민의 봉기에 대해서는 비교적 온건하게 대응했습니다. 그리하여 22명이 확정 판결을 받은 것 외에는 주민들의 요구를 정부와 서울시 측이 대체로 받아들였고, 성남이라는 도시가 탄생하게 되었습니다.

오늘날 성남시에서는 이 광주 대단지를 성남시의 원형으로 받아들이자는 측과, 그럴 수 없다는 반대 측 간의 견해가 충돌하고 있습니다. 제가 『서울 선언』을 집필하던 2017년, 책에서 성남에 대해 언급하겠다는 이야기를 SNS에 올리자, 광주 대단지와 성남시의 관계를 어떤 방식으로 집필하는지 지켜보겠다는 뉘앙스로 몇몇 분이 집요하게 연락해 온 적이 있습니다. 서울의 도시 빈민이 이주하면서 출발한 성남 원도심 출신이 아니라, 서울 강남의 확장으로서의 분당구에 거주하는 분들이 아니었을까 추측하고 있습니다. 이처럼 성남 원도심과 분당 신도시 간의 갈등 양상을 2018년 9월의 답사 때에도 확인할 기회가 있었습니다. 위치상 원도심과 분당 중간에 놓여 있는 모란 시장에 인접한 분당선 모란역 남자 화장실에서 여기 사진과 같은 낙서를 촬영

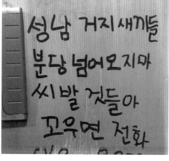

(위) 분당의 네이버 사옥에서 내다본 바깥 풍경.
(아래) 모란역 남자 화장실의 낙서.

했습니다.

　어느 도시에서든 지역 갈등은 있지만, 그중에서도 성남시의 원도심과 분당 사이의 갈등은 그 정도가 유독 극심한 것으로 알려져 있습니다. 그 갈등이 분당구의 분당시 독립 움직임으로까지 이어진 바 있습니다. 성남시 측에서는 이러한 지역 갈등을 해결하고자 성남시청을 원도심과 분당의 중간 지점에 위치시킨 것 같지만 실제로 시청 주변을 답사하면, 원도심과의 사이에는 자연 녹지 지역이 설정되어 있는 반면 분당으로는 걸어서 이동할 수 있어서 실제로는 원도심에서 분당 쪽으로 시청을 이전했음을 확인할 수 있습니다. 현재 한국의 지방 도시들은 구도심에 존재하던 주요 관청을 신도시로 옮기면서 구도심의 공동화 현상을 일으키고는 뒤늦게 원도심 재생을 하자는 공허한 주장을 하곤 하는데, 안타깝게도 성남시 역시 지금까지는 이러한 현상에서 예외가 아닌 듯합니다.

　흥미로운 것은, 1989년에 형성된 뒤 1991년에 원도심인 중원구에서 분당구로 분리된 분당 신도시의 주민들이, 2000년대에 형성된 판교 신도시가 판교구로 독립하는 데에는 반대하고 있다는 사실입니다. 분당 측 주민들이 판교구 설치에 반대하는 이유는 여러 가지가 있지만, 판교 신도시가 독립하면 네이버 사옥으로 대표되는 분당구의 유명세가 상대적으로 약화될 것임은 짐작할 수 있습니다.

　그러나 이 갈등에서 필자가 주목하는 부분은, 서울 강남의 확장이라는 성격이 강해서 〈강남 5구〉, 〈준강남〉 등으로 회자되는 분당·판교 두 개의 신도시 밑바닥에서 여전히 그 존재를 드러내고 있는 농촌 경기도 시절 주민들의 목소리입니다. 원도심과 성남 간의 갈등도, 성남과 판교 사이의 갈등도 결국은 서울로부터의 이주민들 사이의 계급 정체성 갈등이라는 성격이 강하지만, 오늘날의 성남은 여타 서울시 주변

지역과 마찬가지로 원래 경기도의 농업 지역이었습니다. 신도시로 이
주한 사람들은 그 사실을 외면하지만, 신도시가 조성되기 전에도 그 지
역에는 사람이 살았고, 신도시가 조성되는 중간에는 원주민과 개발 업
체·행정 당국 간에 적잖은 갈등이 빚어집니다. 그리고 신도시가 조성
되고 나면 토지주와 같은 소수의 원주민은 그 지역에 재정착하지만 나
머지 대부분은 그 바깥에 밀려나게 됩니다.

　1980년대부터 조성되기 시작한 과천 및 서울·경기 지역의 1기
신도시에서는 신도시를 〈고향〉으로 생각하는 이주민 2세대가 나타나
고 있습니다. 요즘 정착 2세대 청년들이 신도시를 〈고향〉으로 생각해
서 〈주공 아파트〉로 대표되는 아파트 단지를 기록하고 보존하는 운동
을 펼치는 경우를 봅니다. 1기 신도시는 아니지만 서울 강남 지역 주공
아파트에 대한 기록물에서 확인되는 〈왜 우리는 아직도 모든 것을 밀어
버리는 것밖에 생각하지 못하는 걸까? 왜 우리는 소중한 것을 그저 잃
어버리게 되는 걸 너무 당연하게 받아들이고 있는 걸까?〉[1]라는 대목이
신도시에 대한 이들의 애정을 잘 보여 줍니다. 하지만, 당연하게도 신
도시가 조성되기 전에도 이곳에는 아름답고 누군가에게 소중했을 농
촌 마을이 있었습니다. 신도시의 주공 아파트만이 누군가의 소중한 고
향이 아니며, 아파트만이 대서울에서 보존되어야 할 대상은 아니라는
말입니다.

　서울 중심부에서 외곽으로 이주한, 또는 서울시에서 주변 도시로
이주한 주민들끼리 갈등할 때, 농촌 경기도 시절의 주민들은 조용히 그
모습을 감추거나 가만히 자신들의 존재를 드러내고 있습니다. 그러므
로 대서울의 외곽 지역인 경기도 신도시 지역을 바라볼 때에는, 농촌
경기도 시절의 주민, 서울시로부터의 이주민 1세대, 신도시에서 태어
난 이주민 2세대라는 서로 다른 세 가지 정체성을 가진 집단이 서로 어

떻게 관계를 맺고 갈등하는지를 관찰하는 것이 관건입니다.

저는 성남시에서 농촌 경기도 시절의 유산을 두 군데 확인했습니다. 분당-수서 간 고속화 도로 서쪽의 판교 지역 고층 아파트 단지 뒤편 송현 공원 한쪽에는 1990년(단기4323)에 세워진 〈동간 마을 모향비〉라는 비석이 있습니다. 동간 마을은 이 지역이 신도시로 개발되기 전에 있던 마을이었습니다. 비석에는 아마도 적절한 토지 보상을 받고 마을을 떠났을 원주민들이, 곧 사라질 고향을 그리워하는 마음이 절절히 적혀 있습니다. 하지만 지금 송현 공원에 세워져 있는 공원 안내판에 〈동간 마을 모향비〉라는 이름은 적혀 있지 않습니다. 예전에 이곳에 사람이 살았다는 당연한 사실이 무시되고 잊힌 것입니다. 분당 신도시 지역의 농촌 경기도 시절 양반 집안 무덤과 집이 분당 중앙 공원에 당당하게 자리 잡은 것과는 대조적인 모습입니다. 〈동간 마을 모향비〉를 읽어 보면, 국가 정책에 따라 고향에서 떠나야 했던 이곳 주민들의 처지가, 한강 변에 거주하다가 한강 개발 때문에 내륙으로 옮겨 살아야 했던 분들의 처지와 다를 것이 없다는 사실을 느끼게 됩니다. 두 경우 모두 이른바 〈제자리 실향민〉입니다. 그래서 〈동간 마을 모향비〉에서는 분단과 6·25 전쟁에 따른 실향민이 첫 대목에서 언급되고 있는 것입니다. 이 마을과 비석의 존재가 성남시 신도시 주민들 사이에서 무시되고 있는 것이 마음 아파서, 조금 길지만 비석에 적혀 있는 내용을 모두 소개하겠습니다. 성남이 농촌이던 시절에 무관심한 누군가가 이 비석을 치워 버릴지 모른다는 걱정이 되어서입니다. 실제로 전국 곳곳에서 옛 마을의 기억을 전하는 마을 비석이 푸대접 받고 창고에 처박히는 사례가 확인됩니다.

신도시에 솟은 정 / 원한 깊은 삼팔선과 고향 떠난 동포들 / 쓰라린 운명이여 피맺힌 한을 / 내 가슴도 아픈 것은 동포인 정이리라 / 신도시란 새 이름은 희망도 들어 있어 / 고향 떠날 아픈 마음 참으려 해도 / 멀리 가는 아쉬움에 애가 타는 사연들 / 조상님의 은공 쌓인 고향의 산천 / 그 많은 세월 속에 쌓인 인정아 / 못 잊을 이웃 정은 만날 수야 있지만 / 정든 마을 산천초목 안타까워라 / 그러나 참아야지 새 길을 찾아야지 / 멀지않은 새 터에다 새집을 마련하고 / 고향 터를 바라보며 더 깊은 정 이루리라 / 이산가족 생각하며 나라 사랑 키우리라 / 뼈에 새긴 고향의 꿈 잊지 말고 꽃피워서 / 신도시의 꽃탑으로 아름답게 세워 보자 / 우리 조국 이 강산을 다함께 고향 삼자 / 애국성현 쌓으신 공 올바르게 빛내 보자

　　　단기 4323년 8월 성남시 사송동 김기용

마을 위치와 이름의 참고

전 주소는 성남시 수정구 사송동 1통 2반이며 1통 4개 마을 중의 동편이고 숯내炭川가 가까운 野山 골짜기의 南向인 터였다 지금은 분당구 하탑동의 선경 아파트 113동을 중심으로 그 둘레의 터이다. 이름은 마을 동편에 우뚝한 두 개의 산봉우리가 묘하게 마을 입구 洞口가 되어서 그 안쪽을 동구안이라 하던 것이 차차 변칭된 것이라고 전해 왔다.

마을 내력

마을 정착 전의 유적이 앞산 속의 몇 백 평의 평지를 원터(옛적에 먼 길손이 쉬어 가는 집터)라 하고 기와집과 길의 흔적이 있었으며 그 북편 산기슭에 李氏네가 살았다 하며 李氏武官의 묘비도 옆산에 두 곳 있었으나 연수도 알 수 없는 지취였고 확실한 것은 약 300년

전에 광주면 직리에서 살던 의령 南氏에 同樞벼슬을 지낸 분의 묘소를 그 자손이 마을터 뒷산에다 모시고서 기와집도 마련하여 이사온 것이 이 마을의 시작이었다. 지금은 그 후손이 타처에도 퍼지며 이어왔고 약 80년 전에 오산에서 살던 경주 金氏가 金九主席의 仁川脫獄 때의 교분과 친형제 중 왜병 몇을 타살한 사건으로 倭警을 피하여 이사와서 집도 늘고 인정도 더 쌓이는 마을이 되고 이후에도 이사와서 여러 해를 정 깊게 살다간 姓氏에는 비아수에서 왔던 라주 丁氏가 광복 전에 약 30년이고 송현동의 진주李氏는 광복 전후에 약 20년 6.25때 수많은 피난민 중 철원의 全氏 沈氏와 함경도의 全氏도 약 20년이고 남양에서 왔던 칠원尹氏는 사변 후에 20년쯤 살았고 충남 예산의 경주金氏는 개발 당시까지 20년간 같이 살았다. 기타 몇 해씩 정붙여 살다 간 여러 姓氏도 있었지만 개발 당시에는 南氏 金氏의 十二집이 원주민이고 세입자가 몇 집 있었다.

마을특징
마을 동편의 달맞이하던 봉황대라는 우뚝한 뒷산줄기의 끝봉우리와 長松과 미루나무 수풀 건너에 앞산의 끝봉이 높이와 크기와 방향도 같게 마주 서 있는 묘한 것이 마을의 문도 되고 지켜도 주는 듯한 형상이 특이하였고 봉황대의 동편 중턱에는 옻나무 독을 낮게 하는 약수터도 있었으며 동구밖의 맑은 숯내炭川가에는 물방아가 수십년간 돌았었고 배 형상인 앞산의 우거진 노송에는 수많은 백노떼가 철따라 모여와서 둥지도 틀었으며 마을 복판의 대대로 젖줄이던 큰 우물가에 200년 정도 늙은 산수나무는 봄마다 제일 먼저 노란 꽃이 피었고 마을 뒷편과 좌우는 밤나무와 온갖 초목 우

분당 판교 신도시 개발 과정에서 이주한 옛 농촌
마을 주민들이 고층 아파트 단지 한편에 남긴
〈동간 마을 모향비〉.

거진 산등이 天然의 防風壁을 이루어서 마치 삼태기 안 같은 아늑함과 문전옥답도 오붓하여서 지나는 사람마다 묘하다는 마을이었고 여러 전란 때마다 피난처가 되었던 고장이기도 하다. 이제는 개발과 함께 흔적도 없이 사라진 정 깊던 터전과 그 시절의 모든 정경이 못내 아쉬워서 이 기념비를 뜻 모아 세운다.

　　동간 마을 慕鄕 친목회 일동 (……) 단기 4326년 서기 1993년 가을에 세움

한편, 판교 신도시가 들어서기 전에 이곳에서 농사짓던 주민들은 오늘날에도 농촌 경기도 시절부터의 정체성을 지키고자 〈낙생 농협〉 건물에 〈농업 유물 전시관〉을 마련해 두었습니다. 서울의 확장이자 중간 계급의 새로운 이주지로서만 판교를 바라보는, 그리고 임진왜란 즈음에 사라진 판교원(板橋院)이라는 소규모 국가 시설의 이름을 끌어와서는 마치 이 지역의 역사가 조선 시대 중기에서 21세기로 깔끔하게 이어진 것처럼 생각하고 싶어 하는 이주민들에 대해, 이 지역은 불과 수십 년 전까지 농민들이 살던 낙생 마을이었으며 그 마을 주민들은 여전히 이 땅에 살고 있다는 사실을 낙생 농협 〈농업 유물 전시관〉은 조용히 외치고 있습니다. 이 낙생 마을에 대해서는 성남 문화원『향토문화 총서 8: 낙생 마을지』를 참고할 수 있습니다. 이 외에도 성남 문화원에서는 신도시 개발로 사라진 판교·대왕·복정·태평·금광·단대·상대원·돌마 마을지를 발간해서 광주군 시절 농촌 성남의 기억을 정리했습니다. 장한 일입니다.

19
용인: 확장 강남의 남쪽 끝

용인은 20세기 전기에 이른바 〈대일본 제국〉의 수도가 될 뻔 한 곳입니다. 도시 계획 연구자 김의원 선생은 1987년에 출간한 『한국 국토 개발사 연구』(대학도서, 1987)에서, 일본의 기획원이 1943년에 작성한 「중앙계획소안요강안」에서 새로운 수도 후보지로서 오카야마현, 후쿠오카현과 함께 〈조선 경기도 경성부 주변 지구〉를 들었다는 사실을 소개했습니다. 〈전 국토의 중심적 위치〉, 〈교통이 편리하고 지역의 문화 수준이 높고 기성 도시와 적당한 거리에 있는 새로운 토지〉일 것이 그 조건이었다고 합니다. 그리고 2005년에 출간한 『희귀 자료 및 진서 해설』(국토연구원, 2005)에서는 〈조선 경기도 경성부 주변 지구〉가 바로 〈한국외국어대학 용인 분교가 있는 계곡 일대〉였으며, 이와 관련되어 제작된 측량도가 해방 직후까지 존재했다고 밝힙니다. 식민지 시대에는 대서울 동남쪽의 용인 지역이 이른바 〈대일본 제국〉의 새로운 수도가 될 뻔했고, 6·25 전쟁 때에는 대서울 서부의 부평이 새로운 수도가 될 뻔했습니다. 이런 의미에서는 용인 역시 신도시·택지 지구가 잇따라 개발되어 〈확장 강남〉의 일원이 되기 100년 전부터 대서울의 일부였다고 하겠습니다.

하지만, 이른바 〈대일본 제국〉이 전쟁에 패하여 해체된 뒤, 용인은

머릿돌

내집은 만민이 기도하는 집이라

교회설립일 : 1965년 5월 1일
준 공 일 : 2011년 9월 2일

대한예수교
장 로 회 염광교회

(위) 용인 수지의 옛 염광 농원 자리.　　　(아래) 염광 교회 머릿돌.

제국의 새로운 수도가 되는 대신 농촌 경기도 지역으로서 수십 년의 시간을 거칩니다. 그 과정에서 수지와 어정 두 곳에는 대서울의 여타 외곽 지역과 마찬가지로 두 곳의 한센인 정착촌이 형성되고, 이들 지역은 축산 단지와 가구 단지를 거쳐 고층 아파트 단지로 재개발되었습니다.

수지

우선, 수지 신도시 이야기입니다. 수지 신도시에는 염광 농원이라는 한센인 정착촌이 있었고, 이 지역은 수지 동천 가구 단지를 거쳐 현재 고층 아파트 단지로 재개발되었습니다. 수지 신도시의 전부가 염광 농원 자리는 아니지만, 염광 농원 부지가 현재의 수지 신도시에서 한 부분을 차지하고 있는 것은 분명합니다. 현재 정착촌의 직접적인 흔적은 찾을 수 없지만, 수지 동천 가구 단지는 여전히 이곳에 남아 있습니다. 그리고 정착촌 당시에 세워진 염광 교회와 염광 피부과 의원도 여전히 자리를 지키고 있습니다. 〈교회 설립일: 1965년 5월 1일 / (현 교회 건물) 준공일: 2011년 9월 2일〉이라고 적힌 염광 교회의 머릿돌은 염광 농원에서 수지 신도시로 이어진 이 지역의 역사를 증언합니다.

　옛 염광 농원 부지에서 수지 동천 가구 단지를 통과해 15분 정도 걸으면, 가톨릭 계열의 사회복지 법인인 성심원이 나타납니다. 이 성심원은 원래 서울시 서초구 신반포에 있었습니다. 신반포에 있던 성심원이 〈확장 강남〉인 용인 수지 신도시로 옮겨 온 과정은, 현대 한국 시기 대서울의 확장 과정에서 무엇이 기억되고 무엇이 배제되었는지를 잘 보여 줍니다.

　저는 이제까지 다 합쳐서 거의 30번 정도 이사를 했습니다. 마포 서교동에서 시작한 저의 이사 인생은 반포, 부천 소사, 잠실 주공 아파트, 신도시 개발 이전의 안양 평촌, 신반포와 구반포, 안암동, 노원구 중

지금의 신반포 지역에 있던 옛 성심원을 찍은 항공
사진. 오른쪽 아래의 큰길은 경부고속도로입니다
(1973년). ⓒ 국토지리원.

계동 아파트 단지, 고양 일산 신도시, 개포동 주공 아파트, 봉천동 등 대 서울 동서남북을 망라하고 있습니다.

40여 년 동안 거쳐 온 수도권의 지역들 가운데, 저는 초·중·고·대 학 시절을 보낸 반포 지역을 마음의 고향으로 여기고 있습니다. 반포 는 구반포와 신반포로 나뉩니다. 구반포 지역은 중산층을 대상으로 건 설된 최초의 아파트인 반포 주공 아파트가, 신반포 지역은 한신 공영이 1970년대부터 1990년대까지 세운 신반포 한신 1~28차 아파트가 주 를 이루고 있습니다. 제가 신반포에 살 당시에는 사방 어디를 둘러보아 도 한신 아파트가 보여서, 저와 친구들은 신반포를 〈한신 랜드〉라고 농 담 삼아 부르고는 했습니다.

신반포 한신 아파트는 대체로 〈몇 차〉 아파트라고만 불리는데, 그 가운데 한남대교 남단 교차로 근처에 있던 24차 아파트만은 대개 〈성 심 24차 아파트〉라 불렸습니다. 이 아파트 단지의 이름에 〈성심〉이라 는 단어가 들어가 있는 이유를 최근에야 알게 되었습니다. 1946년부터 1984년 사이에 성심원이라는 이름의 아동 양육 시설이 이곳에 자리했 기 때문이었습니다.

1946년에 이우철 시몬 신부가 다섯 명의 아이들을 데리고, 당시 주소로는 경기도 시흥군 신동면 잠실리 13-59에 해당하는 신반포 성 심 24차 아파트 자리에 정착했습니다. 그 후 미 8군의 원조를 받아 건 물을 신축했고, 1973년 항공 사진을 보면 당시로부터 수년 전에 완공 된 경부고속도로 서북쪽에 펼쳐진 논밭 한가운데 사각형의 성심원 건 물과 부속 시설들이 확인됩니다. 1976년, 서울시는 이 지역에 아파트 단지를 건설하는 도시 계획을 세웠고, 1983년에는 사회 복지 육아 시 설을 지방으로 이전하는 정부 정책이 확정되었습니다. 영등포 동쪽 지 역이라고 해서 영동이라 불리던 오늘날의 강남을 개발하는 도시 계획

(위) 서울 서초구 반포에서 용인 수지로 옮겨 간
성심원 정문 안쪽의 예수 성심상.

(아래) 예수 성심상 내좌의 동판.

에서, 성심원과 같은 기관은 계획 실시에 지장을 초래하는 존재로 간주
되었습니다. 그리하여 성심원은 1984년에 오늘날의 용인시 수지구로
옮겨 오게 되었습니다.

현대 서울의 역사는, 서울이 발전하는 데 방해가 되고 서울 시민이
보기에 좋지 않다고 간주되는 수많은 시설과 사람들을 경기도로 밀어
낸 역사입니다. 청계천 변 등 서울 곳곳의 빈민촌에 살던 10여만 명을
지금의 성남 원도심인 광주 대단지에 보낸 것이 그러하고, 서울시에서
사용할 화장장을 고양시 덕양구에 세운 것도 마찬가지였습니다. 그리
고 이러한 과정을 통해 서울과 경기도는 대서울을 형성했습니다. 서울
시민들은 이러한 역사를 잊지 않고, 부채 의식과 책임감을 지녀야 합
니다.

어지러울 정도로 햇볕이 뜨겁던 지난 2018년 8월 4일, 저는 반
포에서 옮겨 간 성심원의 현재 모습을 보기 위해 용인 수지를 찾았습
니다. 성심원 정문 안쪽에는 1950년 10월 9일에 만들어진 예수 성심
상Sacratissimum Cor Jesu이 서 있었습니다. 예수 성심상을 받치는 대좌(臺
座)에는, 미 8군단 기병대 1소대 로버트 H. 영이 〈한국의 소년 마을
Boys Town Korea〉을 기념하며 이를 만들었다는 동판이 붙어 있었습니다.
1950년 당시는 〈농촌 강남〉의 한복판에서 한강을 바라보고 있었을 예
수 성심상은 현재 수지 신도시에 한창 건설 중인 고층 아파트를 배경으
로 서 있습니다. 강남 개발로 인해 서울 바깥으로 밀려난 성심원이, 또
한 번의 개발 압력에 시달리지 않고 오래도록 평온을 지키며 이 자리에
있을 수 있도록 기도하는 심정으로 귀가했습니다.

어정

한편 옛 염광 농원에서 동남쪽으로 약 9킬로미터 떨어진 용인선 어정

(위) 용인 동백 지구의 옛 동진원 자리.

(아래) 옛 동진원 자리에 들어선 고층 아파트 단지
내 공원의 비석. 이곳에 있던 한센인 정착촌
동신원에 대한 언급은 없습니다.

역 북쪽에는 신도시급의 동백 지구가 조성되고 있습니다. 이곳에는 동진원이라는 한센인 정착촌이 있었고, 이로부터 어정 가구 단지가 비롯되었습니다. 모 문중의 토지[1]에 1950년 9월 28일의 서울 수복 이후 생겨난 동진원은, 박정희 정권이 수립된 뒤에 오늘날의 부지 규모로 확대되었다고 합니다.

> 구호 물자가 전달되고 자립해서 먹고살라고 정부에서 특혜를 주었다고 한다. 돼지나 소를 기르거나 양계 등을 할 경우 허가가 필요 없었다. 무조건 짓고 신고만 하면 되었는데, 눈치 빠른 일반인들이 끼어들게 된다. 즉 나환자촌 사람들의 명의를 빌려 축사나 계사를 짓고 영리 사업을 한 것이다. 자연히 일반인들의 소유가 늘어나게 되고 마을이 비대해지는 결과를 가져왔다. 후에 가구 공장이 들어서면서 가구 단지로 변모하게 되는데, 최근에 진행되는 아파트 공사에 이르기까지 수지에 있던 염광 농원과 같은 길을 밟아 가게 된다.[2]

　　앞서 살펴본 염광 농원과 마찬가지로, 동백 지구에서도 동진원의 흔적은 거의 완전히 사라졌습니다. 각종 지도 애플리케이션으로 〈동진원〉을 검색하면 〈동진원 1공원〉과 〈동진원 2공원〉이라는 지명이 보입니다. 하지만 실제로 가보면 〈제1공원〉과 〈제2공원〉이라는 기묘한 이름의 팻말만을 보게 됩니다. 한센인 정착촌의 일부 주민들은 해당 지역이 정착촌이었다는 사실조차 언급하기를 꺼려 하지만, 동진원의 경우는 그와는 다른 것 같습니다. 2016년 8월 31일 자『한겨레』기사에 〈단지 바로 옆에 중일초등학교와 동진원 1공원이 있고 어정중학교가 도보 5분 거리에 위치해 있다〉라는 구절이 보이고, 2018년까지 여러 부동산에서 온라인에 공개한 지도에 〈동진원 1공원〉과 〈동진원 2공원〉이라는 지명이 등장하는 것으로 봐서는, 동진원 주민들은 본인들의 마을 이름이 신도시에도 남기를 바랐으리라 짐작할 수 있습니다.

그러나, 용인시 기흥구 어정의 한센인 정착촌 〈동진원〉이 가구 단지를 거쳐 신도시가 되자, 분양 때까지는 남아 있던 〈동진원 2공원〉이라는 호칭에서 〈동진원〉이라는 이름은 떨어져 나가고, 공원 가운데에는 조선 국왕 세종을 기리는 비석이 섰습니다. 물론 이곳 한센인 정착촌에 형성된 어정 가구 단지의 세입자들에 대한 이야기도 찾을 곳이 없었습니다.[3] 21세기 한국에서 일어나고 있는 역사 미화, 역사 만들기가 이렇게 분명하게 이루어진 현장을 보니 감탄스러울 정도입니다. 근현대의 가난한 자·약자들은 지워지고, 봉건 시대의 지배층은 끊임없이 소환됩니다. 비석에 새겨진 구절을 인용합니다.

어정(御井)이란 뜻 ◎ 어정 마을은 어정 삼거리에서 구성 읍내로 넘어가는 하천을 경계로 중리와 상하리에 속했던 마을이다 ◎ 어정은 일제시 어정(漁汀)으로 표기했었으나, 1995년 일제식 지명을 정비할 때 본래 어정(御井)으로 고쳤다. 漁汀은 물가에서 고기를 잡는다는 뜻이다. 御井은 임금이 마시는 우물이라는 의미가 된다. ◎ 세종, 성종 임금이 용인 들에서 사냥한 곳이며, 성종 임금은 용인을 거쳐 여주 영릉에 행차 시 이곳에서 쉬어 갔던 장소이었다고 함.

그리고 흥미롭게도, 옛 동진원에서 서쪽으로 1킬로미터 떨어진 곳에 〈강남대학교〉가 있습니다. 서울 강남구 대치동에서 중앙 신학원으로 출발하여 강남 사회복지 학교로 개명한 이 교육 기관은, 1980년에 지금의 위치인 용인시 기흥구로 옮겨 오면서 종합 대학이 됩니다. 강남대학교는 〈확장 강남〉으로서의 용인의 프런티어와 같은 존재이고, 강남대학교 주변에 조성된 〈강남 마을〉은 그야말로 〈확장 강남〉과 〈대서울〉의 최남단에 해당한다고 하겠습니다. 이로부터 남쪽에는 화성 동탄과 수원 광교가 있습니다. 이 두 곳의 신도시가 〈확장 강남〉의 일부로 확고히 자리 잡을 것인지, 그리하여 수원시와 화성시까지도 〈대서울〉의 일부가 될 것인지 앞으로 주목됩니다.

지난 2월 말, 용인 어정역 부근에서는 정말로 이 지역에 왔었는지 아닌지도 잘 알 수 없는 조선 국왕 〈세종〉과 강남대학교에서 가져온 〈강남〉이라는 지명만 보이고, 불과 10년 전까지 이곳에 분명히 존재하던 〈동진원〉이라는 지명은 보이지 않았습니다. 이렇게 해서 또 하나의 조선 왕조 중심의 역사, 또 하나의 중산층 중심의 역사가 만들어지는 현장을 확장 강남의 최남단에서 목격했습니다.

20
의왕·군포·안양·과천·사당·방배·이수: 대서울의 과거, 현재, 미래

들어가며

이 책의 마지막 절에서는 서울시의 대표적인 철거민 정착지였던 동작구 이수 지역부터 남쪽으로 사당동 사거리, 과천시, 안양시, 군포시, 의왕시까지의 구간에서, 대서울의 남부가 어떤 양상으로 존재하고 있는지 살펴보겠습니다. 이 루트에는 삼국 시대부터 조선 시대, 식민지 시대, 20세기 후기와 21세기 전기에 이르기까지 대서울의 모든 역사 시기가 시층을 이루고 있고, 대서울의 곳곳에서 발생하고 있는 모든 갈등이 확인됩니다.

사당역 사거리에서 과천대로를 따라 남쪽으로 향하면 과천을 관통해서 과천과 안양의 경계에 자리한 인덕원 사거리에 다다릅니다. 이곳에서 서남쪽으로 출발하는 흥안대로는 안양의 평촌 신도시와 의왕의 서쪽 경계를 통과하며 평촌 신도시 조성 이전부터 이곳에 존재하던 오뚜기 공장, 안양 농수산물 도매 시장, 의왕시 내손동의 동안양 변전소, 역시 의왕시 내손동의 동안양 교회와 의왕·안양·군포를 대상으로 하는 모락산의 호계 예비군 훈련장, 의왕·안양·군포의 경계에 자리한 안양 교도소를 지나 호계 사거리에서 경수대로와 만납니다. 경수대로는 안양과 서울의 경계까지 북진해서는 시흥대로로 이름을 바꾸어 영등포구 대림동의 대림 삼거리까지 이어지고, 이곳에서 다시 여의대방로로 이름을 바꾸어 여의도를 관통한 뒤 원효대교 북단의 용산구 이촌동까지 뻗어 갑니다.

이렇듯 흥안대로와 경수대로는 안양시를 X 자로 관통하고 있는데, 이 호계 사거리에서 흥안대로를 따라 계속 서남쪽으로 가면 군포 공업 지대로 들어가 금정 고가도로에서 경부선 철도와 만납니다. 군포시를 동서로 나누는 경부선 철도의 동쪽은 공업 지대, 서쪽은 주거 단지와 산본 신도시입니다. 또한 경부선 철도를 따라 남쪽으로 내려가면 계획으로 끝난 의왕시-남양주 간 수도권 남부순환철도의 출발지로 예정되었던 의왕시 오봉역과, 이 남부 순환 철도의 건설을 예상하고 조성된 군포시의 군포 복합 물류 터미널, 그리고 산본 신도시에 이은 군포의 새로운 신도시로 조성 중인 대야미가 있습니다. 오봉역 아래의 의왕역 동쪽에는 식민지 시대에 조성된 부곡 철도 관사 단지가 있습니다. 경부선 철도는 더 남쪽으로 내려가 서(西)수원에 진입합니다. 저는 현재 이 일대를 대서울의 남쪽 끝으로 생각하고 있습니다. 아직 수원 서부는 대서울과는 별개의 생활권으로 보이기 때문입니다.

한편 호계 사거리에서 동쪽으로 안양 교도소, 서쪽으로 군포 공업 지대를 끼고 동남쪽으로 향하면 안양·의왕·군포가 모이는 포도원 사거리가 나타납니다. 포도원 사거리의 동쪽에는 가톨릭 계열의 한센인 정착촌인 성라자로 마을과, 한센인 정착촌에서 비롯된 의왕 가구 단지가 있습니다. 여기서 다시 동남쪽으로 향하면 동쪽으로는 조선 시대의 사근행궁과 옛 의왕시청이 있던 고천동, 서쪽으로는 새 의왕시청과 고봉중고등학교(구 서울 소년원)가 있고, 고천동의 아래에는 몇 년 전에 서울 구치소·안양 교도소·서울 소년원을 합쳐서 의왕 교정 단지를 조성하려다 중단된 왕곡동이 있습니다. 내서울 서남부의 교정 단지를 밀접시키려 한 이 지역은 대서울과 수원의 또 하나의 경계 지대입니다.

　의왕역에서 서수원으로 진입한 경부선과, 의왕 왕곡동에서 북수원 지지대 교차로로 진입한 흥안대로는 수원역 남쪽 수원 비행장의 동쪽인 세류역 부근에서 합류합니다. 저는 아직 수원이 대서울의 남쪽이라고 생각하지는 않고, 서울과는 독자적으로 존재하는 농업 도시·공업 도시·군사 도시라고 생각합니다. 하지만 만약 수원 비행장이 다른 곳으로 이전하거나, 양주-수원 간 GTX C노선이 실제로 착공·완공되거나,[1] 수원 동부 광교 신도시의 영향력이 수원 구도심을 흡수할 정도로 커진다면, 그때는 수원을 대서울의 남쪽 끝으로 생각하게 될 것입니다.

교정 시설과 철도

제가 서울-과천-안양·군포·의왕-수원으로 이어지는 구간을 살필 때 가장 혼란을 겪었던 것은 구치소·교도소 등 교정 시설의 명칭이었습니다. 의왕시의 서북쪽 끝에 자리한 서울 구치소는 과천 갈현동, 안양시 관양2동·평촌동, 의왕 포일동의 경계에 있습니다. 1908년에 현재의 서대문 독립공원 자리에서 경성 감옥이라는 이름으로 운영이 시작된 이 기관은, 1912년에 현재의 서울 서부 지방 법원 자리에 마포 형무소의 전신인 경성 감옥이 새로 개업하면서 서대문 감옥으로 이름을 바꾼 뒤, 서대문 형무소·서울 형무소·서울 교도소·서울 구치소로 개명을 거듭하다가, 1987년에 현재의 위치인 경기도 시흥군 의왕읍 포일리(현 의왕시 포일동)로 이전합니다. 당시에도 그랬고 현재도 서울시와는 행정 구역이 닿아 있지 않지만, 성남의 군사 공항을 서울 비행장이라 부르고 고양시의 화장장을 서울 시립 승화원이라 부르는 것처럼 일종의 기피 시설인 이곳도 의왕이 아닌 서울이라는 지명이 붙어 있습니다.

(위) 안양·의왕·군포의 경계에 자리한 안양 교도소. 외부에 노출된 감시탑은 이제 전국에서 오직 이곳에만 남아 있습니다.

(아래) 충청남도 아산시 배방읍 모산역 부근에서 일어난 사고로 사망한 서울 경서중학교 학생들을 추모하는 〈모산 건널목 사고 위령탑〉.

한편, 안양시의 남쪽 끝에 자리한 안양 교도소는 안양 호계동, 의 왕 오전동, 군포 군포 1동의 경계에 자리하고 있습니다. 1912년에 경성 감옥이라는 이름으로 현재의 서울 서부 지방 법원 자리에서 운영을 시작한 이 기관은 경성 형무소·마포 형무소·마포 교도소로 개명을 거듭하다가 1963년에 현재의 위치인 경기도 안양시 동안구 호계동으로 이전하여 안양 교도소가 됩니다. 원래 있던 마포 교도소 자리에는 경성·서울의 서쪽이라는 뜻의 경서중학교가 들어왔다가 서울 서부 지방 법원/서부 지방 검찰청으로 바뀌었습니다. 이 경서중학교는 2014년 4월 16일에 세월호 침몰 사고가 일어나기 전까지는 한국에서 가장 많은 사망자가 발생한 수학여행 사고와 관련되어 기억됩니다. 1970년에 충청남도로 수학여행을 떠났던 이 학교 학생들이 탄 버스가 아산시 배방읍 모산역(현재의 배방역) 부근의 건널목에서 열차와 충돌해서 폭발한 것입니다.[2] 이 사고가 일어난 건널목 자리에는 현재 〈모산 건널목 사고 위령탑〉이 서 있습니다.

> 위령탑 / 못다 핀 꽃봉오리 사라진 날 / 마음은 아프고 천지는 울었네 / 여기 그들의 넋을 받들고 / 그날의 아픔을 새기노라
>   경서중학교 희생자 명단 (46명 명단 생략)
>   1971년 12월 24일
>   아산군 중등학교 충무소년대 / 아산군 아산군 중등교육회

청소년에 대한 화제를 이어 가자면, 의왕시의 서쪽 중간에 자리한 고봉중고등학교(옛 서울 소년원)는 의왕 고천동·부곡동과 군포 군포 1동의 경계에 자리하고 있습니다. 이 고봉중고등학교와 서울 구치소·안양 교도소를 의왕 교정 타운이라는 이름으로 합쳐서 의왕시 왕

곡동과 수원시 장안구 파장동의 경계지에 조성한다는 계획이 몇 년 전에 있었습니다. 의왕시가 안양시의 교도소를 수용하는 대신, 의왕·안양·군포 시민을 대상으로 하는 의왕시 모락산의 호계 예비군 훈련장을 안양시 박달 2동의 군부대 밀집 지역으로 옮긴다는 것이었습니다.[3] 안양시 박달 2동에는 옛 서울 영등포구에 속하는 영등포·구로·금천·동작·관악구민을 대상으로 하는 예비군 훈련장이 있지요. 하지만 왕곡동 주민들의 반발에 따라 현재 이 의왕 교정 타운 구상은 중단된 상태인 것 같습니다.

　왕곡동과 함께 의왕시가 수원시와 경계를 접하는 또 하나의 지역인 오봉역은 1978년에 구상된 수도권 남부 순환 철도의 서쪽 출발점에 해당하는 곳입니다. 설계 당시의 구상으로는 현재의 의왕역·오봉역에서 출발해서 동쪽으로 청계와 과천을 지난 뒤 대모산의 북쪽인 양재·잠실·암사 또는 대모산의 남쪽인 염곡·영동·송파·강동을 거쳐 토평을 지나 남양주 도농까지 이어질 계획이었다고 합니다. 하지만 여러 가지 이유에서 이 계획은 1993년에 최종적으로 폐기되었으며, 서울시 동남부의 문정 근린 공원·길동 생태 공원 등이 남부 순환 철도를 위해 마련된 철도 부지를 활용해서 조성되었습니다. 남부 순환 철도 계획은 무산되었지만, 오늘날에도 의왕시 오봉역 일대와 군포시 동남부 지역은 한국의 남부에서 수도권으로 올라오는 화물의 집결지로서 기능하고 있습니다.

　한편 오봉역의 서남쪽에 있는 의왕역(옛 이름은 부곡역)은, 식민지 시대 당시 용산역·경성역에 근무하는 직원들을 위한 배후지로서 조성된 부곡 철도 관사촌과 함께 건설되었습니다. 식민지 시대에 한반도의 철도 업무에 종사하던 사람들이 결성한 조직인 센코카이(鮮交會)가 꽤진 후에 집필한『조선교통사』(BG북갤러리, 2012)의 제1권에는 부곡 철도 관사촌의 목표와 구상, 그리고 실현된 내용들이 아래와 같이 정리되어 있습니다. 이를 보면, 의왕은 이미 식민지 시대부터 대경성의 남부 지역으로서 인식되고 있었음을 짐작할 수 있습니다.

철도국 서무과에서 책정한 대규모 건설 계획의 개요는 다음과 같았으나, 실제로는 일부만이 시행된 채 종전을 맞았다. (1) 경성지방국 관내 (가) 경성 교외(부곡) 주택 1,000호 (1944년 3월) 경부 본선 수원~군포 구간(부곡 간이역 신설) 독신기숙사 10동 1,200명 수용 / 교육기관 1동 / 병원 1동 / 회관 1동

　　이 부곡 지구 주택 계획은 교통국의 중추인 용산, 경성 지구를 배후에 두었기 때문에 그 구상이 실로 장대하였으며, 앞에서 기술한 대량 숙사 및 부대시설 외에도 더욱 광대한 용지를 확보하여 동부 구릉지 일대를 농장으로 삼고, 그 일부 초원에 젖소를 방목하여 향후 대형 목장을 건설한다는 내용이 포함되었다. 이러한 농업 목축 계획은 당시 부족했던 채소와 우유 등을 경성·용산 지구에 거주하는 종사원 및 가족에게 중점적으로 배급할 예정으로 주택 건설 계획의 실행과 병행하여 진행되었다. 이를 위하여 일본 미에현에서 전문가를 초빙하여 농지 개간 등에 대한 교육을 시키는 한편, 미에현의 젖소를 여러 마리 들여왔다. 그 결과 1944년 봄 제1기 축사 완성 시에는 착유 작업에 들어갈 수 있었다. 그러나 농장 및 목장 경영에 대한 경험이 없었기 때문에 갖가지 시행착오를 겪어야만 하였다. 채소, 우유 모두 수확량이 적어 당장은 당초 계획대로 진행되지 않았지만, 일단 수확된 양은 경성 철도 병원(구 중앙대학교 용산 병원―인용자) 입원 환자에게 식용으로 제공하기 위하여 매일 트럭으로 운반하였다.

(위) 수도권 남부 순환 철도의 출발지로 구상된   (아래) 부곡 철도 관사촌.
오봉역 구내와 터널.

의왕의 정체성

의왕을 답사하면서, 이 도시가 광명시와 마찬가지로 몇 가지 서로 다른 정체성을 가진 지역을 결합한 것 같다는 느낌을 받았습니다. 서울 구치소로 대변되는 서울 영향권하의 북부 의왕, 동안양 변전소·동안양 교회가 있으며 포도원 사거리에서 안양·군포와 만나는 안양 영향권하의 중부 의왕, 그리고 의왕역과 왕곡동에서 수원시와 만나는 수원 영향권하의 남부 의왕으로 나누어 생각해 볼 수 있겠습니다. 옛 의왕시청과 사근행궁이 있던 의왕시 동남부 고천동은 의왕의 원형과 같은 곳이라 하겠는데, 이곳에서는 의왕이라는 지명과 수원이라는 지명이 같은 건물에서 공존하는 모습이 확인됩니다. 옛 의왕시청 부근에는 농협·새마을회관 등의 준관청 시설들이 밀집해 있고, 범안양권 유일의 양조장인 오봉 주조 공장도 있어서 예전의 모습을 상상하게 해줍니다.

　　의왕의 원형이라 할 고천동에서 경수대로를 따라 서북쪽으로 향하면 안양·의왕·군포가 만나는 포도원 사거리가 나타납니다. 20세기 중기에 이 지역에 포도밭이 있어서 〈안양 포도〉가 유명했다고 하는데, 오늘날에는 그 흔적이 전혀 남아 있지 않습니다. 안양 쪽은 이미 고층 아파트 단지로 바뀌었고, 군포는 공업 지역이며, 의왕 쪽은 고층 아파트 단지 건설 공사가 진행 중인 각양각색의 모습을 볼 수 있는 흥미로운 지점입니다. 『한국의 발견: 경기도』 편 「안양시 / 급행열차가 서지 않는 작은 서울」에는 이곳에 포도밭이 있다가 공업 지대로 바뀌게 된 연유를 아래와 같이 설명합니다.

　　안양이 공업 도시가 된 이야기를 하자면 우선 영등포구의 이야기를 해야 한다. 오십 년대에 서울시의 근교이며 부도심지를 이루었던 영등포 지역은 식민지 시대부터 벌써 공장들이 많이 몰린 공업

(위) 외일의 원도님인 고친통의 청판.   (아래) 넙안양권 뉴밀의 양소상민 모롱 추조.

지대였다. 그러다가 점차로 서울에 사람이 많아지고 이에 따라 사람이 살 집이 모자라자 사람들은 눈을 바깥으로 돌려 교외에서 주거 지역을 찾았고 영등포 지역이 그 하나로 꼽혔다. 영등포에 살림집들이 들어서게 되자 이곳에 집중되었던 공장들은 안양과 수원 쪽으로 밀려났는데 안양에는 특히 섬유 업체와 제지 업체가 많이 들어왔다. (……)

이 넓은 공장터는 그전에는 모두 농경지이거나 안양의 이름을 널리 알렸던 포도밭이었다. 안양 포도가 유명하게 된 가장 큰 까닭은 이곳이 포도 재배에 알맞은 모래 진흙이기 때문이다. 특히 안양시의 북쪽과 남쪽인 호계동과 석수동에 포도밭이 많았는데 많은 안양 사람들이 이 포도로 해서 돈을 벌었다. 그중에서 지금까지도 알려져 있는 사람이 썩은 포도알 한 개도 함부로 버리지 않았다는 식민지 시대 사람 안정호라는 이다. 그의 농장인 오끼네 농장은 어찌나 유명했던지 그때는 안양 일대에서 〈포도〉 하면 〈오끼네〉라고 선뜻 대답했었다고 한다. 이제 그 오끼네 농장은 말할 것도 없고 안양시 전체에 포도밭이라고는 눈을 씻고 봐도 없다. 1977년까지는 그런대로 경기도 안에서 나는 포도 생산량의 1.5퍼센트쯤을 차지했었는데 1980년에 들어서는 포도 생산량이 수치로 나타낼 수조차 없게 줄었다. 안양 원예 협동조합의 설명에 따르면, 이 조합이 창립되던 1968년에 〈이미 안양 포도는 사라졌다〉.

포도밭 사거리 일대가 그 단어의 뜻 그대로 포도밭이던 시절, 이로부터 동쪽에 자리한 골짜기로는 한센인 정착촌인 성라자로 마을이 조성되었습니다. 1950년 6월 2일에 설립된 이 기관은 한국 가톨릭이 처음으로 조성한 한센인 정착촌입니다. 나자로는 『신약 성경』에 나오는 한센병 환자의 이름입니다. 그 후 다른 한센인 정착촌과 마찬가지로 이 곳에서도 가구 단지가 형성되어 오늘날의 의왕 가구 단지가 되었습니다. 의왕시청 홈페이지의 「특화 단지 — 가구 단지 개요」에 따르면, 이 곳 한센인분들은 1962년 3월 7일에 축사를 지어 양계·양돈을 시작했다고 하며, 1970년대 후반부터 이 지역이 도시화되고 축산업 금지 구역으로 지정되자 1977년도부터 가구 업체에 축사를 제공한 것이 의왕 가구 단지의 출발이라고 합니다. 한편, 의왕 가구 단지와는 직접 관련이 없는 듯하지만, 재개발을 위한 철거가 곧 시작될 구역이 이 가구 단지 한편의 포도원로 17번길에 있는데, 철거 직전의 2층짜리 빌라들이 줄지어 선 뒤로 고층 아파트 단지가 서 있는 모습이 인상적이었습니다.

군포는 어디인가

현재 군포라는 도시의 이름은 조선 시대부터 전국적으로 명성을 날리던 군포장(軍浦場) 시장에서 비롯되었습니다. 그런데 흥미롭게도 원래의 군포장은 지금의 군포시가 아니라 안양시에 있었습니다. 안양시 호계동의 〈호계 구사거리〉 버스 정거장이 있는 부근이 예전 군포장 자리였고, 이곳에서 200미터 정도 서남쪽으로 가면 안양천에 구군포교 다리가 놓여 있습니다. 구군포교를 경계로 동북쪽 안양시에는 고층 아파트 단지들이 건설되고 있고 서남쪽 군포시에는 공업 지대가 경부선 철도 변까지 넓게 펼쳐져 있습니다.

옛 군포장 시장은 1925년의 을축년 대홍수 때 안양천이 넘치자 둘로 갈라집니다. 하나는 구군포 사거리에서 4킬로미터 정도 서북쪽에 있는 안양역 근처로 옮겨 갔으며 이를 안양 1동 구시장이라고 합니다. 오늘날에는 이 일대가 재개발되어 진흥 아파트 단지가 들어섰습니다.[4] 또 하나는 1.5킬로미터 정도 서남쪽에 있는 경부선 군포역으로 옮겨 가서 오늘날의 군포 역전 시장으로 이어집니다. 현재 군포 역전 시장에는 베트남 식당을 비롯한 외국 음식점들이 이 지역 경제를 활성화시키고 있습니다. 안산역 일대와 마찬가지로 외국인 이주민들이 지역을 재생시킨 중요한 사례입니다.

20세기 중기까지 안양과 군포가 모두 시흥군일 때에는 군포장 시장의 이동을 둘러싼 문제가 중요하지 않았지만, 1989년에 군포시가 시흥군에서 독립한 뒤에는 안양과 군포 사이에 미묘한 긴장 관계가 형성된 듯합니다. 안양에서는 예전에 〈구군포 사거리〉라 부르던 이 지역을 지금은 〈군포〉라는 단어를 빼고 〈구사거리〉라고만 부르고 있습니다. 한편 군포시에서는 아래 인용하는 군포 1동 주민 센터의 설명과 같이, 〈군포〉라는 이름이 전국적으로 알려진 것은 군포라는 철도역이 생긴 이후라고 강조함으로써 안양에 있는 구군포 사거리보다 군포역에 방점을 두는 경향이 보입니다.

> 군포역: 군포에 있는 경부선의 기차 정거장이다. 광무 8년(1904) 일본이 경부선 철도 부설권을 얻어 개통됨에 따라 1905년 1월 1일부터 업무를 개시한 이후 군포의 이름이 전국에 알려지고 남면이 읍으로 승격되었다. 정식 행정 지명인 군포읍으로 개명되었으며, 시 승격으로 오늘의 군포시가 되는 등 군포라는 이름이 깊이 뿌리박은 근원은 군포역의 이름에서 유래되었음을 알 수 있다.[5]

이처럼 〈군포〉라는 지명을 둘러싸고 안양시는 가급적 언급을 하지 않으려 하고 군포시는 군포장보다는 군포역에 중점을 두려는 경향이 보입니다. 그 결과 군포장이라는 시장의 존재가 두 시에서 모두 희미해지고 있는 게 아닌가 히는 생각이 들었습니다. 현재 각종 지도에는

(위) 의왕 성라자로 마을 입구.　　　　　　　(아래) 의왕 가구 단지의 재개발 예정 시역.

구장터 경로당 또는 구군포 경로당의 입구와
준공 표지판.

〈호계 3동 구장터 경로당〉이라고 등록되어 있는 안양시 호계동 970-12 건물의 머릿돌에는 〈준공 표지판 / 공사명: 구군포 경로당 / 공사 기간: 96. 11 ~ 97. 5 (……)〉이라고 적혀 있어서, 1990년대 후반까지는 안양에서도 이 지역을 〈구군포〉라고 불렀음을 알 수 있습니다. 구군포 경로당의 머릿돌은 구(군포) 사거리 인근의 안양시 호계 3동 군포 치과와 함께 이 지역의 군포장 시절 역사를 전하는 도시 화석입니다. 이처럼 머릿돌은 단순히 건물이 언제 준공되었는지만을 알려 주는 것이 아니라, 그 건물이 서 있는 지역의 역사까지도 증언하는 귀중한 도시 문헌학 자료가 됩니다.

안양

앞서 인용한 호계 3동 주민 센터 홈페이지의 〈우리동 유래〉에는 다음과 같은 흥미로운 구절이 있습니다. 〈구군포는 김해 김씨가 배판한 이래 수성 최씨, 전주 이씨 등이 대대로 살아 온 마을로 광복 직전까지만 해도 10여 호의 한촌이었다. (……) 오늘날처럼 번창되기는 1963년 호계 3동 458에 안양 교도소가 들어서고, 이어 금성 전선, 금성 통신 등의 공장과 경수 산업 도로가 개설되면서부터이다.〉

교도소·구치소는 일반적으로 혐오 시설로 인식되어, 자기 지역에 들어오는 것도 막고, 이미 있는 경우에는 다른 지역으로 이전하도록 주장하는 시민들이 많습니다. 안양 교도소는 재건축을 둘러싸고 정부와 안양시가 소송을 벌여 2014년에 정부가 대법원에서 승리했지만 여전히 안양시가 반대하여 이루어지지 않고 있습니다.[6] 재건축을 하면 안양에서 떠나지 않는다는 이유일 터입니다. 이런 측면에서 보면 육군 교도소 〈희망대〉라는 이름을 오늘날까지도 지명으로 쓰고 있는 성남시는 예외적인 경우라 하겠습니다. 안양 교도소의 경우에는, 위의 호계 3동

주민 센터 홈페이지처럼 안양 교도소가 이 지역의 형성에 기여한 바를 인정하면서도, 이제는 다른 곳으로 가주었으면 하는 분위기가 이 지역에 있는 듯합니다.

안양 교도소의 동쪽에는 모락산이 있습니다. 1951년 1월 30일에서 2월 3일 사이에 이곳을 지키던 중공군을 한국군이 격파하면서 서울로 진격할 수 있게 된 모락산 전투가 보여 주듯이, 이곳은 문수산-수리산-모락산-청계산-성남 서울 비행장으로 이어지는 대서울 남부의 군사 벨트 한가운데 위치한 군사 요충지입니다. 1992년부터 예비군 훈련장이 이곳에 자리 잡은 것도 모락산의 군사적 중요성에 따른 것입니다.[7] 그리고 안양 교도소와 군사 요충지 모락산의 사이에 성라자로 마을이 자리 잡은 것이지요. 고양시 백마 부대 옆에 한센인 정착지 고운 농원이 형성된 것과 비슷한 경우입니다.

모락산에서 인덕원으로 올라가는 흥안대로의 주변에는 안양 농수산물 도매 시장, 의왕시 동안양 변전소,[8] 오뚜기 공장, 비닐하우스 등이 산재해 있습니다. 농수산물 도매 시장에는 대한민국 월남전 참전자회·고엽제 전우회 안양지회·해병대 안양시 전우회·안양 재향 경우회 등의 여러 군경 조직이 밀집해 있습니다. 1988년 9월 13일에 〈주택 200만 호 건설 계획〉이 발표되면서 이 일대에 1기 신도시인 평촌 신도시가 건설되었지만, 저는 그보다 2년 전인 1986년에 잠실 주공 아파트 4단지에서 개발되기 전 이 동네의 2층짜리 빌라로 이사 와서는 〈여기는 왜 이렇게 황량할까?〉라는 생각을 했었습니다. 큰길에서 집까지 가는 15분 거리의 산길에 가로등 하나 없었고, 주변에는 드문드문 비닐하우스 집이 있는 정도였으니까요. 그 비닐하우스 집 가운데 하나에는 같은 반 친구가 할아버지와 둘이서 개를 키우며 살고 있었습니다. 서초구·강남구에서는 강남으로 쳐주지도 않던 잠실 주공 아파트에서 세 들

어 살기는 했지만 그래도 대단위 주거 지역에 살다가, 신도시 개발 전
의 안양시 평촌동에 가서 충격을 받은 것입니다. 이번에 책을 쓰면서
이 지역을 찬찬히 들여다보니, 이곳은 안양·의왕·과천의 경계 지역으
로서 성격이 강한 시설이 밀집해 있는 곳이었더군요. 그러고 보니 당
시에 〈저 남쪽에 군부대가 있다〉는 이야기도 들었는데, 모락산의 군부
대를 말했던 것 같습니다. 행정 구역의 경계 지역에서 무슨 일이 일어
나고 있는지, 나아가서 국가들 간의 경계 지역에서 무슨 일이 일어나고
있는지에 관심을 갖고 대외 관계라는 연구를 하게 된 출발점은 어쩌면
이때부터였을지도 모르겠다고, 이 절을 쓰면서 생각했습니다.

과천

인덕원역에서 북쪽으로 올라가면 과천시가 나타납니다. 과천은 행정
도시이자 군사 도시입니다. 행정 도시라 함은 정부 제2청사가 있다는
것이고, 군사 도시라 함은 시의 남북으로 관문 부대(수도 방위 사령부),
남태령 부대(국군 수송 사령부),[9] 갈현동 부대(통신 부대)[10]가 자리하여
수도 서울을 방어한다는 것입니다. 과천시에 있으면서도 서울이라는
지명이 붙은 서울 대공원은 손정목 선생이 『서울 도시 계획 이야기』제
4권 「신무기 개발 기지가 서울 대공원으로」에서 밝혔듯이 원래 신무기
개발 기지로 구상되었던 것이니, 이 또한 군사적 목적의 시설이었습니
다. 하지만 그 무엇보다 과천은 원래 농촌이었고, 이번에 3기 신도시 예
정지로 발표된 서울시와 과천시 경계 지역의 과천동·주암동·막계동
은 여전히 농촌으로서의 성격을 유지하고 있습니다.

　현재 막계동의 대부분은 서울 대공원이 차지하고 있지만, 손정목
선생의 『서울 도시 계획 이야기』 4권에 따르면, 서울 대공원이 조성되
기 전에 이곳 막계리에는 농민과 정막 신진이라는 신흥 종교의 신자들

이 살고 있었습니다. 서울 상도동에 있던 호생 기도원이라는 신흥 종교에서 남녀 문제가 생겨서 신도들이 이곳으로 옮겨 왔는데, 이곳에서도 남녀 문제가 발생하자 장막 성전이라는 새로운 신흥 종교가 갈라져 나왔다는 것입니다. 왜 이곳을 택했는가 하면 〈막계리가 위치하는 청계산(淸溪山)은 바로 천개산(天開山)이다. 이곳이야말로《말세 심판의 피난처》라고 설교했다는 것입니다. 그래서 이 장막 성전에서 갈라져 나온 여러 신흥 종교도 청계산을 성스러운 곳으로 여긴다고 합니다. 천부교 계열의 신흥 종교들이 제1신앙촌이 있던 부천 소사를 공통적으로 성스러운 곳으로 여기는 것과 마찬가지 현상이겠는데, 청계산과 소사 두 곳이 모두 그 당시 대서울 경계의 바로 바깥에 자리한 농촌 지역이었다는 점이 저의 관심을 끕니다. 대서울의 주류 바깥에 거점을 두고 정통성을 찾고자 하는 행위는, 제임스 스콧이『조미아, 지배받지 않는 사람들』에서 지적하듯이 주변부 집단이 주류 집단에 저항하는 전형적인 방식입니다.

　이처럼 농촌이었던 과천에 정부 제2청사가 들어서면서 과천은 계획 도시로 조성됩니다. 서울과 과천 사이의 개발 제한 구역을 지나 남쪽으로 가면 처음 나타나는 과천 주공 8·9단지 아파트에는 과천 강남 교회나 남서울 상가 등 서울의 관문이자 일부라는 의식을 드러내는 지명이 많이 보입니다. 그리고 과천 주공 8·9단지 아파트의 동쪽으로 과천 봉담 도시 고속화 도로를 건너가면 비닐하우스 원예가 이루어지고 있는 막계동이 나타납니다.

　과천 주공 아파트나 서울 목동 신도시 등에서는 아파트 단지에 처음 입주한 시민들이 스스로를 〈토박이〉라고 부르는 경향이 있지만, 과천의 토박이는 엄밀히 말하면 농촌 과천 시절의 농민들이고 이 농민들은 여전히 과천에서 농사를 짓고 있습니다. 비슷한 경우로 목동의 도

(위) 과천시 개발 제한 구역의 경관.

(아래) 과천 신도시 내의 〈남서울 상가〉. 과천은
확장 서울이라는 과천 시민들의 인식이
확인됩니다.

박이는 서울 도심에서 그곳으로 버려진 도시 빈민들이었고, 이들은 목동 개발 때 시흥시로 옮겨 가 재정착했습니다. 20세기 후반에 대서울로 편입된 지역에서는 농촌 시절의 주민, 신도시로 이주한 1세대와 그 1세대에서 태어난 2세대, 그리고 현재 서울에서 활동하면서 임시로 경기도에 거주하고 있다고 스스로 인식하고 있는 세 집단이 서로 어떻게 관계를 맺고 또 서울시와 어떻게 관계를 맺는지를 살펴야 합니다.

과천 신도시를 개발한 당사자분들은 주공 아파트 입주민이 아니라 진짜 과천 토박이인 농민들을 과천 바깥으로 밀어내 버린 데 대해 후회하고 계신 것 같습니다. 『과천시지 제3권: 신도시 개발과 지방자치제』에는 장대홍·장홍수 두 분의 인터뷰와 함께 다음과 같은 코멘트가 실려 있습니다. 〈장대홍은 보상 문제에 있어서 주민들에게 충족하게 해주지 못한 점이 아쉽다고 했고, 장홍수는 개발 후 주민들이 뿔뿔이 흩어지고 이웃 관계가 각박해진 것에 아쉬움을 나타냈다. 또한 과천 사람들의 의지와 무관하게 서울시 마음대로 과천 개발을 시행했다는 것에 매우 안타까움을 표시했다.〉[11] 여기서 말하는 〈과천 사람들〉이란 과천 신도시 주민이 아니라 농촌 과천의 농민을 가리킵니다. 농촌 과천 시절의 농민들을 배려하지 못하고 신도시 개발을 밀어붙인 데 대한 개발 실무자분의 회고는 이 책의 다른 곳에서도 쉽게 찾을 수 있습니다. 〈이용진은 어느 날 갑자기 줄이 쳐지고, 공사가 시작되었다고 회상한다. 물론 도시 계획이라는 것이 정부 입장에서는 어느 정도의 강제성을 필요로 하는 것은 사실이지만 원주민들의 입장에서는 매우 일방적으로 다가왔을 것이다〉(「제2절 개발 과정에서 나타난 문제점」).

한편, 이 『과천시사』 제5권 「제2편 제4장 아파트 원주민들의 삶 이야기」는 과천 주공 아파트 입주민에 대한 이야기인데, 이 장을 잘 읽어 보면 〈종래의 원주민〉과 〈아파트 원주민〉이라는 두 부류의 〈원주민〉이

등장하고 있음을 알 수 있습니다. 그리고 현재 과천 주공 아파트의 재개발이 이어지면서, 〈아파트 이주민〉들과 그 2세는 자신들을 〈과천 토박이〉[12]로 여기고, 자신들의 고향인 과천 주공 아파트의 기록·보존 운동을 펼치고 있습니다.

> 아파트는 과천의 원주민들을 위해서 건설된 것이 아니라, 정부 청사 이전으로 야기되는 공무원들의 이주와 서울 대공원과 경마장 건설 종사자를 위한 것이어서 일반인과 공무원에게 분양되었다. 따라서 아파트에 입주가 시작되자, 이제까지와는 다른 직업과 성향을 가진 주민들이 과천으로 유입되었다. 이러한 아파트 분양과 입주는 종래의 원주민과 아파트 이주민이라는 사회적으로 이질적인 두 집단을 만들어 냈다. 즉, 과천 주민을 〈아파트 사람들〉과 〈아파트에 살지 않는 사람들〉 혹은 〈시골에 사는 사람들〉로 나누어서 사회·정치적으로 성향이 다른 두 집단을 만들어 낸 것이다.[13]

진짜 원주민을 밀어내고 만들어진 신도시 아파트 입주민들이 스스로를 원주민·토박이라고 생각하는 구도. 이러한 사고방식은 과천에서뿐 아니라 분당, 판교, 일산 등 서울시 외곽의 신도시는 물론, 목동·둔촌·잠실 등 20세기 후반에 서울시에 편입된 옛 경기도 지역에 조성된 아파트 단지들에서도 보편적으로 확인됩니다.

서울시 내부에서는 특히 목동 신도시 입주민들이 스스로를 〈목동 원주민〉, 〈목동 토박이〉라고 하는 경우를 많이 봅니다. 〈1986년도에 목동 원주민으로 들어왔지만 대통령이 집값을 잡겠다는 말을 해 1989년에 집을 팔았다〉[14], 〈저 목동 단지 신규 분양 때부터 살았던 목동 원주민인 내 주복으로 이사 간 지는 몇 년 됐어요.〉[15] 저는 이러한 심리가, 북아

메리카 인디언을 거의 절멸시킨 뒤 스스로를 그 땅의 주인이라고 하면
서 아프리카계 미국인과 이민자를 밀어내려는 미국 일부 백인들의 심
리와 상통한다고 생각합니다.

그러나 다행이라고 해야 할지, 모든 사람이 목동 신도시 조성 전에
그곳에 살던 〈원주민〉을 잊은 것은 아닙니다. 현재 목동 200번지에 자
리한 우성 아파트의 입구에는 〈목동(엄지미 마을) 우성 아파트 / 용왕
산 숲속 맑은 공기와 맑은 약수가 샘솟고 사철 새소리와 아름다운 꽃들
이 피어나는 곳입니다〉라고 적힌 비석이 서 있습니다. 그런데 사실 〈엄
지미 마을〉이라는 지명은, 이 고층 아파트 단지가 들어서기 전에 있던
마을의 이름이었습니다. 저의 지인이 현재 이 아파트에 살고 계신데,
이분께 듣기로는 목동 개발 전 엄지미 마을의 원주민분들도 가장 안쪽
의 아파트 한 동에 정착해 계시다고 합니다. 다행한 일이지만, 아마도
이 지역 주민의 다수를 차지했었을 가난한 세입자들은 아마 다른 곳으
로 밀려갔을 터입니다. 그렇게 해서 원래 있던 마을의 주민 대부분을
밀어낸 뒤, 새로 지어진 신도시 주민들은 옛 주민들이 쓰던 마을 이름
을 자신들의 것으로 사용하고 있습니다.

옛 엄지미 마을에 대해 저의 페이스북 지인께서 2019년 2월 27일
에 이런 증언을 남겨 주셨습니다. 〈1986년 10월에 신시가지 아파트
5단지로 이사 갔고, 그곳 언저리에 엄지미 마을이 있었어요. 주일 미
사를 그 마을 어린이집 공간에서 드렸는데(현 목5동 성당의 초기 공동
체), 이미 아파트가 들어선 이후라 주민들이 밀려난 다음부터의 기억일
것 같습니다. 직접 본 것보다는 미사 때 신부님이 이곳에 원래 머물던
사람들을 위해 기도해야 한다고 하셔서 그 마을의 존재를 알게 되었어
요.〉 제가 살아 보지도 않은 아파트 단지들에 대해 제가 왈가왈부할 일
은 아니고, 본인이 태어난 지역에 대해서 스스로를 〈토박이〉, 〈원주민〉

서울 양천구 목동의 엄지미 마을을 재개발한 우성
아파트의 머릿돌.

으로 생각하는 것은 인간의 자연스러운 감정이기도 합니다만, 최소한 이 목동 신부님처럼 신도시에 앞서 그곳에 살았던 농민·도시 빈민을 기억하는 사람들도 있다는 사실은 기록으로 남기고 싶었습니다.

사당동 사거리와 남현동

 과천에서 남태령 고개와 옛 남현동 채석장을 지나면 사당동 사거리가 나옵니다. 이 〈사당〉이라는 지명의 유래가 되었을 사당(社堂)의 위치와 성격 등은 알려져 있지 않습니다.[16] 이 사당동 사거리는 대서울의 철거와 재개발 역사를 압축해 놓은 것 같은 공간입니다. 서북쪽으로는 1980년대에 전쟁을 방불케 하는 철거가 일어난 뒤 재개발된 이수 단지와 현재 철거가 완료된 갯마을, 동북쪽으로는 현재 재개발 사업을 위한 준비 단계에 들어갔거나 이미 철거가 진행 중인 방배동 주택가, 동남쪽으로는 머지않아 재개발이 추진될 방배동 성뒤 마을, 그리고 서남쪽으로는 당분간 재개발되지 않을 것 같은 관악산 등산로 초입의 불량 주택지구가 자리하고 있습니다.

　동북쪽 방배동에는 이 일대가 서울의 남쪽 끝이던 시절을 전하는 도시 화석인 남서울 상가·남부 종합 시장, 그리고 〈영동〉이라는 지명을 넣은 가게와 〈강남〉이라는 지명을 넣은 가게가 나란히 있는 그야말로 강남다운 경관이 있습니다. 한편 동남쪽 방배동에는 〈1960~1970년대 강남 개발로 생긴 이주민이 정착하며 형성〉된 성뒤 마을[17]과 배수지 시설과 공영 주차장이 있습니다.

　서남쪽 남현동에는 서울시에서 확인된 유일한 백제 가마터, 1905년에 서울시 중구 회현동에 건설되었다가 1983년에 이곳으로 옮겨 온 구(舊)벨기에 영사관, 20세기 중기의 개량 한옥, 시인 서정주의 집으로 대표되는 예술인 마을, 그리고 관악산 등산로 초입의 불량 주택

(위) 중구 회현동에서 서울 관악구 남현동으로
이전될 구벨기에 영사관.

(아래) 서울 중구 도동에서 동작구 사당동으로
옮겨진 관왕묘 남묘.

지구 등 삼국 시대부터 21세기 초까지 대서울의 모든 시층이 확인됩니다. 강북에서 강남으로 옮겨진 구벨기에 영사관은 1960년대에 강북 곳곳에서 이곳 사당동 로터리 일대로 버려진 철거민들과 마찬가지 신세라 하겠습니다. 이곳에 간신히 정착했던 철거민들은 1980년대에 또다시 밀려나지만 구벨기에 영사관은 여전히 이곳에 남아 있다는 차이는 있지만요.

  사당동 사거리 지역에는 강북에서 철거된 문화재가 두 개 있습니다. 하나는 방금 말씀드린 서남쪽의 구벨기에 영사관 건물이고, 또 하나는 서북쪽 사당동 계곡 끝에 자리한 남묘입니다. 『삼국지연의』의 영웅인 관우를 숭배하는 신앙이 19세기에서 20세기 사이에 한반도에서 유행했고, 현재 서울에는 네 곳의 관우 사당이 있습니다. 그 가운데 하나인 이 남묘는 1956년에 세워져서 서울 중구 도동 1가에 있다가 1979년에 이곳으로 옮겨졌습니다.[18]

  남묘와 마찬가지로, 1960년대에 서울 강북 곳곳에서 발생한 철거민도 이곳 사당동 계곡에 트럭으로 옮겨졌습니다. 사당동 도시 빈민을 20여 년간 연구한 조은·조옥라 두 분 선생의 『도시 빈민의 삶과 공간: 사당동 재개발 지역 현장 연구』(서울대학교출판문화원, 2013)에는 강북에서 철거되어 이곳에 버려진 도시 빈민들의 생생한 증언이 실려 있습니다. 20세기 후반 대서울의 도시 빈민들이 외곽으로 옮겨진 이야기에는 〈트럭에 실려서 버려졌다〉는 표현이 자주 나오는데, 아래의 증언을 들으면 그게 정말 어떤 상황이었는지 알 수 있습니다.

  1965년 10월경 양동에서 철거를 당해 몇 안 되는 살림과 가족들을 데리고 그들이 시키는 대로 트럭 뒤에 탔어. 한강 다리를 좀 지나서 내려 준 곳이 바로 이 장소야. 차에서 내리고 보니 골짜기에

나무가 울창해서 어디 자리 잡고 살 곳이 있어야지. 한동안 우왕좌
왕하다가 타고 온 트럭을 다시 올라탔어. 우리가 살던 양동으로 가
기 위해서였지. 차가 한강 다리를 건너오자 집으로 다시 가는구나
생각했더니 이촌동 앞 한강 백사장에 내려놓지 않겠어. 아쉬운 대
로 천막 치고 보름쯤 지내다가 주민 대표를 뽑아 다시 사당동에 와
서 나무를 자르고 산등성이에서 산 밑 개천까지 줄을 치고 다시 가
로로 줄을 쳐서 10평 정도의 정사각형 한 칸에 아래로부터 위까지
차례로 번호를 매겼지. 그리고 14명이 한 조가 되어 1~14번까지
의 번호를 뽑아 자리를 정해서 4집당 1개의 천막을 치고 그 안에
가지고 있던 가구나 살림으로 4등분해서 한 달간 지낼 수 있었어.
겨울에 들어서면서 날씨가 추워지자, 이웃 사람들과 품앗이해서
급한 대로 흙벽돌을 만들어 방 한 칸씩을 만들고 스레트로 지붕을
얹어 그해 겨울을 날 수 있었어.

이렇게 해서 조성된 판자촌·가마니촌·달동네가 주민들의 노력
으로 사당동 일대가 살 만한 곳이 되자, 서울시는 1980년대 들어 이들
을 다시 밀어내고 재개발을 추진합니다. 1980년대 초부터 시작된 철거
는 올림픽을 전후한 1988년에 극에 달합니다.『철거민이 본 철거: 서울
시 철거민 운동사』(한국도시연구소, 1998)에 따르면, 사당 2동 세입자
대책 위원회·서울 지역 총학생회 연합에서 1988년 11월 21일에 만든
팸플릿의 제목이 〈사당 2동 투쟁 보고서: 사당동은 또 하나의 광주다!〉
였다고 합니다. 광주 민주화 운동을 일으킨 전두환 정권은 그 전해인
1987년에 끝났고, 6월 항쟁과 7~9월 노동자 대투쟁도 있었지만, 도시
빈민에 대한 일반 시민 사회의 관심은 약했습니다. 자신들과 도시 빈민
은 다른 존재라고 생각했던 것 같습니다. 1988년에 대서울 도시 빈민

은 사당동에서처럼 광주 민주화 운동 당시를 방불케 하는 폭력에 노출
되기도 했고, 6월 13일의 〈노점상 생존권 수호 결의 대회〉와 같이 조직
화되기도 했습니다.[19]

　　이 사당동 빈민촌에 살았던 것이 배우 정우성 씨입니다. 그는 한
인터뷰에서 1986년에 경험한 철거를 회고합니다. 〈(정우성 씨는) 어려
운 처지에 있는 사람들을 돕고 싶은 마음은 아주 오래전부터 가지고 있
었다고 했다. 고달팠던 자신의 어린 시절이 겹쳐 보였기 때문이다. 중
학생이었던 1986년 그가 살던 서울 사당동 달동네에 포클레인이 들어
와 집들을 하나씩 허물었다. 전두환 정권 시절, 서울 올림픽을 앞두고
경관 정화 작업을 한다고 벌인 일이었다. 그는 《전기가 끊기고 물이 끊
길 때까지 버티고 또 버티다 다른 달동네로 이사 가곤 했다》고 당시 상
황을 떠올렸다. 《낭떠러지에 있는 옆집 담장 벽이 무너져 우리 집이 세
상에 그대로 드러났을 때는 발가벗겨진 느낌이었다》고 했다.〉[20]

　　정우성 씨가 사당동 달동네에서 쫓겨난 1986년은, 제가 안양시 평
촌동의 개발 제한 구역에 살았던 해이기도 합니다. 앞에서도 말씀드렸
지만, 당시 제 친구 중 한 명은 할아버지와 함께 둘이서 저희 집 근처 비
닐하우스에 살고 있었습니다. 정우성 씨처럼 제가 도시 빈민이었던 것
은 아니지만, 도시 빈민과 가까운 곳에 서 있었다는 사실을 이번에 이
책을 쓰는 중에 깨달았습니다. 지난 2018년 12월 3일, 서울 망원 유수
지에서 아현동 철거민 박준경 씨가 유서를 남기고 자살했습니다. 어린
시절의 정우성 씨가 느꼈을 〈발가벗겨진 느낌〉이 어떤 것일지를, 박준
경 씨의 유서에서 간접적으로나마 느낄 수 있을 것 같습니다.

　　전 마포구 아현동 572-55호에 월세로 어머니와 살고 있었는데
3번의 강제 집행으로 모두 뺏기고 쫓겨나 이 가방 하나가 전부입

니다. 추운 겨울에 씻지도 먹지도 자지도 못하며 갈 곳도 없습니다. 3일간 추운 겨울을 길에서 보냈고 내일이 오는 것이 두려워 자살을 선택합니다. 저는 이대로 죽더라도 어머니께서는 전철연 회원과 고생하시며 투쟁 중이라 걱정입니다. 어머니도 갈 곳이 없기 때문입니다. 저는 이렇게 가더라도 저희 어머니께는 임대 아파트를 드려서 저와 같이 되지 않게 해주세요. 하루가 멀다 하고 야위어 가시며 주름이 느시는 어머니를 보며 마음이 아팠습니다. 어머니께 힘이 되어 드려야 하는데 항상 짐이 되어 부끄럽게 죄송합니다. 못난 아들 먼저 가게 되어 또 한 번 불효를 합니다. 어머니께 안정적인 생활을 바라며 항상 감사하고 사랑했습니다. 또 제가 아는 모든 사람들도……'.[21]

오늘날 이수 단지는 헐리고 그 자리에는 고층 아파트 단지들이 들어섰지만, 관우를 모시는 종교 시설인 남묘에서 동남쪽으로 뻗어 나와 서울 지하철 7호선 남성역·이수역에 이르는 계곡에는 여전히 불량 주택이 남아 있고, 프로테스탄트 교회, 건강원[바꿔 말하면 정력교(精力敎)], 일본계 신종교인 행복의 과학 선교회 유지 재단, 철학원(바꿔 말하면 점집)이 한데 모여 있는 골목도 있습니다. 그리고 이곳에서 조금 더 북쪽으로 올라가면, 현대 한국 초기에 이곳에 서민들이 많이 살았음을 보여 주는 도시 화석인 천부 교회가 정금 마을이라 불리는 빈민촌의 입구에 있습니다. 또한 동작대로를 사이에 두고 서쪽 이수와 동쪽 이수 가구 단지에는 박정희 정권 시기의 도시 화석인 유신 철물 건재와 유신 가구도 있습니다. 유신 철물 건재의 간판은 새마을 운동 깃발의 색깔과 상통하고, 유신 가구의 마크는 새마을 운동 깃발의 마크와 비슷합니다. 이수역에서 북쪽 정금 마을로 올라가는 방향에는 동삭내로 2/바길 26이라는 좁다란 절벽길이 있습니다. 이 절벽의 아래에는 도시 빈민이 거주하는 불량 주택이 있고, 절벽 위에는 오래된 느낌의 가게가 많습니다. 아마도 사당동 재개발의 압력에서 살아남은 도시 화석 가운데 한 곳일 터입니다. 조은·조옥라 선생은 앞의 책에서 사당동 빈민촌의 위치에 대해 〈조사 지역은 반포에서 과천 방향으로 들어서서 일명 이수 단지로 불려지는 대로변의 안쪽에 위치해 있으며 이 지역 거주민이 아니면 이 대로변의 빌딩 숲 뒤에 이렇게 거대한 불량 거주지가 있다는 것을 알기 힘들다〉라고 적고 있는데, 이 동작대로 27바길 26 절벽길이 바로 이런 경우입니다. 관심을 갖고 찾아서 들어가지 않는 한, 마을 주민들도 이런 길이 있는지도 모를 것 같은 길입니다. 이 절벽길을 지나 다시 동작동 국립묘지의 서달산 쪽으로 올라가면, 배나무골 두리마을이라 불리는 동네와 동성경노 휴게소라는 허름한 건물이 나타납니다. 이 건물도 아마 사당동 일대가 빌라촌과 고층 아파트 단지로 재개발될 때 혼자 살아남은 것 같습니다.

정금 마을은 고층 아파트 단지와 길 하나를 사이에 두고 마주하고 있습니다. 마을 초입에는 천부 교회와 불교 태고종 사찰과 폐기물 처리 업체와 가구 업체가 한데 모여 있습니다. 정금 마을에서 다시 북쪽으로 이수교 교차로 서남쪽의 갯마을로 가는 중간에는 빌라촌이 있습니다. 이곳에는 〈강남 그린 빌라〉라는 건물이 있는데, 서초구 방배동과 동작대로를 사이에 두고 서쪽에 있는 동작구 동작동의 〈강남 그린 빌라〉는 〈과천 강남 교회〉와는 또 다른 맥락에서 〈강남〉에 대해 생각하게 해줍니다. 〈강남이란 무엇인가.〉

사당동 빈민촌 가운데 최근 철거가 끝난 이수교 교차로 서남쪽의 갯마을은 지하철 4호선 동작역-이수역 노선에 가려서 바깥에서는 그 상태를 잘 알 수 없게 되어 있습니다. 저는 철거를 둘러싼 갈등이 한창

옛 이수 단지의 도시 화석으로 생각되는 동작대로
27비길 20.

이수교 로터리 서남쪽에 존재하던 갯마을. 현재는
철거가 끝났습니다. 2017년 10월과 2018년 4월.

이던 2017년 10월과 철거가 완료된 2018년 4월에 이곳을 답사했습니다. 갯마을의 철거 전과 철거 후를 비교해 보면, 한 가지 흥미로운 현상을 발견할 수 있습니다. 갯마을의 중간에 나 있던 동작대로 45길을 둘러싸고, 갯마을 철거 전부터 마을 위쪽 산등성이에 있던 아파트 단지와 현재 철거를 진행 중인 시공사 간에 갈등이 빚어지고 있는 것입니다. 예전부터 있던 아파트 단지는 갯마을 중간을 가로지르던 옛길을 살리자고 주장하고 있고, 시공사 측은 그렇게 부지가 둘로 쪼개지면 수익성이 떨어지니 돌아가는 길을 만들어 주겠다고 하고 있는 것 같습니다. 흥미로운 것은 현재 문제를 제기하는 아파트 단지와 앞으로 들어설 아파트 단지가 모두 같은 회사의 브랜드라는 사실입니다. 옛 마을의 주민들은 밀려나고, 뒤에 남은 고층 아파트 단지 주민들끼리 옛 마을의 길을 두고 갈등을 빚는 모습에서 저는, 브리튼섬에서 켈트인을 밀어낸 뒤에 앵글로색슨인과 북유럽 바이킹이 서로 패권을 다툰 역사를 떠올렸습니다. 과연 이 동작대로 45길이 살아남을 것인지 사라질 것인지, 앞으로 계속 지켜볼 생각입니다.

옛길을 두고 갈등이 일어나는 사례는 대서울 곳곳에서 확인할 수 있고, 그 갈등의 근원을 파고들면 대서울의 참모습을 발견할 수 있습니다. 길을 통해 대서울의 과거와 현재와 미래를 읽어 내는 시도를 이 책의 속편에서 해보려 합니다. 기대해 주십시오.

주석

제1장 2절

1 하나 금융 투자 공식 블로그,「인천 전기 주식회사를 찾아서」, 2014년 2월 19일.

2 백하나,「부천시의 연담화 과정과 장소 인식의 변화」, 고려대학교 교육대학원, 2013년 석사 논문.

3 안화연,「1970년대 서울 외곽 지역에 형성된 〈신월 6동 이주 단지〉의 도시·건축 특성 연구」,『한국건축역사학회 2016년 추계 학술 발표 대회 논문집』, 2016년 11월 19일.

4「부천 오정동·작동 군부대 2곳 이전 〈가시화〉… 개발 기대감↑」,『연합뉴스』, 2015년 12월 22일.

5「해방 후까지 부천에서 제일 큰길 —— 부천의 수도길 역사」,『콩나물신문』, 2016년 2월 11일.

제1장 3절

1「59년 국내 최초 국제대회 열려… 70년대까지 경인 국도는 대표 코스」,『조선일보』, 2012년 9월 12일.

2 박해천 외,「경인선: 혼잡 연대기」,『확장도시 인천』, 마티, 2016.

제1장 4절

1 염복규,「〈경성〉에서 〈경인〉으로」,『서울의 기원 경성의 탄생』, 이데아, 2016.

2「부천에 동부 간선 수로, 데부둑이 있었던가? 김포 신곡리에서 구지말까지 이어진…」,『콩나물신문』, 2016년 9월 1일.

3「폐허 속에서 논의된 새로운 서울」, 국방부 블로그 N.A.R.A, 2012년 11월 26일.

4「부평구 문화재단, 부평 생활문화 센터 개관」, 부평구 문화 재단 블로그, 2017년 4월 24일.

5 유동현,『골목, 살아[사라]지다: 인천 골목이 품은 이야기』, 바이에듀, 2013.

6 「인천의 시인 한하운의 40주기를 맞아」, 『경인일보』, 2016년 2월 19일.

제1장 5절

1 고동환, 『한국 전근대 교통사』, 들녘, 2015; 전종한, 「근대 이행기 경기만의 포구 네트워크와 지역화 과정」, 『문화역사지리』 23-1, 2011년 4월.

2 김은형, 『끈질긴 삶터, 달동네』, 한겨레출판, 2015.

3 유동훈, 「하 할머니」, 『어떤 동네』, 낮은산, 2010.

4 「〈을지 오비 베어〉가 사라진다고?」, 『한겨레』 2019년 3월 7일.

5 「인천의 실향민」, 『굿모닝 인천』, 1998년 6월호.

6 유동현, 『사진, 시간을 깨우다: 산업화 시절 인천 이야기』, 인천광역시청, 2016.

7 김보영, 「유엔군의 해상 봉쇄·도서 점령과 NLL」, 『한국전쟁기 남·북한의 점령정책과 전쟁의 유산』, 선인, 2014.

8 한만송, 『캠프 마켓: 아픈 희망의 역사 부평 미군 기지를 말하다』, 봉구네책방, 2013.

9 김은형, 앞의 책.

10 한만송, 앞의 책.

11 「만나고 싶은 김포인: 이북도민회 이규수 회장」, 김포시청 홈페이지, 2012년 5월 31일.

12 「인천의 실향민」, 『굿모닝 인천』 1998년 6월호.

13 유동현, 앞의 책.

14 「〈기름물〉 마시고 죽어 가는 문학산 주민들 - 미군 저유탱크 이전 후 27년간 〈기름 범벅〉 우물 식수로 사용… 학골 윗마을 암환자만 13명」, 『주간동아』 2000년 11월 23일.

15 「[기획] OCI 폐석회 처리 진단 〈상〉 지상 폐석회는 다 매립했을까?」, 『인천투데이』 2017년 6월 12일.

16 「성매매 집결지 〈끽동〉 역사 속으로… 불꺼진 집창촌… 〈희망〉을 심는다」, 『경인일보』 2007년 6월 9일.

제1장 6절

1 김태우, 『한강 유역 부군당 의례의 전승과 변화 양상』, 민속원, 2017.

2 김태우, 앞의 책.

3 「우리가 모시면 우리 신… 옛것 함부로 없애면 안 돼」, 『경남도민일보』 2010년 10월 18일.

제2장 4절

1 「일본 신사에 세운 성산 교회의 마지막 부활절, 홈커밍데이」, 『기독교 타임즈』, 2008년 3월 26일.

제2장 6절

1 「송지희 기자의 보살의길 37. 장대보화 보살」, 『법보신문』 2013년 10월 7일.

2 「[이재학의 소새울 리포트] 서경열 — 동네를 위해서라면 땅인들 못 주리」, 『부천시티저널』 2018년 12월 13일.

제2장 7절

1 「聖林에 『오스카』 선풍 — 百弗짜리 황금상 몽매에 그리며 선전·심리전에 혈안」, 『동아일보』 1957년 2월 27일.

2 『경향신문』 1960년 9월 3일.

3 「서울시 슈퍼·마켓트 건립 — 중앙 도매 시장 근대화에 일환책」, 『매일경제』 1967년 4월 25일.

4 「상품 구매 만족도 〈수퍼마킷〉 최고…대한상의 조사」, 『한국경제신문』 1990년 4월 8일; 『한국의 발견: 경기도』, 안양시 편, 〈안양 4동에 있는 안양 중앙 시장 (……) 작은 규모의 백화점과 수퍼마킷 따위도 들어서서 서울로 치면 남대문 시장과 같은 구실을 한다.〉

5 김은형, 『끈질긴 삶터, 달동네』, 한겨레출판, 2015.

제3장 1절

1 「봉천동은 이제 잊어 주세요. 관악구, 신림·봉천 → 보라매·대학동 등으로 개명」, 『서울신문』 2008년 8월 5일.

2 「봉천동에 난민 주택」, 『중앙일보』 1966년 4월 22일.

3 「봉천동 수재민촌」, 서울 역사 박물관 디지털 아카이브, 1966년 4월 19일.

4 「10년 넘은 갈등… 봉천 14구역 재개발 〈끙끙〉」, 『현대HCN뉴스』 2019년 2월 20일.

5 2018년 및 2019년도 「봉천천(관악구) 복원 기본 계획」, 서울특별시 정보 소통 광장.

6 「서울대 앞 관악서 이전」, 『한겨레』 1991년 8월 8일.

7 「서울대앞 〈동양 최대 파출소〉 사라진다」, 『동아일보』 1991년 10월 29일.

8 「서울대 확장 예정 부지 골프 연습장 건설 계획」, 『중앙일보』 1990년 7월 25일.

9 「이 발랄한 골목 〈샤로수길〉에 무슨 일이… 지역 주택 조합 추진위-건축업자, 신·증축 공사 놓고 갈등」, 『국민일보』 2018년 8월 5일.

제3장 2절

1 「경인 운하는 조선 때도 시도…92년 하천 정비 중 〈운하〉 착안」, 『중앙일보』 2008년 9월 4일.

2 염복규, 『서울의 기원 경성의 탄생』, 이데아, 2016.

제3장 3절

1 「졸업 대신 종강…일 년 내내 강의하는 노인 대학」, 『백세시대』 2018년 1월 5일.

제3장 4절

1 뿌리깊은나무, 「영등포구」, 『한국의 발견: 서울』, 뿌리깊은나무, 1998.

2 「어느 식민지 소년의 대일본 방적 취직 이야기」, 『영등포 공장 지대의 25시』, 서울특별시 시사편찬위원회.

3 김태우, 『한강 유역 부군당 의례의 전승과 변화 양상』, 민속원, 2017.

4 「알콜 드럼 폭발」, 『중앙일보』 1966년 6월 20일.

5 「행인 치고 뺑소니 — 버스 운전사 수배」, 『중앙일보』 1969년 12월 18일.

6 「공영 화물 주차장 — 새해부터 시서 직영」, 『중앙일보』 1969년 1월 6일.

7 정경모, 「선친의 〈이백채 마을〉, 어린 황석영이 뛰놀던…」, 『한겨레』 2009년 5월 13일.

8 『타운·호프·뉴: 2017 경기 북부 마을 아카이브 프로젝트 연천 신망리』, 경기문화재단, 2018.

9 「초대형 쇼핑몰과 집창촌 〈영등포 432번지〉의 위험한 동거」, 『주간조선』 2010년 12월 13일.

제3장 5절

1 「우리는 문(전)·박(대) 당했다」, 『중소기업투데이』 2019년 1월 9일.

2 「1960년대: 한국 수출 산업 공업 단지」, 국가기록원.

3 「쑥고개 아리랑: 국가의 토지 강탈 의혹 사건」, 『세계일보』 2017년 2월 15일.

4 「2012 구로 아리랑 (상) 구로 공단, 어떻게 변해 왔나」, 『한겨레』 2012년 1월 8일.

5 디지털 구로문화대전, 「노동자들의 애환이 서려 있는 벌집촌」.

6 「구로 공단 〈벌집〉」, 『한국일보』 2012년 6월 24일.

7 「대림동에서 보낸 서른 번의 밤」, 『시사인』 2019년 신년 기획.

8 「서울 금천구 독산동, 도시형 소공인 집적 지구 선정」, 『기술인』 2018년 7월 8일. 〈금천구 독산동 일대에는 70·80년대 섬유 산업의 한 축으로 수출 사업의 중심인 구로 공단이 2000년대 들어서 IT산업 위주의 육성 정책에 의해 밀려난 의류·봉제 업체들이 모여 그 명맥을 유지하고 있다.〉

9 「도시 개발에 사람 가고 지명만 남아」, 『서울신문』 2009년 7월 11일.

10 「독산동 육군부대터에 첨단주상 복합 단지 조성」, 『조선일보』 2008년 1월 22일.

11 「70년간 금천 중심부 가로막던 공군 부대. 공공 개발된다」, 『경향신문』 2015년 10월 4일.

12 「서울 금천구 아파트서 내형 싱크홀…200여 명 대피」, 『한국경제TV』 2018년 8월

31일; 「〈똑똑한 오피스텔〉 대우건설 〈가산 센트럴 푸르지오 시티〉 분양 인기」, 『건설경제』 2018년 7월 5일.

13 「[탐사27] 안양 박달동(3) 군용지 & 안양고 주변」, 안양지역시민연대/ 안양지역정보뱅크 홈페이지.

14 「정보사 안양行 추진 주민 거센 반발 ─ 국방부 박달 2동 공병단 인근 이전 절차 밟자 대책위 구성」, 『경인일보』 2010년 8월 2일.

15 「한국 자동차 공업의 요람, 기아자동차 소하리 공장」, 『디지털 광명문화대전』.

16 디지털 광명문화대전, 「원광명」.

17 「신광명 변전소 현대화 사업 진행, 수도권 서남부 전력 공급 안정화」, 『광명시민신문』 2018년 9월 28일.

18 「과림동에 동굴이 있다는 사실, 아시나요?」, 『아름다운 시흥을 만들어가는 사람들』 2018년 1월 2일.

19 「옛 풍경 간직한 〈도시 안의 기찻길〉로 추억 여행을」, 『조선일보』 2010년 11월 16일.

제3장 6절

1 「파주의 옛날이야기 ⑨ 1966년 파주에서 일어난 일들」, 『파주에서』 2016년 5월 13일.

2 「[경기 역사·문화를 기록하다] 5. 파주 선유리 마을」, 『경기일보』 2018년 12월 10일.

3 「장파 재건 중 떠날까 봐 반강제 결혼 당했지요」, 『파주바른신문』 2018년 4월 5일.

4 「가왕 조용필 연주한 파주 미군 클럽 〈라스트 찬스〉 복원」, 『연합뉴스』 2016년 12월 6일.

5 「기름 유출 미군은 은폐 작전 중?〈속보〉 기름 유출 계속되면서 죽은 고기 떠올라」, 『오마이뉴스』 2000년 8월 29일.

6 「파주시, 국방부로부터 캠프 하우즈 건물 무상 양여」, 『연합뉴스』 2017년 7월 7일.

7 「용주골 윤락가 웬 날벼락 ─ 검찰, 숨진 조천훈 씨 조직 검거 위해 수사력 집중… 업주 대부분 도주, 손님 발길 뚝」, 『주간동아』 2002년 11월 13일.

8 「인신매매 당한 뒤 매일 밤 울면서 미군을 받았다」, 『한겨레』 2014년 7월 4일.

9 「[미군 주둔 50년 파주 미래 유산 보존 시급하다] 애환 품은 생활상들」, 『경기일보』 2018년 8월 22일.

10 홍성철, 『유곽의 역사』, 페이퍼로드, 2007.

11 「[스페셜 리포트 대한민국은 독서 중] 출판의 메카 파주 vs 홍대앞」, 『주간조선』 2012년 9월 17일.

12 「느릅나무 출판사, 파주 출판 도시에 불법 입주」, 『한국일보』 2018년 4월 18일.

13 「송하비결의 재해석 ─『무학비기이본』과『격암유록』의 공동석 예언틀」, 느루킹의

자료 창고, 2013. 6. 17. 17:24 작성(2019년 3월 18일 필자 확인).

14 『신종교연구』 19, 한국신종교학회, 2008년 10월.

15 「고양 식사 지구 – Story」, 『경기일보』 2008년 1월 4일.

16 「〈마지막 생존의 끈을 끊지 말라〉 고양시 한센인 복지관 건립 요구」, 『고양신문』 2005년 6월 16일.

17 「고양 식사동 신축 공사 중 군부대 총알 관통」, 『중앙일보』 2014년 2월 14일.

제3장 8절

1 「메멘토 모리」, 『월간에세이』 2015년 8월호.

2 「언론인 집단 마을 〈은평구 기자촌〉 아시나요?」, 『아시아경제』 2016년 5월 30일.

제3장 9절

1 임미리, 『경기 동부』 이매진, 2014.

2 이상, 조옥라, 「백사 마을의 공동체 문화」, 『비교문화연구』 제21집 1호, 2015.

3 「서울형 도시 재생 시범 사업 해방촌 도시 재생 활성화 계획」 2017년 5월, 13면.

4 이연경, 『한성부의 〈작은 일본〉, 진고개 혹은 本町』, 시공문화사, 2015; 김미경, 『다시, 을지로』, 스리체어스, 2018.

5 「[실향 반세기] 전국에 이북 고향 본떠 정착 마을 36개」, 『조선일보』 1999년 12월 29일.

6 yakupshy, 「나의 사랑 문화유산: 동장 이봉천 기적비」, 한국내셔널트러스트 홈페이지.

7 황인숙, 「나의 해방촌」, 『대산문화』 64, 2017년 여름호.

제3장 11절

1 김정인, 『독립을 꿈꾸는 민주주의』, 책과함께, 2017.

제3장 12절

1 홍태한, 『서울의 마을굿』, 민속원, 2009.

2 김태우, 『한강 유역 부군당 의례의 전승과 변화 양상』, 민속원, 2017.

3 서울 역사 박물관, 『보광동 사람들, 보광동 1』, 서울 역사 박물관, 2008.

4 「용산 동빙고동 송전탑 〈동네 암 환자 수두룩〉…한전 〈송전탑 암 발병 확인되지 않아〉」, 『미디어 오늘』 2013년 12월 18일.

5 서울 역사 박물관, 앞의 책.

6 『연합뉴스』 2019년 2월 6일.

7 서울 역사 박물관, 앞의 책.

8 서울 역사 박물관, 앞의 책.

제3장 13절

1 염복규, 『서울의 기원 경성의 탄생』, 이데아, 2016.

2 「주택·도시개발의 미래 上: 일제 탄압 속에서도 빛난 조선계 디벨로퍼」, 『건설경제』 2017년 3월 3일.

3 박철수, 『박철수 거주 박물지』, 집, 2017.

4 「돌아온 〈서울 돌〉… 조선 총독부의 잔재에서 〈3·1 독립선언 광장 주춧돌로〉」, 『서울신문』 2019년 2월 22일.

5 「조용해진 이화 마을, 벽화 지워 오버 투어리즘 문제 해결?!」, 『메트로』 2018년 8월 7일.

6 함태호, 안창모, 「서울시 이화동 국민 주택 단지의 변용에 대한 연구」, 『한국건축역사학회 춘계학술발표대회 논문집』, 2016년 5월.

7 염복규, 앞의 책.

8 염복규, 앞의 책.

9 「미아리에는 처녀 보살 없습니다」, 『한겨레21』 2005년 2월 15일.

10 「50년 전 과거와 현재의 삶이 중첩된 공간, 부흥 주택」, 『고대신문』 2016년 5월 1일.

11 「완성 단계 길음 뉴타운, 막판 스퍼트」, 『서울경제』 2018년 10월 15일.

12 배현건·전병권, 「서울시 단독 주택지의 변화 특성에 관한 연구」, 대한건축학회 2017년도 추계 학술발표대회 논문집, 2017년 10월.

13 서울 역사 박물관, 「하월곡동 88번지, 미아리 텍사스라 불리던 그곳」, 『길음동』, 서울 역사 박물관, 2010.

14 서울역사편찬원, 『근현대 서울의 집』, 서울역사편찬원, 2017.

15 「50년 전 과거와 현재의 삶이 중첩된 공간, 부흥 주택」, 『고대신문』 2016년 5월 1일.

16 「성바오로 병원 역사 속으로…내년 3월 은평으로 이전 확정」, 『의사신문』 2018년 4월 12일.

제3장 14절

1 「단속에도 끄떡없던 성북구 〈불법 맥양집〉, 구청 현수막 26개에 줄줄이 문 닫았다」, 『조선일보』 2018년 10월 4일.

2 서초구청, 「서초구 소개: 반포동 항목」 참조.

3 김희식, 「동소문 밖의 사람들: 미아리 일대의 역사·공간·삶」, 『로컬리티 인문학』 6, 2011년 10월.

4 「한국은 북한 두려워히지 않는 유일한 나리」, 『시사저널』 2017년 9월 18일.

5 한강문화재연구원, 「서울 노원 초안산 조선 시대 분묘군 내 유적 발굴 조사

약보고서」,『발굴조사약보고』제76책, 한강문화재연구원, 2011년 1월 참조.

6 서울 역사 박물관,『아파트 숲이 된 북서울』, 서울 역사 박물관, 2016.

7 뿌리깊은나무,「도봉구와 노원구」중「큰 눈에는 안 띄는 커다란 공장」,『한국의 발견: 서울』, 뿌리깊은나무, 1998.

8 「김이진 워커 대장 추모 기념 사업회 회장 인터뷰」,『조선pub』2014년 2월 7일.

9 「[건축가 황두진의 무지개떡 건축을 찾아서] 〈10〉 거대 주상 복합의 효시 유진 상가」,『서울신문』2016년 7월 18일.

10 「상암DMC가 경기도에? 아파트 이름 전쟁 막전막후」,『cnbnews』2019년 2월 8일.

제3장 15절

1 「의정부60년 옭아맨 미군 기지, 경제 성장 블루칩으로 변신」,『한국일보』, 2017년 6월 30일.

2 「미군 주둔으로 피해만 당해왔는데, 공원 조성도 안 된다니요」,『중앙일보』2019년 1월 13일.

3 뿌리깊은나무,「의정부」,『한국의 발견: 경기도』, 뿌리깊은나무, 1998.

4 뿌리깊은나무, 같은 책.

5 국토지리정보원,『한국지명유래집: 중부편』, 국토지리정보원, 2008.

6 문동환,『두레방 여인들』, 삼인, 2017.

7 김현선 엮음·김정자 증언,『미군 위안부 기지촌의 숨겨진 진실: 미군 위안부 기지촌 여성 최초의 증언록』, 한울아카데미, 2013.

8 한만송,『캠프 마켓』, 봉구네책방, 2013.

9 〈인신매매 당한 뒤 매일 밤 울면서 미군을 받았다〉」,『한겨레』2014년 7월 4일.

10 「명칭부터 반발 부닥친 〈미군 위안부 조례〉」,『한겨레』2018년 6월 3일.

11 「〈국가가 미군 기지촌 성매매 조장〉 첫 판결…배상 범위 확대」,『한겨레』2018년 2월 8일.

12 「기지촌 의사 주 1회 〈묻지 마 성병 검사〉 했다」,『일다』2016년 3월 19일.

13 김현선 엮음·김정자 증언, 앞의 책, 246면.

14 「해결 안 된 12년 전 미군의 여성 살해 사건, 서장으로 돌아온 담당 형사 〈숙제 풀겠다〉」,『경향신문』2012년 4월 18일.

15 「의정부 빼벌 마을 기지촌 토지 임대료 분쟁 조정 국면」,『뉴시스』2013년 6월 24일.

16 「길에서 뿌리를 찾다·3 의정부시 고산동 〈빼벌〉」,『경인일보』2012년 2월 15일.

제3장 16절

1 뿌리깊은나무,「동두천시와 양주군과 남양주군」,『한국의 발견: 경기도』,

뿌리깊은나무, 1983.

2 「〈직업병의 상징〉 원진 레이온 사건을 알리다」, 『한겨레』 2018년 6월 5일.

3 「한국 기업 공해 수출 〈죽음의 상인〉 되려 하나」, 『월간중앙』 2014년 9월 17일.

4 「이화여자대학교 지리전공 3·4학년 소사 지역 조사 보고」, 『녹우연구논집』 8, 이화여자대학교, 1966.

5 「십자가 대신 비둘기 앞세운 천부교는 어떤 곳」, 『서울신문』 2016년 11월 4일.

6 「자유율법과 신앙촌」 17~22절, 『하나님말씀』, 한국천부교전도관부흥협회·SANC, 2014.

7 「재벌 2세 일제 수사」, 『매일경제』 1975년 6월 16일. 〈정부는 최근 사회에 물의를 빚고 있는 신앙촌 박태선 장로의 아들 박동명 씨의 대규모 외화 유출사건 이외에도 이 같은 부류의 재벌급 2세들이 7, 8명 더 있는 것으로 보고 이들에 대한 일제 수사에 나선 것으로 밝혀졌다.〉

8 「기독교 구국 십자군 21일 창군식」, 『경향신문』 1975년 6월 21일.

9 「택배 논란 다산 신도시, 정약용과 어떤 관계일까」, 『아시아경제』 2018년 4월 21일.

10 「김문수 경기지사, 남양주 관내 한센인 정착촌 방문」, 『남양주뉴스』 2009년 6월 10일.

11 「조광한 남양주 시장 당선자 〈베드타운 남양주 새롭게 바꾸겠다〉」, 『오마이뉴스』 2018년 6월 14일.

12 「베드 타운 → 자족 도시 발돋움 기로」, 『남양주뉴스』 2019년 3월 17일.

제3장 17절

1 서울 역사 박물관, 『서울반세기종합전 II: 강남 40년 영동에서 강남으로』, 서울 역사 박물관, 2011.

2 「모든 정보는 내곡동으로 통한다―국정원 이어 기무사·정보사 이전 추진」, 『주간동아』 2005년 1월 5일; 「서울 공항, 어떻게 될 것인가」, 『시사저널』 2005년 3월 18일.

3 「서울 내곡동 주민들, 특수학교 이전 기꺼이 받아줘」, 『중앙일보』 1996년 12월 25일.

4 「청계천 상인 생활고 자살」, 『한겨레』 2004년 4월 29일.

5 「남태령 재개발 백년하청」, 『매일경제』 1997년 11월 4일.

6 「삼표, 성수 레미콘 공장 이전…업계 판도 바뀌나」, 『뉴시스』 2017년 7월 10일.

7 「서초 금싸라기 땅…정보 사령부 부지의 굴욕」, 『한국경제』 2013년 5월 21일.

8 「서리풀 터널 4월 개통, 방배동이 움직인다」, 『머니투데이』 2019년 1월 18일.

9 박기범, 「영동 시영 주택의 단지 및 건축 계획적 특성에 관한 연구」, 『대한건축학회 논문집: 계획계』 23-1, 2007 참조.

10 김종석, 「전도관에서 천부교에로의 변화와 그 뒤(천부교 K교회 참여관찰을

포함하여)」, 선문대학교 신학대학원 석사학위논문, 1999, 36면.

11 「서초동 법조 타운 〈정곡 빌딩〉 법정 분쟁」, 『매일경제』 1999년 7월 1일; 「당초 땅 소유주 종중회는 재산 은닉 수단」, 『KBS』 2005년 9월 8일.

제3장 18절

1 이인규, 『아파트 숲』, 마을에숨어, 2016.

제3장 19절

1 「문중 땅, 아파트 사업 복병?」, 『중앙일보』 2006년 9월 13일.

2 「자린고비의 전설이 있는 아차지 고개」, 『용인시민신문』 2011년 9월 5일.

3 안미선 외, 『여기 사람이 있다: 대한민국 개발 잔혹사, 철거민의 삶』, 「도망가는 것밖에 없더라고요, 그래서 망루로 올라왔어요 — 용인 어정 상가·공장 철거민 7명」, 삶창, 2009.

제3장 20절

1 「〈양주-수원〉 GTX C노선 확정…2021년 착공」, 대한민국 정책브리핑 2018년 12월 11일.

2 「[오늘의 역사] 10월14일: 빛 고운 가을, 핏빛 기억…46년 전 아산 모산 수학여행 참사」, 『중도일보』 2016년 10월 13일.

3 「교도소 이전…서울 구치소등과 함께 의왕 교정 타운으로」, 『경인일보』 2015년 4월 6일; 「의왕 왕곡동에 〈교정타운〉… 인근 법무·교육 타운 시너지 기대」, 『중앙일보』 2015년 4월 13일.

4 호계 3동 행정복지 센터, 「우리동 유래: 지명 유래·전설 〈구군포〉」.

5 군포시 군포 1동 주민 센터 홈페이지, 「유래 및 연혁」.

6 「55년 된 안양 교도소, 대법서 재건축 판결났지만 지자체 반대로 못 해」, 『중앙일보』 2018년 8월 21일.

7 「〈군부대 조기 이전은커녕 연기라니〉 의왕시 뿔났다」, 『오마이뉴스』 2012년 2월 4일.

8 「의왕시 동안양 변전소 2022년 말까지 옥내화」, 『뉴시스』 2018년 12월 14일,

9 조응래, 김채만, 『사당축 대중교통 서비스 개선 방안』, 경기연구원, 2018년 5월.

10 「과천시 갈현동 통신 부대 사거리서 통근 버스와 굴착기 충돌」, 『경기일보』 2016년 1월 17일.

11 과천시청편찬위원회, 「제2편 제3장 제1절 개발 참여자들의 회고담」, 『과천시지 제3권: 신도시 개발과 지방자치제』, 과천시청편찬위원회, 2006.

12 「20년 〈과천 토박이〉인 지민이 엄마(49)」, 『동아일보』 2006년 11월 8일. 「과천에 가보니… 한 달 새 5억 껑충 집값이 미쳤어」.

13 과천시청편찬위원회, 「아파트 원주민들의 삶 이야기」, 『과천시지 제5권』,

과천시청편찬위원회, 2006.

14 「각박해진 삶… 목동 이사 온 것 후회. 자녀 사교육비 마련 위해 마트서 아르바이트 예사」,『매일경제』2011년 10월 31일.

15 「목동 단지 아파트 사람 사는 데가 아니네요」 댓글 중에서, 82cook 홈페이지 자유 게시판, 2018년 6월 13일.

16 동작구청 홈페이지,「사당동 지명 유래」.

17 「우면산 성뒤 마을 940가구〈고품격 주거 단지〉로 개발」,『한국경제』2019년 1월 8일.

18 동작구청 홈페이지,「역사문화탐방 – 남묘」.

19 「87년 6월 항쟁과 노점상의 저항 도시 빈민의 삶과 투쟁(10): 국제 대회 개최 집착한 군사 정권과 노점상의 생존 투쟁」,『민플러스』2017년 6월 1일.

20 「배우 정우성은 없었다… 난민 대사 정우성만 있었을 뿐」,『경향신문』2017년 6월 16일.

21 「뉴타운의 비극, 청년 박준경은 왜 투신했나」,『미디어오늘』2018년 12월 7일.

참고 자료

단행본·논문

경기문화재단, 『타운·호프·뉴: 2017 경기 북부 마을 아카이브 프로젝트 연천 신망리』, 경기문화재단, 2018년.

고동환, 『한국 전근대 교통사』, 들녘, 2015년.

과천시청편찬위원회, 『과천시지 제3권: 신도시 개발과 지방자치제』, 과천시청편찬위원회, 2006년.

국토지리정보원, 『한국지명유래집: 중부편』, 국토지리정보원, 2008년

김미경, 『다시, 을지로』, 스리체어스, 2018년.

김보영, 「유엔군의 해상봉쇄·도서점령과 NLL」, 『한국전쟁기 남·북한의 점령정책과 전쟁의 유산』, 선인, 2014년.

김은형, 『끈질긴 삶터, 달동네』, 한겨레출판사, 2015년.

김정인, 『독립을 꿈꾸는 민주주의』, 책과함께, 2017년.

김종석, 「전도관에서 천부교에로의 변화와 그 뒤(천부교 K교회 참여관찰을 포함하여)」, 선문대학교 신학대학원 석사학위논문, 1999년.

김태우, 『한강 유역 부군당 의례의 전승과 변화 양상』, 민속원, 2017년.

김현선 엮음·김정자 증언, 『미군 위안부 기지촌의 숨겨진 진실: 미군 위안부 기지촌 여성 최초의 증언록』, 한울아카데미, 2013년.

김희식, 「동소문 밖의 사람들: 미아리 일대의 역사·공간·삶」, 『로컬리티 인문학』 6, 2011년 10월.

문동환, 『두레방 여인들』, 삼인, 2017년.

박기범, 「영동 시영 주택의 단지 및 건축 계획적 특성에 관한 연구」, 『대한건축학회 논문집: 계획계』 23-1, 2007년.

박해천 외, 『확장도시 인천』, 마티, 2016년.

배현선, 선병권, 「서울시 단독 주택시의 변화 특성에 관한 연구」, 대한건축학회

2017년도 추계 학술발표대회 논문집, 2017년 10월.

백하나, 「부천시의 연담화 과정과 장소 인식의 변화」, 고려대학교 교육대학원, 2013년 석사 논문.

뿌리깊은나무, 『한국의 발견: 경기도』, 뿌리깊은나무, 1998년.

뿌리깊은나무, 『한국의 발견: 서울』, 뿌리깊은나무, 1998년.

서울 역사 박물관, 『길음동』, 서울 역사 박물관, 2010년.

서울 역사 박물관, 『보광동 사람들, 보광동 1』, 서울 역사 박물관, 2008년.

서울 역사 박물관, 『서울반세기종합전 II: 강남 40년 영동에서 강남으로』, 서울 역사 박물관, 2011년.

서울 역사 박물관, 『아파트 숲이 된 북서울』, 서울 역사 박물관, 2016년.

서울역사편찬원, 『근현대 서울의 집』, 서울역사편찬원, 2017년.

서울특별시 시사편찬위원회, 『영등포 공장 지대의 25시』(서울역사구술 자료집 6), 서울특별시 시사편찬위원회, 2013년.

안화연, 「1970년대 서울 외곽 지역에 형성된 〈신월 6동 이주 단지〉의 도시·건축 특성 연구」, 『한국건축역사학회 2016년 추계 학술 발표 대회 논문집』, 2016년 11월 19일.

염복규, 『서울의 기원 경성의 탄생』, 이데아, 2016년.

유동현, 『골목, 살아[사라]지다: 인천 골목이 품은 이야기』, 바이에듀, 2013년.

유동현, 『사진, 시간을 깨우다: 산업화 시절 인천 이야기』, 인천광역시청, 2016년.

유동훈, 『어떤 동네』, 낮은산, 2010년.

이상, 조옥라, 「백사 마을의 공동체 문화」, 『비교문화연구』 제21집 1호, 2015년.

이연경, 『한성부의 〈작은 일본〉, 진고개 혹은 本町』, 시공문화사, 2015년.

이화여자대학교 녹우회, 「이화여자대학교 지리전공 3·4학년 소사 지역 조사 보고」, 『녹우연구논집』 8, 이화여자대학교, 1966년.

임미리, 『경기 동부』, 이매진, 2014년.

전종한, 「근대 이행기 경기만의 포구 네트워크와 지역화 과정」, 『문화역사지리』 23-1, 2011년 4월.

제임스 C. 스콧, 『조미아, 지배받지 않는 사람들』, 삼천리, 2015년.

조은, 조옥라, 『도시 빈민의 삶과 공간: 사당동 재개발 지역 현장 연구』, 서울대학교 출판문화원, 1992년.

조응래, 김채만, 『사당축 대중교통 서비스 개선 방안』, 경기연구원, 2018년 5월.

최인기, 『떠나지 못하는 사람들 – 무엇이 그들 을 도시의 유령으로 만드는가』, 동녘, 2014년.

한강문화재연구원, 「서울 노원 초안산 조선 시대 분묘군 내 유적 발굴 조사 약보고서」, 『발굴조사약보고』 제76책, 한강문화재연구원, 2011년 1월.

한국신종교학회, 『신종교연구』 19, 한국신종교학회, 2008년 10월.

한만송, 『캠프 마켓: 아픈 희망의 역사 부평 미군 기지를 말하다』, 봉구네책방, 2013년.

함태호, 안창모, 「서울시 이화동 국민 주택 단지의 변용에 대한 연구」,
『한국건축역사학회 춘계학술발표대회 논문집』, 2016년 5월.

홍태한, 『서울의 마을굿』, 민속원, 2009년.

황인숙, 「나의 해방촌」, 『대산문화』 64, 2017년 여름호.

신문·방송·잡지

『건설경제』, 『경기일보』, 『경남도민일보』, 『경인일보』, 『경향신문』, 『고대신문』,
『고양신문』, 『광명시민신문』, 『국민일보』, 『굿모닝 인천』, 『기독교 타임즈』, 『남양주뉴스』,
『뉴시스』, 『동아일보』, 『매일경제』, 『메트로』, 『미디어오늘』, 『민플러스』, 『백세시대』,
『부천시티저널』, 『서울경제』, 『서울신문』, 『세계일보』, 『시사인』, 『시사저널』, 『cnbnews』,
『아시아경제』, 『연합뉴스』, 『오마이뉴스』, 『용인시민신문』, 『월간에세이』, 『월간중앙』,
『의사신문』, 『인천일보』, 『인천투데이』, 『일다』, 『조선pub』, 『조선일보』, 『주간동아』,
『주간조선』, 『중도일보』, 『중소기업투데이』, 『중앙일보』, 『KBS』, 『콩나물신문』,
『파주바른신문』, 『파주에서』, 『하나님말씀』, 『한겨레』, 『한겨레21』, 『한국경제TV』,
『한국경제신문』, 『한국일보』, 『현대HCN뉴스』

온라인 자료

국가기록원(http://www.archives.go.kr)

국방부 블로그 N.A.R.A(http://mnd-nara.tistory.com)

군포1동 주민 센터 홈페이지(http://www.gunpo.go.kr/gunpo1)

김포시청 홈페이지(http://www.gimpo.go.kr)

대한민국 정책브리핑(http://www.korea.kr)

드루킹의 자료 창고(http://druking.com/)

디지털 광명문화대전(http://gwangmyeong.grandculture.net/?local=gwang
myeong)

디지털 구로문화대전(http://guro.grandculture.net/?local=guro)

부평구 문화재단 블로그(https://blog.naver.com/bupyeong_art)

서울 사진 아카이브(https://photoarchives.seoul.go.kr)

서울 역사 박물관 디지털 아카이브(https://www.museum.seoul.kr/archive)

서울특별시 정보 소통 광장(http://opengov.seoul.go.kr)

서초구청 홈페이지(http://www.seocho.go.kr)

아름다운 시흥을 만들어가는 사람들 블로그(http://blog.daum.net/ppq35/
16385432?bt_nil_d=0826_52)

안양지역시민연대/안양지역정보뱅크 홈페이시(https://ngoanyang.or.kr)

하나 금융 투자 공식 블로그(https://blog.naver.com/hanadtsec)

한국내셔널트러스트 홈페이지(https://nationaltrust.or.kr/)

호계 3동 행정복지 센터(http://www.anyang.go.kr/hogye3/dong/main.do)

한국 도시 아카이브 2 **갈등 도시**

발행일   2019년 10월 10일 초판 1쇄
        2021년 10월 5일 초판 6쇄
        2024년 7월 1일 신판 1쇄

지은이   **김시덕**
발행인   **홍예빈 · 홍유진**
발행처   **주식회사 열린책들**

경기도 파주시 문발로 253 파주출판도시
전화 **031-955-4000** 팩스 **031-955-4004**
홈페이지 **www.openbooks.co.kr** 이메일 **humanity@openbooks.co.kr**

Copyright (C) 김시덕, 2019, 2024, *Printed in Korea.*
ISBN 978-89-329-2449-6 04300
ISBN 978-89-329-2447-2 (세트)